AF497395

María, la Eucaristía y el final de los tiempos

P. Justo Antonio Lofeudo

PARA ADQUIRIR ESTE LIBRO, DIRÍJASE A:

ADADP
c/ Alicante, 3
08195 Sant Cugat del Vallés
Teléfonos: (0034) 629 792 849
(0034) 609 283 706
(0034) 676 059 594
e-mail: afpersona@gmail.com

www.adadp.es

ÍNDICE

I
PALABRAS PRELIMINARES

Las páginas que siguen nacieron de una charla que me propusieron dar y cuyo título era "La Eucaristía en las apariciones marianas". Lo acepté con entusiasmo porque me permitía combinar los dos temas más importantes de mi misión y vida sacerdotal. Sin embargo, siendo el campo de las apariciones marianas muy vasto, decidí reducirlo a aquellas manifestaciones más representativas; mientras lo iba desarrollando veía con claridad el modo en que el cielo nos ha ido preparando para tiempos muy fuertes que —a juzgar por los hechos actuales— ya parecen inminentes. La otra evidencia que surgió fue la del despliegue de la historia de la salvación y paralelamente la del misterio de la iniquidad, con un final donde la Santísima Virgen cobra cada vez más protagonismo hasta llegar a ser la enviada de la Santísima Trinidad para el combate final con las fuerzas del mal conducidas por el mismo Satanás. Iba así notando que a la procesión trinitaria —el Padre que envía al Hijo y por el Hijo viene el Espíritu Santo— seguía el envío de la Madre de Dios como corredentora, o sea como Aquella que coopera en modo eximio y concluyente a la salvación de los hombres, para atraer todos al Hijo como único Salvador. Por lo mismo, al ser María, Madre del Señor y —como la proclamara el Santo Papa Pablo VI al cierre del Concilio— Madre de la Iglesia, viene también a llamarnos para que la Eucaristía sea el centro de nuestras vidas personales y de la misma vida de la Iglesia. Hace ya mucho tiempo que la confusión y el degrado teológico y la devastación litúrgica han provocado la gran pérdida de fe hasta el límite de la actual apostasía. La Santísima Virgen lo había advertido y había dicho que el peligro mayor no eran las catástrofes, a las que la humanidad va al encuentro, sino la pérdida de tantas almas. En la Iglesia de Cristo, nuestra amada Iglesia católica, se perdió, hasta lo impensable, la fe en la Presencia real del Señor en la Eucaristía y de la Santa Misa como sacrificio. Por eso, nuestra Madre Santísima incansablemente reclama de nosotros recuperar esa fe en la presencia viva del Señor, manifestándola en la adoración y en la participación viva en la celebración de la Santa Misa.

De estas constataciones y lo que verán quienes lean las páginas que siguen, surgió entonces la idea de incorporar la esjatología[1] al tema original.

---

1 El autor prefiere la palabra "esjatología", tratado de las cosas últimas, proveniente del griego antiguo ἔσχατος, que "escatología", derivada de escatol, compuesto vinculado a la putrefacción y a las heces.

II
PARTE INTRODUCTORIA

Relación de la Santísima Virgen con la Eucaristía

No existe unión más perfecta que la del Señor con su Madre porque no existe santidad mayor de una creatura humana que la de la Virgen Madre. La unión íntima en la carne, del Hijo de Dios hecho hombre en María, se prolonga en la Eucaristía. Ella es la Madre del Verbo Divino encarnado en su seno. Ella es la primera adoradora, Ella es el modelo y la Madre de la Iglesia. Ella es la Mujer de la Eucaristía.

La primera Misa y las primeras Misas

En los Evangelios nada se dice sobre la presencia de la Madre del Señor en la última Cena. Sin embargo, sabemos —porque está en las Escrituras— que María estaba presente en el Calvario y que después de la Ascensión del Señor se reunía con los discípulos para orar en la misma sala alta de la última Cena. A partir de entonces, ciertamente estaba Ella también presente en las celebraciones de la Eucaristía —llamada "fracción del pan" (Hch 2, 42)—, como nos lo refiere San Lucas en los Hechos de los Apóstoles.

Nuestra imaginación no puede alcanzar ni remotamente cómo habrá sido la participación de la Santísima Virgen en la celebración eucarística ni, con mayor razón, cómo vivía la sagrada comunión. Sí es posible, en cambio, recrear el gesto corporal de adoración cuando recibía el Cuerpo de su Hijo en la comunión sacramental. En ese sentido resulta inspirada la representación del místico momento que se puede admirar en el sagrario de la Basílica del Santísimo

Sacramento de Buenos Aires, donde se ve a Nuestra Señora, arrodillada, recibiendo en la boca la Sagrada Comunión de manos de San Juan Apóstol.

Cuando la Santísima Virgen escuchaba que los apóstoles pronunciaban las palabras de su Hijo de la Última Cena en la celebración de la "fracción del Pan": "Esto es mi Cuerpo, que será entregado por vosotros" (Lc 22,19), sabía Ella que ¡era el mismo cuerpo que había concebido en su seno! Para María, recibir la Eucaristía debía de significar acoger de nuevo en su seno el corazón que había latido al unísono con el suyo y revivir lo que había experimentado a los pies de la cruz.

Eucaristía y Encarnación

En la Eucaristía, tenemos el mismo cuerpo nacido de María la Virgen. La carne y la sangre que nuestro Señor recibió de su Madre está en la Eucaristía. Este es el aspecto, contemplado desde la antigüedad, inmediatamente perceptible de esa "relación profunda" entre la Virgen y el misterio eucarístico. Es por ello que San Agustín acuñó la expresión "la carne de Cristo es la carne de María". Santo Tomás de Aquino escribe en los himnos de Corpus, "este cuerpo nacido de un vientre generoso".

María anticipó, en el misterio de la Encarnación, la fe eucarística de la Iglesia. Cuando, en la Visitación, lleva en su seno el Verbo hecho carne, se convierte en "tabernáculo" vivo en el cual el Hijo de Dios, todavía invisible a los ojos de los hombres, permitió ser adorado por Isabel, irradiando su Luz a través de los ojos y la voz de María.

El santo Papa Juan Pablo II, meditando el nacimiento del Señor, dice en *Ecclesia de Euchatistia* (n. 55): "¿Y no es la mirada embelesada de María al contemplar el rostro de Cristo recién nacido y al estrecharlo en sus brazos el inigualable modelo de amor, que ha de inspirarse cada vez que recibimos la comunión eucarística?".

La fe eucarística

Podríamos decir que lo que para nosotros es sobrenatural era connatural a la Virgen. Y porque era inhabitada de la plenitud de la gracia poseía una "plenitud de fe". Por tal motivo, ninguna otra criatura pudo ni podrá jamás tener un conocimiento y una comprensión tan elevada del misterio eucarístico como lo tuvo la Madre del Señor. Baste pensar en el hecho de haber experimentado en sí misma la concepción virginal del Hijo de Dios. Por el vínculo estrechísimo entre la Encarnación del Verbo y la Eucaristía se deduce que la Virgen ha practicado su fe eucarística antes incluso de la institución del augusto sacramento.

Sin embargo, a pesar de todas las prerrogativas marianas su fe fue muy probada porque "si Dios exaltó a su Madre, es igualmente cierto que durante su vida terrenal no le librará de la experiencia del dolor o la fatiga o las pruebas de fe". Por cierto, tenemos que admitir que la fe de la Virgen fue severamente probada cuando presenció la terrible pasión y muerte de su Hijo, Ella sufrió la más grande y severa prueba "en la historia de la humanidad", y de esa prueba salió totalmente victoriosa. Por eso, resulta blasfemo mostrar a la Madre de Dios en rebelión ante la cruz del Hijo o no aceptando su Pasión. Es posible, eso sí, que, del mismo modo que el Señor en el Getsemaní le pidió al Padre si era posible alejara el cáliz que debía beber, la Santísima Virgen lo haya también suplicado, no en actitud rebelde sino de sumisión a la voluntad del Padre. Nunca debemos olvidar que María no conoce el pecado, ni por su concepción inmaculada ni por su vida de total pureza, ni tampoco ignorar que su adhesión a la voluntad de Dios es absoluta. Así como el Verbo eterno se encarnó para, desde su humanidad, ser el Salvador de los hombres, análogamente la Virgen fue creada y —por su libre aceptación y obediencia— preparada para participar de la salvación que su Hijo cumpliría en la hora de su Pasión y muerte. A lo largo de su vida terrenal, Ella abraza la cruz junto al Hijo, al extremo que la cruz de Cristo es la misma de la Madre. Y por eso, con todo derecho, por su participación en la obra salvífica, cuyo culmen es el Calvario, María es, a título pleno, corredentora.[2]

---

2 Corredentora significa que, junto al Hijo y por el Hijo, la Santísima Virgen participa en la obra salvífica de un modo supremo y único.

Misterio de la fe

Mysterium fidei. Si la Eucaristía es misterio de fe, que supera de tal manera nuestro entendimiento que nos llama al más puro abandono a la palabra de Dios, entonces no puede haber nadie como María para que nos sirva de apoyo y guía en la adquisición de esta disposición. Al repetir lo que hizo Cristo en la última Cena, en cumplimiento de su mandato: *"Haced esto en memoria mía"*, también aceptamos la invitación de María a obedecerle sin titubeos: *"Haced lo que Él os diga"* (Jn 2, 5). Con la solicitud materna que muestra en las bodas de Caná, María parece decirnos: *"No dudéis, fiaros de las palabras de mi Hijo. Si él fue capaz de cambiar el agua en vino, también puede convertir el pan y el vino en su cuerpo y sangre, y por medio de este misterio entregando a los creyentes el memorial vivo de su Pascua, hacerse así 'pan de vida'"*.[3]

María en la Eucaristía

En la medida que la Eucaristía es memorial del sacrificio de Cristo, no podemos pasar por alto la presencia de María al pie de la cruz. Eso no es solo un "estar ahí" sino, como tantas veces nos dicen los documentos de la Iglesia, la Virgen se unió totalmente al mismo sacrificio de su Hijo, incluso ofreciendo la Santa Víctima al Padre.

"Haced esto en memoria mía" (Lc 22, 19). En la Santa Misa, el "memorial", todo lo que Cristo hizo por medio de su pasión y su muerte, está presente. Por lo tanto, todo lo que Cristo hizo en relación con su Madre para beneficio nuestro está también presente. A Ella le dio el discípulo predilecto y, en él, a cada uno de nosotros: *"¡He aquí a tu hijo!"*. A cada uno de nosotros también nos dice: *"He ahí tu Madre"* (cf. Jn 19, 26-27).

Experimentar el memorial de la muerte de Cristo en la Eucaristía implica también recibir continuamente este don. Significa aceptar —como Juan— a la Santísima Virgen María como nuestra Madre. También significa asumir un compromiso de conformarnos a Cristo, poniéndonos en la escuela de su Madre y dejándola

---

3   A menudo recordamos las palabras de la Virgen: *"haced lo que Él os diga"* pero rara vez que, en Caná, Él hace lo que su Madre le pide.

que nos acompañe. María, en cada una de nuestras celebraciones eucarísticas, está presente con la Iglesia y como Madre de la Iglesia. **Así como Iglesia y Eucaristía son un binomio inseparable, lo mismo se puede decir del binomio María y Eucaristía.** Nunca podemos pensar en María sin la Iglesia, ni la Iglesia sin María. Siempre debemos recordar cómo, al comienzo de los Hechos de los Apóstoles, se nos dice que María estaba con los apóstoles en unión, comunión, perseverando en la oración. Esta es una razón por la cual, desde tiempos antiguos, el recuerdo de María ha sido siempre parte de las celebraciones eucarísticas de las Iglesias de Oriente y Occidente.

Por cierto, un hecho fundamental es que en todas las Plegarias Eucarísticas, siempre hay una mención a la Virgen María. Al menos una, a veces más (son cuatro las menciones a la Madre de Dios en la liturgia de San Juan Crisóstomo que celebra la Iglesia católica de rito oriental). La más antigua, la tradición apostólica, recuerda que el Señor se encarnó por obra del Espíritu Santo y de la Virgen María. Además, cuando conmemoramos a los santos pedimos la intercesión de la Virgen María, como lo hacemos en el Canon romano: *"reunidos en comunión honramos ante todo la memoria de la gloriosa siempre Virgen María, Madre de Jesucristo, Dios y Señor nuestro"*.

María es la que da el significado más profundo de lo que es el misterio de su Hijo. Como dice Juan Pablo II en *Redemptoris Mater*, "con razón la piedad del pueblo cristiano ha visto siempre un *profundo vínculo* entre la devoción a la **Santísima Virgen y el culto a la Eucaristía**; es un hecho de relieve en la liturgia tanto occidental como oriental, en la tradición de las familias religiosas, en la espiritualidad de los movimientos contemporáneos incluso los juveniles, en la pastoral de los santuarios marianos, que ***María guía a los fieles a la Eucaristía***" (RM 44).

No hay un conocimiento pleno de Cristo hasta que no se descubre la Eucaristía. Así, la Virgen es garantía de la fe eucarística y de la comunión de la Iglesia a través de todo el misterio.

La verdadera relación entre María y la Eucaristía no es solo historia, ni simplemente una relación ejemplar. No, es también y sobre todo en cierto modo una presencia real de la Madre, cuando el sacrificio del Hijo se hace sacramentalmente presente. El santo Papa Juan Pablo II lo expresó en palabras claras: "En el 'memorial' del Calvario está presente todo lo que Cristo ha hecho en su pasión y muerte. Por lo tanto, también está lo que Cristo ha hecho con su Madre para beneficio nuestro" (*Ecclesia de Eucharistia* n. 57). ¡Ahí tienes a tu Madre![4]

---

4   Por supuesto, la presencia de Nuestra Señora es diferente a la presencia sustancial de Cristo en la Eucaristía. María está presente con la Iglesia y, como Madre de la Iglesia, en todas nuestras celebraciones eucarísticas.

II
LA OPORTUNIDAD DE
LAS APARICIONES MARIANAS

Después de esta introducción explicativa no debe sorprendernos que esté presente, aunque a veces no de manera muy evidente, la Eucaristía en las apariciones de la Virgen. Y que esto ocurra, especialmente, cuando la Eucaristía está en crisis y por eso mismo la fe en crisis y la Iglesia en crisis. Este tema daría para varios libros. Entre los indicios más evidentes de la crisis y de su gravedad está la cosificación y banalización de la Eucaristía hasta el punto de preguntarnos: ¿cuántos son los que creen en la Presencia real del Señor en la Eucaristía y en la misa como sacrificio? Para muchas personas, la misa es un hacer memoria de algo lejano y alejado de la propia vida, es un estar ahí para, a lo sumo, confraternizar, porque eso para ellos es la comunión. Para otros es solo evocación de la última Pascua que celebró Jesús en la tierra y, para tantísimos, rutina incomprensible, muy a pesar de los esfuerzos "creativos" de muchos curas, o más bien por esa misma razón.

Es ahora, en este tiempo, que se ve con toda dramaticidad aquello que Pablo VI le confiaba a su amigo Jean Gitton en el último año de su pontificado. "Hay una gran perturbación en este momento en el mundo y en la Iglesia, y lo que está en cuestión es la fe. Ahora me ocurre repetir aquella frase oscura de Jesús en el Evangelio de San Lucas: *Cuando el Hijo del hombre vuelva, ¿encontrará aún la fe en la tierra?*" [...] A veces releo el Evangelio del fin de los tiempos y constato que emergen en este momento algunos signos de

este fin. ¿Estamos próximos al fin? Esto jamás lo sabremos. Hay que estar siempre prontos, pero puede aún durar mucho tiempo. **Cuando considero al mundo católico, lo que me llama la atención es que dentro del catolicismo parece a veces predominar un pensamiento de tipo no católico, y puede ocurrir que este pensamiento no católico mañana se vuelva el más fuerte. Pero jamás representará el pensamiento de la Iglesia. Es preciso que subsista un pequeño rebaño, por más pequeño que sea".**

Decía últimamente el cardenal Robert Sarah[5] que el más insidioso ataque diabólico consiste en buscar <u>apagar la fe en la Eucaristía, sembrando errores y favoreciendo un modo que no se corresponda con la verdad al recibirla</u>. Realmente la guerra —seguía diciendo— entre San Miguel y sus ángeles de una parte, y Lucifer de la otra, continúa en el corazón de los fieles: el blanco de Satanás es el sacrificio de la misa y la Presencia real de Jesús en la Hostia consagrada. Obviamente, el cardenal se refería a la falta de gesto de adoración, concretamente a la recepción del Cuerpo de Cristo, de la Persona divina del Señor, de pie y en la mano. Ilustrativo al respecto es el caso de un musulmán, al que le explicaban que los católicos creemos en la Presencia real y verdadera de Jesucristo, que es Dios, en la Sagrada Forma, y remataban diciéndole: "Pero, claro, usted no cree". Luego de escuchar atentamente, el hombre replicó: "Lo que yo creo es que sois vosotros quienes no creéis en lo que decís". "¡Si creyerais que es Dios a quien recibís estaríais postrados en tierra! ¿Cómo podéis decir que es Dios y lo tratáis así?".

Denunciaba, además, el cardenal las horribles profanaciones y los ultrajes de las comuniones sacrílegas recibidas no en gracia de Dios o no profesando la fe católica como ocurre en las llamadas "intercomuniones". Agregaba que las llamadas misas negras no hieren directamente a Aquel que es ultrajado en la Hostia, sino que terminan en los accidentes del pan y del vino. Si sufre Jesús es por las almas de esos miserables por quienes dio su vida para salvarlos y así horriblemente lo desprecian. Pero <u>sufre sobre todo cuando ese infinito don, que es la</u>

Presencia divino-humana en la Eucaristía no puede alcanzar los potenciales efectos en las almas de los creyentes porque a estos se les mina la fe en la Eucaristía.

Y tal intento de robo de la fe, siempre según el actual Prefecto para el Culto Divino, Cardenal Sarah, sigue dos vías, la primera es la reducción del concepto de "Presencia real". Muchos teólogos oscurecen o menosprecian —a pesar de todas las llamadas de atención del Magisterio— el término "transubstanciación". La fe en la Presencia real puede condicionar el modo de recibir la Comunión, pero, sobre todo, ocurre también que el modo de recibirla puede condicionar la fe en la Presencia real. La atención en la purificación de los vasos sagrados y en que no caigan las partículas más pequeñas, se vuelven profesión de fe en la Presencia real de Jesús. Al contrario, el descuido en los fragmentos hace perder de vista el dogma, porque si el sacerdote no pone atención en los fragmentos entonces quiere decir que ahí no está Jesús o lo está hasta un cierto punto. La otra vía sobre la que se ataca a la Eucaristía es el intento de quitar el sentido de lo sagrado en los fieles. Y eso se logra cuando se recibe el alimento especial como si fuera uno ordinario. La liturgia está hecha de gestos y signos, y por ello debe promover la belleza, lo apropiado y el valor pastoral de una práctica desarrollada durante más de mil años que es el recibir la Comunión en la boca y de rodillas. "La grandeza y la nobleza del hombre, así como la más alta expresión de su amor hacia el Creador, es ponerse de rodillas ante Dios. Jesús mismo rezó de rodillas ante la presencia del Padre". El cardenal recordaba al santo Papa Juan Pablo II quien, a pesar de estar extenuado por la enfermedad, deteriorado su cuerpo, se había impuesto arrodillarse ante el Santísimo. Era incapaz de hacerlo solo, debía valerse de la ayuda de otros para doblar las rodillas y para levantarse. Hasta sus últimos días quiso darnos un gran testimonio de reverencia ante el Santísimo Sacramento. La pregunta que se hacía el cardenal Sarah debería interpelar a más de uno: "¿Es realmente demasiado humillante postrarse y estar de rodillas ante el Señor Jesucristo?". "¿Por qué esa obstinación de comulgar de pie y en la mano? ¿Por qué esa falta de sumisión a los signos de Dios?".

Recordaba también el Prefecto que "la santa Madre Teresa de Calcuta, a quien nadie se atrevería a llamar tradicionalista o extremista, tenía un respeto absoluto y una grandísima reverencia al Cuerpo del Señor. Ella, que tocaba la "carne" de Cristo en los cuerpos enfermos y sufrientes de los más pobres entre los pobres, sin embargo, no osaba tocar el Cuerpo eucarístico de Jesús. Más bien lo veneraba y contemplaba en silencio, permaneciendo durante largo tiempo de rodillas y postrada ante Jesús Eucaristía, y recibía la comunión en la boca como un niño pequeño que se deja humildemente nutrir de su Dios". La comunión en la mano es consecuencia de una concesión especial, técnicamente lleva el nombre de indulto, dada por "razones pastorales" que, hábilmente, la hicieron volver norma general.

En conclusión, nos encontramos inmersos en una situación en la que la fe eucarística se ha perdido en la mayoría de los casos y por tanto no hay gesto alguno de adoración, cuando la Santa Misa es sobre todo culto de adoración porque el Señor se hace presente para que presente sea su sacrificio. **La comunión sacramental exige adoración** porque es a Dios mismo a quien se recibe. En palabras de San Agustín: "**Nadie come de esta carne sin antes adorarla {...}, pecaríamos si no la adoráramos**".

La cosificación de la Eucaristía es signo inequívoco de apostasía, a su vez signo del final de los tiempos. Por eso, podemos con certeza humana vincular las apariciones marianas, especialmente las de los dos últimos siglos, con la esjatología apocalíptica.

Esjatología

La verdad acerca de las últimas realidades han sido olvidadas desde hace ya mucho tiempo y entre ellas la mayor: Cristo volverá y recapitulará todas las cosas en él. Recapitular significa eso: que todo tendrá a Jesucristo como cabeza, que su Reino se implantará sobre la tierra, que habrá una tierra nueva y un cielo nuevo, que vendrá a hacer nuevas todas las cosas. Estas verdades eran el sello de la esperanza de la Iglesia primitiva. esperanza fundamentada en la fe en la Palabra del

Señor. Y los primeros cristianos no paraban de clamar: ¡Maranathá! ¡Ven, Señor Jesús! Así —con esas palabras— concluye el Apocalipsis. Apocalipsis es Revelación de las cosas por venir. La liturgia está imbuida de esa tensión esjatológica porque la obra empezada debe ser concluida. Es, como bien se dice, la tensión entre el "ya" y el "no todavía", porque Cristo ha venido ya y el Reino está presente, pero dista mucho de estarlo plenamente. El Enemigo fue vencido pero los enemigos no dejan de hostigar a la Iglesia de Cristo, de perseguir a Cristo. Antes del advenimiento de Cristo, la Iglesia deberá pasar por una prueba final que sacudirá la fe de numerosos creyentes (Cf. Lc 18, 8; Mt 24,12; Jn 15, 19-20). Se desvelará el "misterio de iniquidad" bajo la forma de una impostura religiosa que proporcionará a los hombres una solución aparente a sus problemas mediante el precio de la apostasía de la verdad. La impostura religiosa suprema es la del Anticristo, es decir, la de un pseudomesianismo en que el hombre se glorifica a sí mismo colocándose en el lugar de Dios y de su Mesías venido en la carne (Cf. 2 Te 2, 4-12; 1 Te 5, 2-3; 2 Jn 7; 1 Jn 2, 18-22) (CEC 675).

Por cierto, el milenarismo craso está condenado por la Iglesia, pero de ningún modo debe confundírselo con la verdad de la espera del Señor en la Parusía, al final de los tiempos. Por algo Él nos dio señales para que estuviésemos preparados y nos exhortó a estar siempre vigilantes, no simplemente en referencia a nuestro peregrinar personal en la tierra sino al culmen de la historia cuando él venga a restaurarlo todo y acabar con sus enemigos. Para corroborar esta certeza están sus parábolas, sus alusiones a signos y las descripciones que Cristo nos dejó, además del mismo legado de profetas antiguos.

Si queremos verlo, si no nos cegamos con la mentira del progresismo o nos aturdimos con el mundo, ya podemos percibir algunos signos profetizados frente a nosotros. El misterio de la iniquidad abrió las puertas y entró en el mundo. El tiempo se acaba y al Enemigo le urge terminar su obra.

La Santísima Virgen ya está con nosotros para librar la última batalla, y esta batalla, según escribió sor Lucía, se librará en el campo de la sacralidad de la familia y también —sobre todo— de la Eucaristía.

Estemos atentos, escuchemos la voz del Señor: *"Cuando veáis que suceden estas cosas alzad la cabeza y alegraos porque está cerca vuestra liberación"* (Cf. Lc 21:28).

Es en este tiempo —cuando los pastores deberían hablar y en cambio callan— que nuestra Madre del cielo viene a hablarnos de estas realidades y a prepararnos a lo que ya está aquí y —sobre todo— a lo que pronto ha de venir.

Vamos ahora a proponer al lector recorrer un itinerario de la mano de la Santísima Virgen.[6] Itinerario en el que necesariamente deberemos detenernos más en unas etapas que en otras. Este recorrido tiene un destino: nuestro Señor en la Eucaristía. ¡Allá vamos!

---

6   Sabedores que por fuerza la selección de mariofanías será incompleta, el propósito es presentar aquellas que a nuestro juicio son las más representativas acerca de la íntima relación con la Eucaristía. Todas las apariciones aquí tratadas han tenido aprobación eclesial excepto las de Garabandal y Medjugorje.

IV
APARICIONES DE LA SANTÍSIMA VIRGEN Y LA EUCARISTÍA

La Santísima Virgen de Guadalupe (México)

Han pasado apenas diez años desde la conquista de México, cuando **la Santísima Virgen se le aparece cuatro veces al indio Juan Diego en el Tepeyac (México)** presentándose como la Inmaculada Virgen María, *Madre "del verdadero Dios por quien se vive"*. Todo acontece entre el 9 y el **12 de diciembre de 1531** y ese último día, como prueba de su presencia y del pedido que le hacía al obispo, deja impresa la imagen en la tilma de Juan Diego. Imagen sobre un soporte de tela de maguey que aún hoy —después de cinco siglos— milagrosamente se conserva. Esa imagen ha sido y es objeto de muchos y variados estudios. Entre ellos hay una interpretación eucarística que es la que interesa resaltar.

Necesario es antes contextualizar la más importante manifestación mariana en el nuevo continente, poco antes de que la Madre de Dios hiciese su aparición en estas tierras.

Muchas y variadas son las fuentes arqueológicas y documentos que refieren sacrificios humanos y canibalismo en las culturas precolombinas en un marco ritual. Se relata —por ejemplo— que en México las personas condenadas a morir y sus sacrificadores pasaban la noche en vela juntos. Al amanecer, el victimario llevaba a la víctima al templo. Se le descubría el pecho, los sacerdotes la subían a la pirámide trunca, donde se la sujetaba, le abrían el pecho con un cuchillo de piedra de sílex llamado técpatl y se le arrancaba el corazón. Además de arrancar el corazón, había otras formas de sacrificio que se ofrecían de acuerdo al calendario azteca[7] y estas eran, entre otras, la decapitación, el despeñamiento desde el templo o la muerte en lucha ritual.

Las víctimas eran en su mayor parte prisioneros de guerra de los aztecas, cuando no esclavizados, y se ofrecían para ganar el favor de los dioses, o sea de los demonios. *"Lo que sacrifican lo sacrifican a los demonios, no a Dios"*, escribe San Pablo en la primera carta a los cristianos de Corinto (Cf. 1 Cor 10:20). El canibalismo no era solo de caracter ritual, habiéndose practicado hasta el momento de la llegada de los españoles.

Como los pueblos indígenas no abandonan esos falsos dioses, la evangelización resulta extremadamente ardua. Interviene entonces el cielo, y la Santísima Virgen se aparece sobre la colina del Tepeyac que, según relatan, fue el lugar donde durante siglos se dio culto a Tonantzin Cihuacóatol, "nuestra venerada madre la mujer serpiente". Evidentemente Ella viene al rescate de sus hijos, a pisarle la cabeza a la serpiente que dominaba absolutamente. Por ello, se explica que la imagen evoque a la Mujer del capítulo 12 del Apocalipsis, el Libro de la Revelación de las cosas por venir. Más aún, el hecho que sea la primera representación registrada en la historia, como "la Mujer vestida de sol y con la luna bajo sus pies", podría bien interpretarse como el inicio del final de los tiempos que adviene con la cristianización de América. En efecto, en la tilma se la ve revestida de sol, o sea de Dios, y con la luna a sus pies. Así como los rayos son signos del sol que es la fuente de irradiación del calor que hace posible la vida, también son signos que revelan la otra fuente, la Eucaristía,[8] presencia oculta del Señor, de donde irradian gracias y misericordia.

Los signos y rasgos de Nuestra Señora de Guadalupe son susceptibles de una doble lectura, ya que Ella se dirige tanto a los indios como

---

7 El calendario azteca, llamado piedra del sol, se encuentra en el Museo Nacional de Antropología de la ciudad de México. En el centro está la figura del sol con la boca abierta que deberá ser alimentado con sangre humana. Aparecen también astros. El calendario era para el uso sacro, y también existía uno utilizado por los campesinos.

8 Algunos interpretan que el milagro del sol del 13 de octubre de 1917 en Portugal también alude a la Eucaristía.

a los españoles, para mostrarles que es la Madre de unos y de otros. Además, su figura es la de una mujer mestiza, por eso a Nuestra Señora de Guadalupe se la llama popularmente la "Morenita".

La doble lectura conduce a una admirable concordancia de interpretaciones hechas por culturas diferentes.

Al contemplar la imagen impresa, los indios no dudan que esa Mujer es muy importante porque la ven de pie frente al poderoso sol, que para los aztecas era insaciable al exigir sacrificios humanos; pisa la luna y se adorna con estrellas, o sea todo el cosmos que regía sus existencias está presente frente a Ella. Les resulta además evidente que la Mujer es también digna de todo respeto y veneración porque está encinta (lo cual se manifiesta por la cinta negra con el lazo) del Dios por quien se vive. Al tener la cabeza inclinada es para ellos evidencia de que, aun siendo poderosa, hay alguien más importante. La inclinación es signo de respeto, de reverencia, en tanto para nosotros también de humildad. Viéndola con las manos juntas nosotros interpretamos que está orando, mientras que para los indígenas es señal que desea se le construya una "casita sagrada".

Aquí complementamos con lo que sabemos del relato en lengua nahuatl —el **Nican Mopohua**, escrito por el muy culto indio Antonio Valeriano— de la aparición a Juan Diego.

Los acontecimientos que allí bellamente se narran los presentamos en prieta síntesis: es **9 de diciembre del año 1531**, cuando <u>por vez primera la Santísima Virgen se le aparece al indio Juan Diego</u>[9] en el cerro del Tepeyac. Juan Diego —que había abrazado la fe

---

9   San Juan Diego nació en 1474 en el "calpulli" de Tlayacac en Cuauhtitlán, México, establecido en 1168 por la tribu nahua y conquistado por el jefe azteca Axayacatl en 1467. Cuando nació recibió el nombre de Cuauhtlatoatzin, que quiere decir "el que habla como águila" o "águila que habla". Juan Diego perteneció a la más numerosa y baja clase del Imperio azteca, sin llegar a ser esclavo. Se dedicó a trabajar la tierra y fabricar matas que luego vendía. Poseía un terreno en el que construyó una pequeña vivienda. Contrajo matrimonio con una nativa pero no tuvo hijos. Entre 1524 y 1525 se convirtió al cristianismo y fue bautizado junto a su esposa; él recibió el nombre de Juan Diego y ella el de María Lucía. Fueron bautizados por el misionero franciscano fray Toribio de Benavente, llamado por los indios "Motolinia" o " el pobre".

Antes de su conversión, Juan Diego ya era un hombre piadoso y religioso. Era muy reservado y de carácter místico, le gustaba el silencio y solía caminar desde su poblado hasta Tenochtitlán, a veinte kilómetros de distancia, para recibir instrucción religiosa. Su esposa María Lucía falleció en 1529. En ese momento Juan Diego se fue a vivir con su tío Juan Bernardino en Tolpetlac, a solo catorce kilómetros de la iglesia de Tlatilolco, Tenochtitlán. Durante una de sus caminatas

católica— se dirige al convento de Tlaltelolco a oír la Santa Misa. Cuando pasa por el cerro oye una música magnífica y desconocida. Se detiene, alza la mirada hacia la cima del cerro y ve una gran luz. De pronto cesa la música y oye una voz melodiosa que viene de lo alto y lo llama: *"Juanito, querido Juan Dieguito"*. Sube deprisa, y en la cumbre ve a una bellísima Mujer envuelta en esplendor celestial. Su mirada plena de bondad, su belleza, llenan de gozo indecible su corazón. Le habla en azteca y, después de presentarse, le pide que vaya hasta el obispo, el franciscano Juan de Zumárraga, para transmitirle su deseo de que le fuera dedicada una iglesia en ese mismo lugar donde se estaba apareciendo. Y se lo dice en estos dulces términos captados por la narración: *"Juanito, el más pequeño de mis hijos, yo soy la siempre Virgen María, Madre del verdadero Dios, por quien se vive. Deseo vivamente **que se me construya aquí un templo, para en él mostrar y prodigar todo mi amor, compasión, auxilio y defensa a todos los moradores de esta tierra y a todos los que me invoquen y en mí confíen"***. Y agrega: *"Y para realizar lo que mi clemencia pretende, irás a la casa del obispo de México y le dirás que yo te envío a manifestarle lo mucho que deseo; que aquí en el llano me edifique un templo. Le contarás cuánto has visto y admirado, y lo que has oído. Ten por seguro que lo agradeceré bien y lo pagaré, porque te haré feliz y merecerás que yo te recompense el trabajo y fatiga con que vas a procurar lo que te encomiendo. Ya has oído mi mandato, hijo mío, el más pequeño: anda y pon todo tu esfuerzo"*. Juan se inclinó ante ella y le dijo: *"Señora mía: ya voy a cumplir tu mandato; me despido de ti, yo, tu humilde siervo"*.

---

camino a Tenochtitlán, que solían durar tres horas a través de montañas y poblados, ocurre la primera aparición de Nuestra Señora, en el lugar ahora conocido como «Capilla del Cerrito», donde la Virgen María le habló en su idioma, el náhuatl.

Juan Diego tenía 57 años en el momento de las apariciones, ciertamente una edad avanzada en un lugar y época donde la expectativa de vida masculina apenas sobrepasaba los cuarenta años. Después del milagro de Guadalupe, Juan Diego fue a vivir a un pequeño cuarto pegado a la capilla que alojaba la santa imagen, tras dejar todas sus pertenencias a su tío Juan Bernardino. Pasó el resto de su vida dedicado a la difusión del relato de las apariciones entre la gente de su pueblo.

Murió el 30 de mayo de 1548, a la edad de setenta y cuatro años. Juan Diego fue beatificado en abril de 1990 por el papa Juan Pablo II y proclamado santo el 31 de julio de 2002 (biografía extraída de la agencia católica de noticias ACIPRENSA).

Juan Diego cumple con el pedido, pero este se ve frustrado porque el obispo no le cree.

Ese mismo día, al regresar y pasar por el cerro, se produce el segundo encuentro. Juan Diego, muy triste y desolado, le da la respuesta del obispo. La Madre de Dios le pide insistir en su pedido. *"Mucho te ruego, hijo mío, el más pequeño, y con rigor te mando, que otra vez vayas mañana a ver al obispo. Dale parte en mi nombre y hazle saber por entero mi voluntad, que **tiene que poner por obra el templo que le pido**. Y otra vez dile que yo en persona, la siempre Virgen Santa María, Madre de Dios, te envía".*

Vuelve Juan Diego a ver al obispo, quien esta vez le pide una prueba que verifique esa supuesta solicitud de la Virgen.

Segundo día y tercera aparición: Juan Diego le comunica el mensaje del obispo Zumárraga. La Santísima Virgen le dice al indio que regrese al siguiente día, el 11 de diciembre, porque le dará esas pruebas. *"Hijo mío, volverás mañana para que lleves al obispo la señal que ha pedido; con eso te creerá y acerca de esto ya no dudará ni de ti sospechará, y sábete, hijito mío, que yo te pagaré tu cuidado y el trabajo y cansancio que por mí has emprendido; ea, vete ahora; que mañana aquí te aguardo".*

Al siguiente día, acordado por la Madre de Dios para darle la señal pedida por el obispo, no le fue posible a Juan Diego acudir porque su tío, Juan Bernardino, se había enfermado gravemente.

El **12 de diciembre**, Juan Diego va en busca de un sacerdote para que le dé los últimos sacramentos a su tío moribundo. Da un rodeo al cerro para no ser visto por la Virgen, pero Ella va a su encuentro. Juan Diego se disculpa por no haber venido. Entonces Ella le dice: *"Oye y ten entendido, hijo mío el más pequeño, que es nada lo que te asusta y aflige. No se turbe tu corazón, no temas esa ni ninguna otra alguna enfermedad o angustia. ¿Acaso no estoy yo aquí, que soy tu Madre? ¿No estás bajo mi sombra? ¿No soy tu salud? ¿No estás por ventura en mi regazo? ¿Qué más has de menester? No te apene ni te inquiete otra cosa; no te aflija la enfermedad de tu tío, que no morirá ahora de ella: estate seguro de que ya sanó".* Al oír estas palabras, Juan Diego se alegra. Le manda luego la Virgen que suba a la cima del Tepeyac donde verá varias flores. *"Sube, hijo mío, el más pequeño, a la cumbre del cerrillo, allí donde me viste y te di órdenes; verás que hay diferentes flores; córtalas, júntalas, recógelas; enseguida baja y tráelas a mi presencia".*

Juan Diego hace lo que le manda la Virgen y cuando llega a la cima queda absorto al ver flores tan hermosas, en un lugar y un tiempo imposibles, cubiertas del rocío nocturno que asemejaba finos brillantes. Las corta, las recoge en su tilma y se las lleva a Nuestra Señora. Ella las toma en sus manos y las arregla en la tilma diciéndole: *"Hijo mío, el más pequeño, aquí tienes la señal que debes llevar al señor obispo. Le dirás en mi nombre que vea en ellas mi voluntad y que él tiene que cumplirla. Tú eres mi embajador muy digno de confianza. Rigurosamente te ordeno que solo delante del obispo despliegues tu tilma y descubras lo que llevas".*

Va Juan Diego nuevamente a la casa del obispo, tratan de detenerlo y de quitarle su preciosa prueba. No lo consiguen. Se presenta al obispo, le cuenta lo ocurrido y allí abre su tilma dejando caer las magníficas rosas de Castilla. Eso de por sí hubiera sido una prueba irrefutable: haber recogido rosas en tiempo invernal y en un lugar donde jamás habían crecido era todo un prodigio. Pero no. El milagro mayor se daba en ese mismo instante: **en la tilma aparece la imagen de la Santísima Virgen,** la misma que después de casi cinco siglos se conserva intacta en su santuario.[10] Todos, el obispo y los demás que allí están, caen de rodillas.

Juan Diego va a ver a su tío y no solo lo encuentra recuperado sino que le cuenta haber visto él también a la Santísima Virgen que le había mandado contar su milagrosa curación al obispo y le había dado su nombre en náhuatl: **Tecoatlaxope,** que significa "aquella que aplastará la serpiente" (Te-coa-tla-xope).[11]

Convencido el obispo Zumárraga por tal prodigio, le construye una ermita en el sitio que la Virgen había indicado. Esa ermita se volverá iglesia y alcanzará el rango de Basílica. La relación de la aparición de Nuestra Señora de Guadalupe con la Eucaristía resulta entonces directa, pues la **"casita sagrada"** será donde se celebre el único verdadero **sacrificio propiciatorio y de salvación, el de la Santa Misa,** y

---

10 El papa León XIII coronó la imagen. San Pío X la proclamó patrona de toda América latina, y Pío XII, Emperatriz de América. El santo papa Juan Pablo II visitó el Tepeyac y beatificó y luego canonizó a Juan Diego.

11 Por una suerte de eufonía los españoles tomaron el nombre azteca como Guadalupe, advocación ya conocida desde hacía dos siglos en Extremadura.

el Señor irradie gracias y misericordia dispensadas a los fieles por medio de su Madre por quienes Ella intercede.

Asimismo, <u>resulta directa la vinculación de esta aparición, la primera registrada en territorio americano, con el final de los tiempos</u>. En efecto, la imagen que por medio de la Madre de Dios queda milagrosamente impresa en la tilma de maguey[12] es la representación que precede a todas las demás de la **Mujer del Apocalipsis.** Por otra parte, el nombre dado a Juan Bernardino alude directamente a la **Mujer del Génesis**, revelando que esa Mujer que aparece en la Sagrada Escritura en su primer y en su último libro es **María de Nazaret, Madre de Dios,** y que la batalla final con el Diablo la dará Ella. Es la Mujer destinada desde la eternidad para llevar en su seno al Hijo Unigénito de Dios y para acompañarlo en toda su obra de salvación en la tierra y ahora desde el cielo.

Ingentes gracias y milagros se dieron desde que la Santísima Virgen dejó la señal de su presencia permanente y que se cumplió su pedido: los indios abandonan en masa sus falsos dioses y abrazan la fe católica en tanto no dejan de producirse continuamente conversiones, sanaciones y milagros. Se estima que <u>en solo siete años fueron ocho millones de indígenas los que se convirtieron como consecuencia de la aparición</u>.

Un signo de los tiempos finales que nos dio el Señor es que "al crecer la maldad, se enfriará el amor en la mayoría" (Mt 24:12), la falta de amor, el egoísmo a ultranza, el hedonismo a cualquier coste, son los que dominan por doquier. Ejemplo concreto son la actual promoción del aborto y el aumento exponencial de su práctica. Si en el mundo pagano se saciaba a los demonios con la sangre de pobres víctimas, hoy el precio que se cobra el demonio es el aniquilamiento de la vida —desde la concepción abortada a la muerte también provocada de la eutanasia—, y por eso la Santísima Virgen de Guadalupe, la mujer encinta, es —por la naturaleza de los hechos— la protectora de

---

12 Otro hecho que se considera milagroso es que no solo la imagen sino el efímero tejido de maguey permanezcan intactos a pesar del tiempo, del accidente del ácido derramado y del atentado con potente explosivo, que no solo no la dañó sino que ni siquiera hizo mella en el vidrio que la protegía.

los niños por nacer que está dando batalla, silenciosa pero eficaz, al *Homicida desde el principio* (Cf Jn 8:44). En tal sentido, la señal de la Mujer que da batalla a la Serpiente, hoy es la imagen de la Virgen de Guadalupe en procesión. Por donde ella pasa disminuyen los abortos y las clínicas abortivas se cierran.

Nuestra Señora del Pilar

Si hubiéramos seguido un orden cronológico, esta manifestación de la Santísima Virgen debería haber ocupado el primer lugar. El motivo por el cual no es así, se debe no a la aparición en sí, sino al milagro documentado que manifiesta el vínculo con la Eucaristía. El milagro en cuestión es el de **Calanda**, lamentablemente poco conocido ahora pero que en su época fue difundido, causando gran asombro no solo en España sino más allá de sus fronteras. Para saber de él, es oportuno comenzar por la aparición a la cual se le asocia.

La antigua tradición de la aparición de la Virgen a orillas del Ebro al apóstol Santiago el Mayor, está <u>corroborada por documentos y sellada su autenticidad por milagros, especialmente el de Calanda.</u> En efecto, la tradición se apoya en documentos escritos del **siglo XIII** —conservados en la Seo de Zaragoza— y en testimonios arqueológicos como el del sarcófago de Santa Engracia —del **siglo IV**— donde en bajorrelieve aparece la escena de la Virgen apareciéndose a Santiago. Además, en el **siglo IX**, hacia el año 835, un monje de Paris, de Saint Germain, de nombre Almoino, cuenta que en la iglesia dedicada a la Santísima Virgen había servido el "gran mártir San Vicente" en **el siglo III**.

Santiago con sus discípulos iba —según el mandato del Señor— hasta los confines de la tierra predicando, anunciando el Evangelio y bautizando. Es en esa circunstancia que en la noche del 2 de enero del año 40 de nuestra era, se le apareció —en bilocación, puesto que aún vivía sobre la tierra— la Santísima Madre del Señor. El apóstol y los que con él estaban habían antes escuchado una dulcísima melodía del cielo, cuando en la ribera del Ebro la vieron aparecer de pie sobre un pilar de mármol. Pidió la erección de un templo y prometió: "permaneceré en este sitio **hasta el fin de los tiempos** para que la virtud de Dios obre portentos y maravillas por mi intercesión con aquellos que en sus necesidades imploren mi patrocinio".

Luego desapareció quedando el pilar, que aún hoy se venera en la Basílica, como testigo de lo acontecido.

Parece, siempre según la pía tradición, que al apóstol Santiago le estaba ocurriendo lo que les sucederá quince siglos después a las órdenes evangelizadoras en México: los nativos eran —como suele decirse— hueso duro de roer. En este caso se trataba de celtíberos, y así como en América la Virgen logró el milagro de despertar la gracia en los aborígenes, en la península ibérica también da aliciente a los evangelizadores y bendice la misión apostólica de Santiago, simplemente apareciéndose.

En el lugar de este acontecimiento está erigida la Basílica de Nuestra Señora del Pilar[13] en Zaragoza.

Confirmando el cielo que la tradición no ha sido una leyenda piadosa sin más, a lo largo de los siglos ha habido milagros vinculados directamente al santuario, y el más asombroso y famoso es el conocido como **milagro de Calanda**, acontecido en 1640. La importancia de este, que fue llamado "milagro inaudito (nunca oído) en todos los tiempos", se apoya en el suceso en sí, absolutamente extraordinario, y en la documentación, investigación y testigos que lo avalaron.

Miguel Juan Pellicer tenía diecinueve años cuando, trabajando en Castellón de la Plana, cayó del carro cargado que conducía, y una rueda le aplastó la pierna derecha. Primero lo llevaron al Hospital de Valencia, pero después de cinco días él solicitó que lo trasladaran a Zaragoza, al Hospital de Nuestra Señora de Gracia. Allí le amputaron la pierna, a unos tres centímetros debajo de la rodilla. Se conocen los nombres de los que intervinieron: Juan Estanza, cirujano, y Juan Lorenzo García, ayudante. Este último enterró la pierna.[14]

En aquellos tiempos, tanto la operación como la convalecencia, además de arriesgadas, eran dolorosas. Por ese motivo permaneció dos

---

13 Se conservan en la Basílica, como prueba de otro hecho milagroso, dos de las cuatro bombas que fueron lanzadas durante la Guerra Civil sobre esta y que no explotaron.

14 Cuando aconteció el milagro fueron al lugar donde estaba enterrada y nada encontraron.

años en el hospital. Los dos años siguientes mendigó en la puerta del templo de Nuestra Señora del Pilar en Zaragoza, de la que era muy devoto desde la niñez, ya que en Calanda había una ermita a ella dedicada. Por esa gran devoción, Miguel se había encomendado a la Virgen del Pilar, tanto antes como después de la operación, y todos los días <u>untaba el muñón de su pierna con el aceite de las lámparas que arden ante la Virgen y ante el sagrario.</u>

De vuelta a la casa paterna, en Calanda, **el 29 de marzo del año 1640,** entre las 10 y las 11 de la noche, habiéndose Miguel acostado y desde hacía media hora dormido, vieron sus padres que eran dos las piernas que cubría la vieja manta. Lo despertaron y todos maravillados comprobaron que ¡le había sido restituida la misma pierna amputada!, reconocible por las señales y cicatrices.

Tras el milagro, Miguel viajó a Zaragoza para dar gracias a la Virgen y a instancias del Ayuntamiento se incoó en el arzobispado un proceso, el 5 de junio de 1640. En la sentencia del arzobispo acerca del suceso se lee: *"**Decidimos, declaramos y pronunciamos que a Miguel Pellicer,** natural de Calanda, de quien en este proceso se trata, **le ha sido restituida milagrosamente su pierna derecha,** que antes le habían cortado, y que **tal restitución no ha sido obrada naturalmente, sino prodigiosa y milagrosamente** debiéndose juzgar tener por milagro, **por haber concurrido en ella todas las circunstancias que el derecho exige para constituir un verdadero milagro,** como por la presente lo atribuimos a milagro, y por **tal milagro lo aprobamos, declaramos y autorizamos"**. Sentencia del 27 de abril de 1641, firmada por Don Pedro de Apaolaza Ramírez, arzobispo de Zaragoza, conclusión del proceso canónico correspondiente que fuera abierto el 5 de junio de 1640. Veinticinco son los testigos que comparecieron para declarar. Se conserva íntegro el texto del proceso.

Pellicer fue recibido en Madrid por el rey **Felipe IV** y la noticia cundió por Europa: Italia, Francia, Alemania, Holanda. El **papa Urbano VIII** también fue informado del notable prodigio, calificado como "milagro inaudito en todos los tiempos".

Este es otro caso de vínculo de la **Eucaristía** con la aparición de la Santísima Virgen, porque Miguel Juan untaba su muñón con el aceite que ardía ante el Santísimo y ante la Virgen en el interior del santuario. Es de tener muy presente que lo que hace de cualquier templo Iglesia es la presencia del Señor en el Santísimo Sacramento. Además hay otro dato que hace necesaria su inclusión en virtud de la referencia esjatológica, cuando la Virgen dice: "permaneceré en este sitio **hasta el fin de los tiempos"**.

Nuestra Señora de Laus

El aceite de las lámparas de El Pilar en Zaragoza nos lleva a otra aparición, no lejana en el tiempo del milagro de Calanda: la de **Notre Dame du Laus,** en Francia. La Virgen se le apareció a una campesina, **Benoîte Rencurel,** en Saint Etienne-Le-Laus, en los Alpes franceses del sur. Las apariciones comenzaron en **mayo de 1664** y se prolongaron <u>durante 54 años</u>, haciendo de ellas <u>las más largas de la historia de las apariciones marianas.</u>

Benoîte era de una familia pobre y a la muerte de su padre, siendo ella aún niña, empeoró la situación al punto que a veces tenían tan solo pan viejo remojado en agua para comer. Por ese motivo ella y sus otras dos hermanas tuvieron que salir a trabajar. Benoîte lo hizo como pastora de un vecino.

Cuando tenía diecisiete años, estando en el campo con su rebaño, se encontró con un anciano vestido con los ornamentos episcopales de la Iglesia primitiva. Entró en diálogo con él, quien le preguntó qué hacía ella por allí. La jovencita respondió: "Estoy cuidando de mis ovejas, rezando a Dios y buscando agua para beber". Fue el anciano a traerle agua de un pozo que ella no conocía. Ante la pregunta de la pastora, el hombre se dio a conocer diciendo que era Mauricio, a quien le estaba dedicada una capilla cercana. Luego le recomendó que se apartara de aquel lugar porque era terreno ajeno, y que fuese hasta el valle de Saint Étienne, agregando: "allí verá a la Madre de Dios". "Pero, Señor, ¡Ella está en el cielo! ¿Cómo puedo verla allí?". Le respondió San Mauricio: "Sí, Ella está en el cielo y en la tierra cuando Ella quiere", y desapareció.

Al día siguiente, Benoîte acudió a Saint Étienne. Mientras rezaba el rosario, vio sobre una roca a una bellísima y resplandeciente Señora con un niño, también muy hermoso, de la mano. "¡Bella Señora! ¿Qué está haciendo ahí arriba? ¿Quiere comer conmigo? Tengo algo de pan bueno que lo podemos remojar en la fuente". La Santísima Virgen sonrió, pero siguió en silencio. Entonces, la pastora le dijo: "¡Bella Señora! ¿Podría dejarnos al niño, que tanto nos alegraría?". Sonrió nuevamente nuestra Señora, dejando que Benoîte lo tuviera, y luego desaparecieron Ella y el niño.

Benoîte, a pesar de ser analfabeta, había recibido de su madre la asidua práctica religiosa. Llevada por su naturaleza contemplativa, además del rezo del rosario pasaba largo tiempo rezando y meditando. Ello no quita que fuera también muy vivaz. A partir de las apariciones que se fueron sucediendo —primero diariamente— durante cuatro meses y luego algo más espaciadas, su maestra sería nada menos que la Santísima Virgen, la formadora de su personalidad y educadora. Es Nuestra Señora quien le enseñó las letanías lauretanas, haciéndole repetir cada invocación hasta que quedasen en la memoria de Benoîte. Siempre se muestra tierna Madre.

El 29 de agosto de aquel año de 1664, Benoîte le preguntó a la aparición por su nombre y Ella respondió: *"Mi nombre es María"*.

Luego no la vería durante un mes, hasta que se le apareció y le dijo que para seguir viéndola debería ir a una pequeña capilla de Laus.

Al día siguiente, Benoîte tuvo que buscarla porque desconocía su ubicación. La reconoció al percibir aroma de flores. Al entrar, la puerta estaba ya abierta, vio a la Santísima Virgen que la esperaba. Esto la llenó de emoción: ¡la Madre de Dios se adelantó al encuentro!

Era tal el estado de abandono del lugar y la suciedad, que Benoîte le ofreció a la Virgen el delantal para que lo pusiera bajo sus pies. Nuestra Señora la consoló diciéndole que la capilla sería embellecida, y le pidió que transmitiera su solicitud de que se construyera una iglesia en su honor donde muchos pecadores llegarían y se convertirían.

Pasados unos meses del encuentro, le mandó rezar continuamente por los pecadores, lo que haría durante toda su vida. Mientras tanto se corrió la voz de las apariciones y empezaron a llegar peregrinos. Como suele ocurrir, muchos creían en la veracidad de los acontecimientos y otros opinaban que era una farsa.

El vicario general de la diócesis de Gap creyó en la autenticidad y le escribió a su colega, el padre Lambert, vicario general de la diócesis vecina y a cuyo territorio pertenecía la capilla. Este era de esos sacerdotes poco partidarios de apariciones, y decidió ir a Laus para probar que las apariciones no eran tales.

La Santísima Virgen alentó a su vidente asegurándole que no debía temer a los interrogatorios y le dijo: "Dile al Vicario General que <u>si bien puede hacer descender del cielo a Dios por el poder recibido cuando fue ordenado sacerdote</u>, no puede dar órdenes a la Madre de Dios". Pese a que las respuestas de Benoîte eran claras, el padre Lambert y los otros sacerdotes trataron de hacerla entrar en contradicción para demostrar la falsedad —creían ellos— de las apariciones. En un momento, la vidente repitió las palabras de la Virgen y esto sorprendió grandemente al vicario, al punto que cedió. Sin embargo, dijo que necesitaba un milagro para convencerse. El milagro no se hizo esperar.

Una mujer del pueblo tullida que iba a rezar a la capilla recibió la curación. A la mañana siguiente, apareció la mujer en la capilla cuando el padre Lambert estaba celebrando misa. El vicario creyó y escribió: "Sí, la mano de Dios está allí".

En invierno de 1665, la Santísima Virgen le enseñó a Benoîte a ungir con el aceite de la lámpara del sagrario (la que indica la presencia del Santísimo) a las personas que van a Laus en busca de curación. La condición principal es la fe y estar dispuesto a la conversión. Por eso, le pidió la Virgen a Benoîte que exhortara a las personas a que recurrieran al sacramento de la confesión. La vidente <u>recibió el don de conocer y leer las almas</u> para que se sirviera de ello al aconsejar a los pecadores arrepentirse, diciéndoles el estado de su alma, e ir a pedir perdón a Dios y recibir su absolución en la confesión sacramental. Benoîte se sentía indigna de tal alto cometido. La Madre de Dios la alentaba y le decía: "¡Ánimo, hija mía! Cumple con tu deber alegremente. No guardes odio hacia los enemigos de Laus... No te aflijas ni enfermes si las personas no siguen tus consejos... No te perturbes por las tentaciones..." Y le pidió que se ocupara de la conversión de mujeres que viven en la impureza y por las que han abortado. También le pidió que animara a los sacerdotes que allí servían a recibir a los pecadores y peregrinos con afabilidad y caridad. Diría la Santísima Virgen a su vidente y confidente: "Le pedí a mi Hijo que Laus fuera para la conversión de los pecadores y mi Hijo me lo concedió".

Pese a todo, a la vidente le resultaba muy arduo eso de advertir a las almas acerca de su estado y de la necesidad de confesarse y convertirse. Cuando le daba vueltas al asunto y no hacía lo que la Santísima Virgen le pedía, entonces Ella no aparecía. Sin embargo, la mayoría de las personas le agradecían a Benoîte. Benoîte no solo debía ocuparse de los peregrinos, sino también de los sacerdotes. Veía sus almas cuando celebraban la Santa Misa y debía advertirles cuando estaban sus almas deslucidas.

A la muerte del padre Lambert y desde 1672 tuvo Benoîte —y con ella las apariciones de Laus— que padecer persecuciones durante veinte años y estar recluida en prisión domiciliaria durante quince años. Solo se le permitía asistir a misa los domingos. Fue amenazada con la excomunión igual que a cualquier sacerdote que celebrase la Eucaristía en la capilla.

Recibió también visiones de Nuestro Señor crucificado, y durante quince años sufrió la Pasión del Señor, semanalmente desde el jueves por la noche hasta la mañana del sábado, y recibió los estigmas. Algunos descreídos se reían y otros la veneraban, y ambas cosas le provocaban dolor. Padeció también todo tipo de ataques del demonio.

No faltaron tampoco los falsos videntes para desprestigiar los acontecimientos sobrenaturales y robar la gracia.

Por fin, en 1712 el obispo puso a cargo del santuario a una comunidad de sacerdotes, los "Pèresgardistes", de sana doctrina y de fervor apostólico. Se aplicaron a la misión con seriedad y entusiasmo, esforzándose en obedecer a la Santísima Virgen y promoviendo al mismo tiempo la devoción al Sagrado Corazón que comenzaba a ser conocida para entonces.

Hubo también un periodo en el que la vidente no tuvo apariciones. La Santísima Virgen no se le aparecía con el fin de purificarla.

En la Navidad de 1718 pidió recibir el Viático. Se le apareció la Virgen y la habitación quedó inmersa en un delicado y dulce perfume. El 28 de diciembre recibió los últimos sacramentos. Eran las tres de la tarde. Había más de un sacerdote. Todos ellos pidieron la bendición de Benoîte. Ella se negó. Luego dijo: "Es menester de nuestra buena Madre el bendecirlos". Pero, para no rehusar el pedido, alzó la mano y les dijo: "La doy gustosamente, padres buenos". Todo era paz y felicidad. No experimentó ninguna agonía. Cinco horas después, pidió recitar las letanías del Niño Jesús y falleció con total serenidad. Tenía 71 años.

El Papa León XIII le concedió al santuario el rango de Basílica, el 18 de marzo de 1893.

Curiosamente, recien el 4 de mayo de 2008 las apariciones fueron aprobadas por el obispo de Gap. Benoîte[15] fue declarada Venerable por el papa Benedicto XVI el 3 de abril de 2009.

Como todos los lugares donde la Madre de Dios se aparece, muchas son las conversiones. De hecho, Ella siempre viene a llamar a la conversión a Dios. La particularidad de Laus se debe en parte a la vidente a quien le había sido otorgado el don de lectura de las conciencias y a su santidad reconocida por sus contemporáneos. Allí afluyen los primeros peregrinos para encontrarse con Aquella que es Refugio de pecadores. Por esta razón, Laus está, sobre todo, vinculada al sacramento penitencial. Pero no solo, porque también lo está a la Eucaristía. Desde el tiempo de las apariciones y por expreso pedido de la Santísima Virgen, el aceite de la lámpara del Santísimo Sacramento, que está frente al sagrario, se utiliza para unciones, e innúmeros son los casos de curaciones que se le atribuye. Quien esto escribe pudo constatarlo al menos en dos casos con personas aquejadas por males de los que fueron sanadas.[16]

---

15 Tuvo también apariciones de Cristo y recibió los estigmas de su pasión. También se le aparecieron santos y ángeles. Vivió santamente como una ermitaña, siempre en Laus, fue consultada por sacerdotes y por muchísimas personas llegando a ser verdadera maestra espiritual. Murió en olor de santidad, se espera un milagro para que sea declarada Beata.

16 Fueron dos mujeres: una en La Spezia, Italia, y la otra en Sopron, Hungría.

Laus contiene un <u>mensaje eucarístico oculto</u> o más bien implícito, porque si bien lo principal es la llamada a la reconciliación con Dios, por el estrecho vínculo que tienen los sacramentos penitencial y de la Eucaristía, la reconciliación tiene un fin: el encuentro pleno con el Señor. En efecto, primero el encuentro es en el sacramento penitencial que nos da acceso al sacramento de la Eucaristía. En otras palabras, <u>la Santísima Virgen nos atrae para reconciliarnos con Dios y para que entremos en la mayor intimidad posible con Él, que acontece en la comunión sacramental y también en la adoración al Santísimo.</u>

El aceite que se utiliza para la lámpara del Santísimo se convierte en elocuente sacramental: sacro por el fin al cual se lo destina. De ese modo también nos recuerda <u>la importancia que tiene todo lo que se dedica al culto divino, incluso el aceite que se quema para dar testimonio de la presencia del Señor en la Eucaristía.</u> Una vez que el objeto está destinado al culto divino, queda consagrado, o sea segregado del uso profano para formar parte del sacro. Por eso, y desde luego por la gracia conferida, la unción con ese aceite es eficaz. No solo cuando arde el aceite sino cuando es untado, <u>da testimonio de la Eucaristía a la que está consagrado</u> y, <u>a través de su unción, el poder sanador y vivificador del augusto sacramento.</u>

Medalla Milagrosa (aparición de la Rue du Bac)

La tempestad revolucionaria francesa que había comenzado en 1789, rompió las esclusas de contención, y nuevas agitaciones y revoluciones fueron jalonando el siglo siguiente, de tal manera que, en la primera mitad del siglo XIX, los tiempos fueron muy revueltos. Francia se encontraba ante una aguda depresión y presiones sociales, que desembocarían en revoluciones. El fervor religioso había decaído, la revolución industrial incipiente traía entre los nuevos problemas el desarraigo, y una clase operaria víctima de agitadores en tanto las reformas sociales no aparecían, y eso creaba tensiones y luchas. El elemento motor revolucionario que inició todo fue la filosofía iluminista, y luego lo serían el idealismo, el positivismo, el nihilismo o el materialismo dialéctico.

En este contexto histórico, en **julio de 1830** se le apareció la Santísima Virgen por vez primera a **Santa Catalina Labouré**, entonces joven novicia de las Hijas de la Caridad, en la casa religiosa de la Rue du Bac de París. Antes de la aparición de la Virgen, Catalina había recibido la visita de San Vicente de Paul, fundador de su congregación religiosa, quien le mostró su corazón desbordante de amor. La aparición del santo se dio durante tres días seguidos, cada vez con el corazón de distinto color. Primero blanco, luego rojo y por último negro, señal este último de las calamidades que aún debían caer sobre Francia y especialmente París. Tuvo también la santa una **visión del Señor en la Eucaristía**, de la cual declaró: "**Vi a Nuestro Señor en el Santísimo Sacramento**, durante todo el tiempo de mi noviciado, excepto todas las veces en que dudé".

La primera aparición de la Santísima Virgen tuvo lugar en **la noche entre el 18 y 19 de julio de 1830**, víspera de la fiesta de San Vicente de Paul, cuando Catalina, ya dormida, fue despertada: "*Hermana, Hermana*".

Relata la santa: "Despertándome, miré hacia el costado de donde escuchaba la voz, que era del lado del pasillo. Corro la cortina y veo un niño vestido de blanco, de cuatro o cinco años de edad, que me dice: 'Ven a la capilla, allí te espera la Santísima Virgen'. Inmediatamente me asaltó la idea: Me van a oír.

El niño me respondió: 'Quédate tranquila, son las once y media, todo el mundo duerme profundamente. Ven, te espero'.

Me vestí rápidamente y me dirigí adonde estaba el niño, que había permanecido de pie, sin adelantarse más allá de la cabecera de mi cama. Él me siguió, o más bien yo le seguí, siempre a mi izquierda, por donde pasaba. Las luces estaban encendidas en todas partes, lo que me sorprendió mucho; pero mayor fue mi asombro cuando al entrar a la capilla, la puerta se abrió apenas el niño la hubo tocado con la punta del dedo. Mi sorpresa creció todavía más, cuando vi todos los cirios y antorchas encendidos, lo que me recordó la misa de Nochebuena. Sin embargo no veía a la Santísima Virgen.

El niño me condujo al presbiterio, al lado del sillón del Padre Director, me puse de rodillas y el niño quedó de pie todo el tiempo. Como me parecía larga la espera, yo miraba si las centinelas[17] no andaban por las tribunas. Al fin llegó la hora. El niño me alerta y me dice: "*¡Hela aquí: la Santísima Virgen! ¡Hela aquí!*".

Escuché un ruido, como el roce de un vestido de seda que venía del lado de la tribuna, del lado del cuadro de San José. Ella vino a detenerse sobre las gradas del altar del lado del Evangelio, en un sillón parecido al de Santa Ana; solo que no tenía el mismo aspecto que el de Santa Ana.

Yo dudaba si sería la Santísima Virgen. Sin embargo, el niño que estaba allí me dijo: **¡He aquí a la Santísima Virgen!** Me sería imposible expresar lo que experimenté en ese momento, lo que sucedía dentro de mí; me parecía que no era la Santísima Virgen a quien veía. Entonces el niño me habló no como un niño sino como un hombre, ¡con voz muy enérgica! Mirando entonces a la Santísima Virgen, no hice más que dar un salto hasta Ella, me puse de rodillas en las gradas del altar, las manos apoyadas sobre las rodillas de la Santísima Virgen.

Así transcurrió un momento, el más dulce de mi vida; me sería imposible decir todo lo que experimenté. Ella me dijo: "*¡Hija mía! Dios quiere confiarte una misión. Tendrás que sufrir, pero sobrellevarás esto pensando en que lo haces por la gloria de Dios. Serás atormentada hasta que lo hayas comunicado al que está encargado de dirigirte. Se te contradecirá, pero tendrás la gracia, no temas. Háblale a él con confianza y sencillez; ten confianza y no tengas miedo. Verás algunas cosas, da cuenta de ellas. Te sentirás inspirada durante tu oración*".

La Santísima Virgen me enseñó cómo debía comportarme con mi Director y agregó muchas más cosas que no debo decir.

Respecto al modo de proceder en mis penas, <u>me señaló con su mano izquierda **el pie del altar,** y me recomendó acudir allí y desahogar mi corazón, asegurándome que en ese lugar recibiría todos los consuelos de los que tuviera necesidad.</u>

17 Las hermanas que vigilaban durante la noche.

"Los tiempos son muy malos, calamidades caerán sobre Francia; el trono será derribado; el mundo entero se verá trastornado por desgracias de toda clase (la Santísima Virgen tenía aspecto muy apenado al decir esto). *Pero **venid al pie de este altar; ahí las gracias serán derramadas sobre todas las personas que las pidan con confianza y fervor,** serán **derramadas sobre grandes y chicos.** ¡Hija mía! Me complazco en derramar mis gracias, sobre la Comunidad en particular, a la que amo mucho..."*.

Respecto a otras Comunidades, habrá víctimas (la Santísima Virgen tenías lágrimas en los ojos al decir esto). *El clero de París tendrá sus víctimas, el arzobispo morirá* (a esta palabra de nuevo las lágrimas). *¡Hija mía! **La cruz será despreciada;** correrá la sangre en la calle* (aquí la Santísima Virgen no podía hablar más, el dolor se dibujaba en su rostro). *¡Hija mía!* —me dijo—, *todo el mundo estará triste"*.

Yo pensaba cuándo sucedería esto. Entendí muy bien: cuarenta años.

No sé cuanto tiempo quedé a los pies de la Santísima Virgen; lo único que sé es que cuando se fue, solo percibí algo que se desvanecía, como una sombra que se dirigía hacia el costado de la tribuna, por el mismo camino por donde había llegado.

Me levanté de las gradas del altar y vi al niño en el mismo lugar donde lo había dejado; me dijo: *"¡Se ha ido!"*.

Volvimos por el mismo camino, siempre iluminado, y ese niño estaba siempre a mi izquierda. Creo que **ese niño era mi ángel de la guarda** que se había vuelto visible para hacerme ver a la Santísima Virgen, <u>porque yo le había rogado mucho para que me obtuviese este favor</u>.

Estaba vestido de blanco, llevaba una luz milagrosa delante de él, es decir <u>estaba resplandeciente de luz</u>, poco más o menos de cuatro a cinco años de edad. Escuché sonar la hora; no me dormí más".[18]

Lo predicho por la Virgen <u>se cumplirá en lo inmediato y con mayor virulencia cuarenta años más tarde,</u> como consecuencia de la derrota que Francia sufrió en la guerra con Prusia en 1871.

---

18 *De l'Immaculée e sa Médaille* (J. Eyler, París, 1971 trad. de Horacio Palacios CM).

En lo inmediato, a pocos días de la primera aparición, el **31 de julio de 1830, Carlos X** fue derrocado y con su caída se puso fin a la dinastía borbónica en Francia.[19]

La segunda aparición acontece el **27 de noviembre de 1830.** Según el relato de Catalina los hechos así se sucedieron:

"Era el 27 de noviembre de 1830, que caía el sábado anterior el primer domingo de Adviento. Yo tenía la convicción de que vería de nuevo a la Santísima Virgen y que la vería "más hermosa que nunca"; vivía con esta esperanza. A las cinco y media de la tarde, algunos minutos después del primer punto de la meditación, <u>durante el gran silencio,</u> me pareció escuchar ruido del lado de la tribuna, <u>cerca del cuadro de San José,</u> como el roce de un vestido de seda.

Al mirar hacia ese lado, **vi a la Santísima Virgen a la altura del cuadro de San José.** La Santísima Virgen estaba de pie, era de estatura mediana; tenía un vestido cerrado de seda aurora, hecho según se dice "a la virgen", mangas lisas; un velo blanco le cubría la cabeza y le caía por ambos lados hasta sus pies; debajo del velo vi sus cabellos lisos, divididos por la mitad, ligeramente apoyado sobre sus cabellos tenía un encaje de tres centímetros, sin fruncido, su cara estaba bastante descubierta. <u>Sus pies se apoyaban sobre la mitad de un globo</u> blanco o al menos no me pareció sino la mitad, tenía también <u>bajo sus pies una serpiente</u> de color verdoso con manchas amarillentas. Con sus manos <u>sostenía un globo de oro,</u> con una <u>pequeña cruz encima,</u> que representaba al mundo; sus manos estaban a la altura del pecho, de manera elegante; <u>sus ojos miraban hacia el cielo.</u> Su aspecto era extraordinariamente hermoso, no lo podría describir.

De pronto vi <u>anillos en sus dedos, tres en cada dedo</u>; el más grande cerca de la mano, uno de mediano tamaño en el medio y uno más pequeño en la extremidad y cada uno estaba recubierto de piedras preciosas de tamaño proporcionado. <u>Rayos de luz, unos más hermosos</u>

---

19 Pero, sobre todo en **1870,** con el estallido conocido como la **Comuna de Paris,** llegan nuevas y violentas persecuciones a la religión. <u>El arzobispo de París, monseñor Darboy, es fusilado en la cárcel, y tras él se da muerte a frailes dominicos y otros sacerdotes.</u> Las únicas congregaciones que atravesaron incólumes ese periodo de gran violencia —tal cual fue predicho por la Santísima Virgen— fueron las que fundó San Vicente de Paul.

que otros, salían de las piedras preciosas; las piedras más grandes emitían rayos más amplios, las pequeñas, más pequeños; los rayos iban siempre prolongándose de tal forma que toda la parte baja estaba cubierta por ellos y yo no veía más sus pies.

En ese momento en que yo la contemplaba, la Santísima Virgen bajó sus ojos mirándome. Una voz se hizo escuchar y me dijo estas palabras: *"Este globo representa al **mundo entero**, especialmente a Francia... y a **cada persona** en particular"*.

Aquí yo no sé expresar lo que experimenté, lo que vi.

"La hermosura y el brillo de los rayos tan bellos... son el <u>símbolo de las gracias</u> que yo derramo sobre los que me las piden". Haciéndome comprender cuán generosa se mostraba ante las personas que se las pedían, cuánta alegría experimentaba concediéndoselas... *"Estos diamantes de los que no salen rayos, son las gracias que dejan de pedirme."*

En este momento estaba yo o no estaba, no sé... yo gozaba. Se formó un cuadro alrededor de la Santísima Virgen, algo ovalado, en el que se leían estas palabras —escritas en semicírculo, comenzando a la altura de la mano derecha, pasando por encima de la cabeza de la Santísima Virgen y terminando a la altura de la mano izquierda—: **¡Oh María, sin pecado concebida, rogad por nosotros que recurrimos a Vos!** Estaban escritas en caracteres de oro. Entonces oí una voz que me dijo:

"Haz acuñar una medalla con este modelo, <u>las personas que la llevaren en el cuello recibirán grandes gracias</u>; las gracias serán <u>abundantes para las personas que la llevaren con confianza</u>".

En aquel instante me pareció que el cuadro se daba la vuelta. Vi sobre el reverso de la Medalla la letra **M, coronada con una cruz, apoyada sobre una barra y, debajo de la letra M los sagrados Corazones de Jesús y de María**, que yo distinguí, porque uno estaba rodeado de una corona de espinas y el otro, traspasado por una espada.

Inquieta por saber qué sería necesario poner en el reverso de la Medalla, después de mucha oración, un día, en la meditación, me pareció escuchar una voz que me decía: '<u>La letra M y los dos corazones dicen lo suficiente</u>'". Aquí acaba el relato de Santa Catalina.

Ciertamente, era una clara alusión a la participación de la Santísima Virgen al sacrificio redentor del Hijo.

La medalla en sí misma, reconocida prontamente como milagrosa —hasta el punto que nos referimos a esta manifestación como de la Medalla Milagrosa[20]— es un compendio de atributos y privilegios marianos, algunos aún no expresados como dogma, reconocidos desde antiguo.[21]

Al siguiente mes de diciembre, estando Catalina en oración, volvió a tener la <u>misma visión del cuadro de la medalla</u>, pero esta vez **frente al altar y junto al sagrario**. La Virgen se despidió porque no la iba a ver más, aunque le dijo que oiría su voz. Catalina permanecería como anónima vidente toda su vida. Justo después de morir, se sabría quién había sido la agraciada que recibía las visitas de la Madre de Dios.

Las medallas fueron acuñadas por su confesor, el padre Aladel, quien, descreído, retrasó un par de años cumplir con el pedido de la Virgen Santísima.

La luminosidad de la Medalla que tanto bien ha traído al mundo —al reconocer fieles y personas alejadas de la fe, el papel de la Santísima Virgen en la salvación y especialmente en estos tiempos últimos— ha dejado en un segundo plano el hecho fundamental: la Madre de Dios nos conduce siempre a su Hijo, a su Iglesia, al altar del sacrificio de la Eucaristía.

Indudablemente, en la rue du Bac, la Santísima Virgen, venía a hacer aún más claro aquello que el *sensus fidelium* había intuido acerca

---

20 En febrero de 1832, hay en París una <u>terrible epidemia de cólera que provoca más de 20.000 muertos</u>. Las Hijas de la Caridad empiezan a distribuir, en junio, las dos mil primeras medallas acuñadas a petición del padre Aladel. Son numerosas las curaciones, lo mismo que las protecciones y conversiones. Es un maremoto. El pueblo de París califica la medalla de "milagrosa". <u>En el otoño de 1834 ya hay más de 500.000 medallas</u>, y en <u>1835 más de un millón en todo el mundo.</u> En 1839, se ha propagado la medalla hasta alcanzar más de diez millones de unidades. <u>A la muerte de sor Catalina, en 1876, se cuentan más de mil millones de medallas</u> (fuente: sitio oficial Chapelle Notre Dame de la Médaille Miraculeuse).

21 Estos, que requieren un pronunciamiento magisterial dogmático, son: María Santísima como <u>Mediadora</u> de gracias, <u>Abogada</u> ante su Hijo (ambas ideas en el anverso de la medalla) y <u>Corredentora</u> (en el reverso). Precisamente, el principal mensaje de las manifestaciones de Ámsterdam, que tendrán lugar al siglo siguiente, tiene como objeto el último dogma mariano sobre los tres mencionados atributos implícitos en la medalla. La inscripción de la medalla "Oh, María *sin pecado concebida...*", ya se había anticipado casi un cuarto de siglo al dogma de la Inmaculada Concepción de María proclamado por el papa Pío IX en 1854. Cuatro años más tarde, por ese entrelazado de revelaciones celestiales, la Madre de Dios se le aparecerá a **Santa Bernardita** en **Lourdes** para confirmar el privilegio de la Santísima Virgen dándose Ella misma a conocer como "la Inmaculada Concepción".

de su poderosa intercesión y su purísima concepción, y lo hacía otorgándole a la medalla —que por la inscripción, simbólicamente encierra dogmas proclamados y por proclamar— el poder de milagros extraordinarios como lo fue la conversión fulminante del banquero judío Alphonse de Ratisbonne, emparentado con los Rothschild, que dejaría su encumbrada posición y a quien debería haber sido su futura esposa, para volverse sacerdote católico y fundador de una congregación.

Si bien por medio de la medalla se exalta y revela la misión de la Santísima Virgen para los tiempos finales junto a sus prerrogativas, no menos cierto es que contiene algo más: recordarnos que todas las gracias vienen del **sacrificio redentor del Señor compartido con su Madre, como Aquella que más ha cooperado y coopera a la salvación, sacrificio que se hace presente en cada Eucaristía** que se celebra en el mundo.

Por eso, ahora es tiempo también de resaltar actitudes y hechos que en las visiones y apariciones de la Rue du Bac ponían ya entonces de manifiesto <u>la importancia de la Eucaristía</u>. En tal sentido encontramos las **apariciones ocurridas ante el altar y el sagrario; la Santísima Virgen que se prosterna ante el altar y el sagrario; la exhortación** que le hace a la vidente de **ir al altar para encontrar consolación** y, para todos, la invitación a ir al **altar del sacrificio del Hijo donde está presente también su sacrificio corredentor para encontrar abundantes gracias**, y el aludido mensaje eucarístico contenido en la medalla.

Con Rue du Bac comienza el tiempo mariano que se prolonga hasta nuestros días. La llamada es cada vez más urgente y perentoria. La <u>conversión a Dios debe manifestarse en profunda y verdadera devoción eucarística</u> viviendo la <u>Santa Misa</u> en activa participación de la mente y del corazón y <u>en adoración</u> dentro y fuera de la celebración.

Por último, no falta el elemento esjatológico porque la medalla <u>alude a la Mujer del Apocalipsis</u>. Si en la imagen estampada tres siglos antes en México había dos elementos propios de la visión del vidente de Patmos —el Sol y la Luna bajo los pies de la imagen de la Virgen— a su vez en la medalla de Francia se añaden <u>doce estre-</u>

llas, propias de la misma visión referida en el capítulo 12 del Apocalipsis.

Como detalle final y sugestivamente, San José aparece de manera discretísima, el 27 de noviembre, en el cuadro sobre el que aparece la Santísima Virgen. Ciertamente no es un hecho casual sino deseado, como lo será su aparición el 13 de octubre de 1917 en el cielo de Fátima. Este es el tiempo también reservado a la exaltación de este grandísimo santo protector de la Iglesia.

La Salette[22]

Contemporánea con la aparición parisina hay otra, muy alejada del mundanal ruido, en la que es necesario detenerse. Entre una y otra, nuevos acontecimientos convulsivos se sucedieron. En 1830 —año de la aparición de Rue du Bac— era derrocado Carlos X, a él lo seguirá Luis Felipe de Orleans, quien a consecuencia del absolutismo que pretendió restaurar fue destituido en 1848 tras sangrientas sublevaciones. Con la Segunda República llegó otro Bonaparte, sobrino de Napoleón, Luis Napoleón, quien dos años más tarde se proclamaría emperador, Napoleón III. Cuando estaba por llegar la transición a la Segunda República, la Santísima Virgen se apareció en los Altos Alpes franceses. En aquel tiempo, incluso en las zonas rurales de Francia la religiosidad se enfriaba y con la virtud de la esperanza decaía también la fe, y pocos eran los que acudían a la Santa Misa los domingos.

El **19 de septiembre de 1846**, vigilia de la fiesta de Nuestra Señora de los Siete Dolores, hacia las tres de la tarde, bajo un cielo claro, a 1800 metros, sobre la montaña de **La Salette**, dos niños pastores, Melanie Calvat y Maximin Giraud, llevaban sus animales a pastar. Ambos eran ignorantes y pobres; él era hablador, ella reservada; él

22 El 19 de septiembre de 1851, el obispo de Grenoble (Francia), Filiberto de Bruillard, proclamó: "Juzgamos que la aparición de la Santísima Virgen a dos pastores, el 19 de septiembre de 1846, en una montaña de la cadena de los Alpes, situada en la parroquia de La Salette, del arciprestazgo de Corps, contiene en sí todas las características de la verdad, y que los fieles tienen fundamento para creerla indudable y cierta".

tenía once años y ella quince. Ambos hablaban el dialecto local, no el francés, aunque algo entendían.

El Ángelus suena abajo, en el campanario de la iglesia de la aldea. Dejan las vacas y la única cabra a un lado y, dirigiéndose a una fuente, meriendan, se tumban y se duermen. Melanie se despierta bruscamente y despierta a Maximin, teme por las vacas, pero se tranquilizan ambos al encontrarlas. De pronto ven una luz, un globo de fuego, en el fondo del barranco. Dirán luego: "era como si el sol se hubiera caído allí". En aquel momento no saben qué puede ser y por si acaso van con los garrotes para defenderse. De ese fuego luminoso emerge una mujer, "una Bella Señora", con el rostro oculto entre sus manos, los codos apoyados sobre las rodillas. Viéndola así les transmite una aflicción inconsolable. Alzándose, se acerca a los pastores y los anima diciéndoles: *"Avanzad, hijos míos, no tengáis miedo. Yo estoy aquí para daros una gran noticia"*. El rostro de la visión es de gran belleza y al mismo tiempo de profunda tristeza. Es toda la figura de una gran luz, tanta que Maximin no alcanza a verle el rostro, está vestida como las mujeres de la región: vestido largo, un gran delantal a la cintura, pañuelo cruzado y anudado en la espalda, gorra de campesina. Rosas coronan su cabeza, bordean su pañuelo y adornan sus zapatos. En su frente una luz brilla como una diadema. Sobre sus hombros pesa una gran cadena. Una cadena más fina sostiene sobre su pecho un crucifijo que destella, con los instrumentos de la Pasión de Cristo: un martillo a un lado y al otro unas tenazas.

Les dice luego: *"Si mi pueblo no quiere someterse, me veo obligada a dejar caer el brazo de mi Hijo. Es tan pesado que no puedo retenerlo más. ¡Hace tanto que sufro por vosotros! Si quiero que mi Hijo no os abandone, debo rogarle sin cesar por vosotros; y vosotros ¡no hacéis caso! Deberíais rezar, jamás podréis recompensar todo el dolor que he asumido por vosotros"*.

*"Os he dado seis días para trabajar, **me reservé el séptimo y no me lo concedéis**. ¡Es eso lo que hace tan pesado el brazo de mi Hijo! Los que conducen los carros no saben jurar ¡sin poner en medio el nombre de mi Hijo (blasfeman)! Esas son las dos cosas que hacen tan pesado el brazo de mi Hijo"*.

Se lamenta que **la gente no observa el día** del Señor. Tan solo unas mujeres mayores van a misa en verano. Y en invierno, cuando no tienen más que hacer, van a la Iglesia para burlarse de la religión. En el tiempo de Cuaresma van "como los perros a la carnicería".

Les predice una **tremenda hambruna, como consecuencia del olvido y falta de respeto del domingo y de las blasfemias**. *"Si la cosecha se estropea es a causa de vosotros. Ya os lo hice ver el año pasado con las patatas. Vosotros no hacéis caso* (no atienden a los signos. ¡Quién se atrevería hoy a hablar de castigo!). *Por el contrario, cuando veis que se estropean blasfemáis. Van a continuar pudriéndose y para Navidad no habrá nada"*. Y siempre a causa del mal, de la desobediencia a Dios, les advierte: *"Si tenéis trigo no lo sembréis. Todo lo que sembréis se lo comerán los animales"*. Agrega que el maíz y el trigo se volverían polvo al golpearlo, las nueces se echarían a perder, las uvas se pudrirían.[23] *"Vendrá una gran hambruna, pero antes los niños menores de siete años temblarán y morirán en los brazos de las personas que los tienen, los otros harán penitencia por el hambre"*. De repente, aunque la Bella Señora continúa hablando, solo Maximin la oye, Melanie ve cómo mueve los labios, pero no oye nada. Unos instantes más tarde sucede lo contrario: Melanie puede escucharla, mientras que Maximin no oye nada. Se trata de los secretos dados a uno y otro de los niños. Luego, ambos juntos escuchan sus palabras.

Para quitar toda idea de fatalismo en el castigo les dice que <u>si el pueblo se convierte, Dios sacará trigo y patatas de las piedras y las rocas</u>. Les pregunta si hacían bien la oración y, como ellos reconocen que no, les pide al menos orar por la noche y por la mañana, y si no pueden que al menos recen un Padrenuestro y un Avemaría. Pero, en cuanto puedan —advierte— deberán aumentar la oración. Hace comentarios sobre experiencias pasadas acerca del trigo estropeado;

---

23 Escribe Vittorio Messori: (La Virgen) dijo que habría un castigo y que las uvas se marchitarían. Fui a estudiar qué había sucedido con las uvas en Francia después de 1846, después de las apariciones. Hubo un hongo parásito que agrede a la uva, esparciendo el oidio, una enfermedad de la vid nunca antes vista en Francia. Cuando desapareció, enseguida se manifestó la filoxera, un piojo microscópico que destruyó la mitad de las viñas de todo el país. Se encontró un remedio para la filoxera pero apareció inmediatamente la peronospera, una enfermedad desconocida en Europa, originaria de América. Las pocas vides que habían logrado escapar sanas y salvas de los precedentes flagelos fueron destruidas por el nuevo mal. He investigado también en los archivos y bibliotecas francesas: en Francia no existe ninguna especie de vid anterior a 1847. Todas murieron. Una terrible predicción que se cumplió totalmente.

les da separadamente un secreto a cada uno y, finalmente, se va, recomendándoles, en dos ocasiones, de hacer conocer a todo el pueblo ese encuentro.

Resulta obvio que la relación entre el mensaje celestial de la breve aparición de La Salette y la Eucaristía es inmediata, puesto que la Santísima Virgen se lamenta de que no se respete el Día del Señor, y de que se blasfeme. El castigo anunciado, si no hay conversión a Dios, es consecuencia de transgredir sus primeros Mandamientos; y si la Santísima Virgen anticipa evidentes calamidades como la pérdida de cosechas, la hambruna, enfermedades, todas estas son consecuencia del abandono de Dios. En rigor, la verdadera tragedia es la separación y el desprecio a Dios. Hemos sido creados por Dios y para Dios. Nuestra Madre viene a recordarnos que, cuando agradecemos, bendecimos y adoramos al Señor, Creador y Salvador nuestro, todo, nuestra vida personal como la misma creación, se ordena al bien. Participar del sacrificio de la Santa Misa —viene a decirnos la Santísima Virgen en La Salette— es deber de todo buen cristiano, que adora a Dios en la presencia viva del Señor en la Eucaristía y le da gracias por su inconmensurable amor que le hizo entregarse por nosotros, y agradece los beneficios recibidos.

Lourdes

Antes de 1858, Lourdes era un pueblo muy pobre, considerado uno de los lugares más perdidos de Francia, apenas accesible por carretera. Aunque de difícil acceso, el sitio de Lourdes fue frecuentado por hombres de la Prehistoria y luego por los romanos. El castillo (Mirambel), restaurado varias veces, durante mucho tiempo fue considerado una ciudadela inexpugnable.[24]

En un lugar llamado Massabielle, que significa "roca antigua", la Virgen María se apareció dieciocho veces a la joven de catorce años

---

24 Cabe señalar que el lugar era conocido desde la Prehistoria y en época romana por ser sitio estratégico para el paso a los altos valles del Bigorre.

Marie-Bernarde Soubirous, apodada **Bernadette**. El lugar de la aparición ya era conocido desde tiempo antiguo por su contexto legendario (gritos lastimeros, se escuchaban gemidos, luces misteriosas...). El padre Fournou, en 1858, escribió acerca de la cueva <u>antes de las apariciones</u>: "El transeúnte la miraba con cierto temor tembloroso y nunca dejó de marcar su frente con el signo de la cruz para protegerse de algún mal satánico".[25]

La familia Soubirous conoce la miseria.

Durante el invierno del año anterior a las apariciones, François, el padre de Bernadette, molinero en la ruina, se encuentra desocupado. La familia se ve obligada a ir a vivir al Cachot, una celda de una vieja prisión que funcionó hasta 1824. Todos viven en una sola habitación de dieciséis metros cuadrados, húmeda, oscura y fría.[26]

En el patio hay estiércol, lo que hace que el lugar sea además maloliente e infecto.[27] Para colmo de males, François había sido arrestado por el hurto de dos sacos de harina, denunciado por sus paisanos para quienes resultaba sospechoso por el solo motivo de su extrema pobreza. Después de una semana en prisión, fue puesto en libertad, pero la sospecha que pende sobre él le impide acceder siquiera a un mísero jornal.

La vida de la familia se vuelve cada vez más dura. Y, sin embargo, dirán los testigos de la época, la armonía y la serenidad reinan siempre entre ellos, y siempre recitan las oraciones por la noche y por la mañana. En aquella casa, a pesar de la miseria, se respira paz y serenidad.

Bernadette no puede ir a la escuela, así que tampoco puede aprender el francés, necesario para ir a clases de Catecismo. Por lo tanto, no puede prepararse para la primera Comunión, que ella ardientemente

---

25 Por ese entrelazarse de situaciones absolutamente providenciales que nos toca desentrañar para ver la unidad del plan de salvación, la gruta de Massabielle como lugar de aparición nos conduce por una parte al Tepeyac, lugar de culto evidentemente satánico, de sacrificios humanos, y por el otro a Tre Fontane, donde en una cueva mal famada se le aparece la Madre de Dios a Bruno Cornacchiola, enemigo acérrimo de la religión católica y del Papa, a quien había planeado asesinar. Y se le aparece cuando el comunista y pastor adventista estaba preparando un sermón contra ¡la Inmaculada Concepción!

26 Tan malsano era el sitio que habían transferido la cárcel a otra parte mejor.

27 Dirá el Procurador imperial que era "un lugar infecto y oscuro".

desea. Es entonces cuando los padres deciden mandarla a Bartrès, a casa de la nodriza, quien promete enseñarle el Catecismo. De paso, los Soubirous tendrán una boca menos para alimentar.

La niña parte en septiembre de 1857. Su estancia en Bartrès será dura, la mayor parte del tiempo en soledad; tiempo ocupado en llevar a pastar a las ovejas, al frío, todo el día, hasta el ocaso. La nodriza le enseña el Catecismo de vez en cuando y lo hace por la noche, cuando la muchachita está agotada e incapacitada para entender el francés, que desconoce totalmente. *"Eres demasiado estúpida* —le dice su vieja nodriza— ¡jamás podrás hacer la primera *Comunión!"*.

Es entonces cuando Bernadette pone de manifiesto todo su temple y su orgullo: decide regresar a Lourdes, y así lo hace el 28 de enero de 1858.

Vuelve a una vida de penurias y de miseria, pero sabe que allí reencuentra el amor de su familia, y eso le basta.

En la mañana del **11 de febrero de 1858** le propone a su mamá ir a buscar un poco de leña para calentar a la familia. La madre duda porque teme por la salud de Bernadette, pero finalmente accede.

A partir de ese momento comienza la historia de las apariciones en la gruta de Massabielle.

Esa mañana, Bernadette Soubirous, su hermana a quien llamaban Toinette y una amiga, Jeanne Abadie, van a buscar la leña a la parte que está entre el río Gave y el canal del molino. Jeanne y Toinette pasan vadeando el canal, deteniéndose aguas arriba del molino: hay madera al otro lado.

Bernadette, a causa de su asma, no se atreve a seguirlas. Permanece frente a la gruta, a unos doce metros.

Cuando finalmente se decide pasar y mientras está descalzándose para unirse a las otras, escucha dos veces un ruido, "como una ráfaga de viento", y esto la sorprende porque no hay viento. Se gira para comprobar de dónde viene el ruido, y —relatará más tarde— *"Los álamos no se movían. Continué quitándome los zapatos y escuché el mismo rumor. Miré hacia la gruta. El nicho de la roca, de unos tres metros de altura, estaba invadido por una luz, y en esta luz, Aquerô {Aquella}"*, así, con cierta prudencia, se refiere a Ella en patois, es decir, en su dialecto. Porque lo que ve es, sin duda, una silueta femenina de inefable presencia penetrante. Así la describirá:

"Una Dama[28] de blanco; tenía un vestido blanco, un velo blanco, un cinturón celeste y una rosa amarilla en cada pie. Me froté los ojos, pensé que me estaba engañando. Me metí la mano en el bolsillo y encontré mi rosario".

Pero Bernadette no llega a alzar su mano hasta la frente para hacer la señal de la cruz. Cuando la misma Virgen lo hace, en el hueco de la roca, Bernadette hace la señal de la cruz y recita el rosario con la Dama. A oración concluida, la Señora súbitamente desaparece.

El **domingo 14 de febrero**, siguiendo las recomendaciones de su séquito que teme un fenómeno demoníaco, Bernadette asperja la aparición con agua bendita. La Dama sonríe e inclina la cabeza.

El **17 de febrero** es miércoles de Ceniza, comienzo del tiempo cuaresmal. De las dieciocho apariciones, <u>catorce</u> serán durante la Cuaresma. Hay un motivo: en el mensaje explícito y gestual de Lourdes, central es el llamado a la penitencia.

El **jueves 18 de febrero**, a Bernadette le ha dicho el párroco que debe pedir a la aparición escribir su nombre. La vidente le tiende la pluma y el papel, pero en cambio recibe, en lengua occitana, tan solo esta respuesta:

"No es necesario".

Luego, dirige a Bernadette esta cortés invitación: *"¿Querría tener a bien venir aquí durante quince días?".*

Tal pedido la sorprende porque nadie se había dirigido, con trato tan dulce y digno, a ella, pobre miserable.

Seguidamente, la Señora dice algo que usualmente se traduce como: *<u>"No prometo hacerte feliz en este mundo, sino en el otro".</u>* Daría así a entender que la Dama le profetiza su ulterior destino: el de muy a menudo estar enferma. Pero en realidad, el texto original se traduce de una manera más positiva: ***"Te prometo hacerte feliz, no en este mundo sino en el otro".*** En otras palabras, ***"Te prometo hacerte***

---

28 Poco conocido es que la Dama que Bernadette ve es una coetánea. Ella la ve como a una muchachita de su edad, por eso no le convencerán las representaciones que se hicieron de la aparición. Esto lo relata Vittorio Messori en su libro "Bernadette non ci ha ingannati".

feliz..." es promesa de felicidad. En cualquier caso, es una invitación a poner la mirada en el otro mundo, a apuntar a la vida en Dios, a la vida eterna.

El **19 de febrero**, Bernadette llega a la gruta <u>con una vela encendida y bendecida</u>. Con este gesto nace la costumbre de llevar velas y encenderlas frente a la gruta.

El **20 de febrero**, la Señora le enseña una *oración personal.* Al final de la visión, <u>una gran tristeza invade a Bernadette.</u> Hasta aquel momento, en las otras apariciones, se la veía feliz.

El **21 de febrero**, la Dama se presenta a Bernadette temprano, por la mañana. Cien personas la acompañan. Enseguida es entrevistada por el comisario de policía Jacomet. Él quiere que ella diga lo que vio. Bernadette solo le habla de "Aquero" (Aquella).

El **lunes 22 de febrero**, los padres le prohíben a Bernadette regresar a la gruta. Sin embargo, una fuerza irresistible la lleva allí, pero no ve nada, como si la misma Virgen —no apareciéndose— se conformase a las órdenes de sus padres.

El **23 de febrero**, rodeada por 150 personas, Bernadette va a la gruta. La aparición revela un **secreto** *"solo para ella".*

El 24 de febrero, la aparición habla de nuevo y le dice: *"¡Penitencia! ¡Penitencia! ¡Penitencia! Rezarás a Dios por los pecadores. Ve a besar la tierra para la conversión de los pecadores".*

Y Bernadette, obediente, en gesto de humildad y penitencia, besa la tierra...

25 de febrero. Son ahora trescientas las personas que están presentes. Cuenta Bernadette: *"Ella me dijo que fuera a beber en el manantial {...}. Encontré solo un poco de agua fangosa". En el cuarto intento pude beber y Ella también me hizo comer un poco de hierba que estaba cerca de la fuente, luego desapareció la visión y me fui".*

La hierba, la dorina, es una hierba amarga. El agua está sucia, Bernadette se levanta toda embadurnada. Esto provoca la consternación de los partidarios más fervientes.

Frente a la multitud que le pregunta: *"¿Sabes que creen que estás loca por hacer tales cosas?",* ella responde: *"Es por los pecadores".*

Los mensajes se repiten:

"¡Penitencia! ¡Penitencia! ¡Penitencia!".

"Rezarás a Dios por los pecadores".

"Ve y besa la tierra en penitencia para la conversión de los pecadores".

El **27 de febrero**, Bernadette vuelve a hacer los gestos y actos de penitencia (besar la tierra, comer hierbas amargas, beber agua sucia).

El **28 de febrero**, más de mil personas asisten al éxtasis. Bernadette vuelve a realizar actos y gestos de penitencia (comer hierbas amargas, beber agua). Posteriormente la llevan al juez Ribes, quien la amenaza con la prisión.

Durante la noche del 28 de febrero al 1 de marzo, **Catherine Latapie** sumerge su brazo dislocado en el agua de la fuente: su brazo y su mano recuperan su flexibilidad.

Así, esa noche, **se inician las curaciones** mientras están en curso las apariciones. Muchas de esas sanaciones están relacionados con el agua del manantial.

Bernadette rechaza siempre que a esa agua se la llame milagrosa o que las curaciones se la atribuyan a ella. Para ella, solo la fe y la oración obtienen sanaciones.

El **1 de marzo**, Bernadette cumple, una vez más, con los actos de penitencia.

2 de marzo, hacia el final de la quincena, a Bernadette no le falta valor para ir al cura Peyramale, de parte de la Señora, y referirle el mensaje: *"Ve a decirle a los sacerdotes que **construyan una capilla** y que vengan **en procesión"**.*

Como toda respuesta, recibe uno de los más celebres y violentos arranques de ira del cura, hombre muy generoso, pero de sangre caliente.

Su actitud en parte se explica porque se encuentra desconcertado: por una parte, se siente atraído por estas apariciones, cuyo beneficio le es evidente, sobre todo en el confesionario, por la cantidad de conversiones, y, por la otra, está preocupado porque la prensa y la sociedad burguesa ironizan acerca de ese "asunto populachero" en torno a una "alucinada".

Apenas Bernadette pronuncia la palabra "procesión", ve que se le viene encima la avalancha. Tiene que irse sin poder abrir la boca. Pese a todo, vuelve el mismo día.

Al cura de Lourdes solo le interesa saber una cosa: el nombre de la Dama. Y pide pruebas: ver florecer en el invierno la rosa (rosa mosqueta) de la gruta.

3 de marzo: a las siete de la mañana, en presencia de tres mil personas, Bernadette va a la gruta, ¡pero no hay aparición! Después de la escuela escucha la llamada interior de la Dama. Va a la gruta y nuevamente le vuelve a preguntar cuál es su nombre. La respuesta es una sonrisa. El cura Peyramale insiste: *"Si la Dama realmente desea una capilla, que diga su nombre y que el rosal de la gruta florezca"*.

4 de marzo: En este, el último día de la quincena, todos esperan un gran milagro o una revelación importante, porque el mensaje del 18 de febrero decía: *"¿Querrías tener a bien venir aquí durante quince días?"*. Y la quincena termina precisamente ese día, 4 de marzo.

<u>Ocho mil personas acuden</u> y se ubican en ambos márgenes del Gave.

En este "gran día", no hay ni milagro ni revelación. La visión es silenciosa. La aparición aún no ha dicho su nombre.

Bernadette ni siquiera sabe si volverá a la cueva…

<u>Del 5 al 25 de marzo</u>, Bernadette ya no siente la atracción irresistible que la llevaba a la gruta. Es durante este periodo sin apariciones cuando Bernadette <u>hace su primera comunión.</u>

25 de marzo de 1858, día de la Anunciación a María. Esta vez sí, Bernadette se siente atraída hacia la gruta y acude muy temprano por la mañana sin previo aviso. Va con la misma preocupación de siempre: cuál es el nombre de Aquerô, porque así se lo exigía el párroco. Bernadette lo pide con una fórmula ceremonial largamente preparada:

"Mademoiselle, ¿sería tan amable de decirme quién es Usted, por favor?". La Aparición sonríe, pero no responde. Repite Bernadette la misma petición.

La visión **finalmente revela su nombre**, pero el rosal, sobre el que se posó durante sus apariciones, no florece.

Bernadette cuenta: *"Ella levanta sus ojos al cielo, juntando las manos, que estaban extendidas y abiertas a la tierra, en signo de oración, y me dice:* **"Yo soy la Inmaculada Concepción"**.

Bernadette no entendía que quería decir, pues nunca había escuchado esas palabras y durante todo el trayecto, hasta ver al párroco, se la pasa repitiendo el nombre que le había dado Aqueró, para no olvidarlo. Llega y se lo dice al cura.

Después de una reacción un poco brusca, el bravo sacerdote desaparece porque siente que brotan sollozos en su interior. De hecho, cuatro años antes, en 1854, el papa **Pío IX** había promulgado el dogma de **María concebida sin pecado**, gracias a los méritos de la cruz de Cristo. Eso no lo podía haber inventado una cuasi analfabeta como Bernadette, que además vivía en un pueblo alejado del mundo. Para el sacerdote es la prueba esperada que quien se aparece es la Madre de Dios. Más tarde, el obispo de Tarbes, monseñor Laurence, dará como auténtica aquella revelación.

Concluye la Cuaresma. La Pascua de ese año se celebra el 4 de abril.

7 de abril (miércoles de Pascua): Durante esta aparición, Bernadette sostiene su **vela encendida**. La llama rodea su mano durante mucho tiempo sin quemarla. Este hecho es inmediatamente observado por el médico, el Dr. Douzous.

Entre los niños, se da una **epidemia de visionarios,** a cuál más ridículo, y esto lleva a las autoridades a vallar la cueva.

El **16 de julio,** Bernadette siente la misteriosa llamada para ir a la gruta, pero el acceso a Massabielle está prohibido y cerrado por la empalizada. Por tal motivo, ella se coloca en frente, al otro lado del Gave... y ve a la Virgen María, por última vez:

"Me pareció que estaba frente a la gruta, a la misma distancia que las otras veces, solo vi a la Virgen, ¡nunca la vi tan hermosa!".

El 16 de julio —día de la décimo octava y última aparición— la Iglesia conmemora a la Santísima Virgen en la advocación de **Nuestra Señora del Monte Carmelo** o del Carmen.[29][30]

El mensaje de Lourdes se puede resumir en una **fuerte llamada a la penitencia, a la oración,** al pedido de la <u>construcción de una capi-</u>

---

29 Por este hecho a Lourdes se la puede asociar a **Garabandal**, donde se dará a conocer bajo esa advocación, y a **Fátima** —puesto que en la última aparición del 13 de octubre de 1917 se la ve en el cielo, con el Niño—.

30 La primera aparición de la Virgen a San Simón Stock fue para darle el escapulario, signo de su protección para la orden carmelita. Por ello, la imposición del escapulario de Nuestra Señora del Carmen es signo de consagración a Ella y de su protección en esta vida y en el momento de la muerte.

lla y a la procesión, además de una clara **confirmación** de parte del cielo de la proclamación del **dogma de la Inmaculada Concepción** decretado por el Papa, el beato Pío IX.

Así como en Rue du Bac, con la frase impresa en el anverso de la medalla, se adelantaba casi un cuarto de siglo al dogma, ahora en Lourdes, apenas cuatro años después de su proclamación, la Santísima Virgen se identifica con ese nombre —Yo soy la Inmaculada Concepción— como atributo destacadísimo.[31]

Es muy de lamentar que al **mensaje de la penitencia** se lo haya relegado, en general olvidado, o si no se le identifique con conversión. Es cierto que la penitencia tiene como fin y es actitud toda ordenada a la conversión de vida a Dios, pero no hay correspondencia biunívoca de conceptos entre "penitencia" y "conversión". Dicho en otras palabras: si por un lado la penitencia va dirigida a la conversión, la conversión a Dios es más que penitencia; implica, por ejemplo, oración. Por el otro lado, cuando se habla de conversión se excluye o se soslaya la necesidad de penitencia; no se la menciona.

La penitencia va más allá del dolor y del arrepentimiento por el mal cometido y el propósito de no pecar más, porque —como lo demuestran los gestos proféticos de Bernadette, que le manda a hacer la Virgen y que nos recuerdan a gestos bíblicos— también es mortificación de aquello deleitable a los sentidos, mortificación de las pasiones y humillación.

El Antiguo Testamento atestigua que tanto Israel como paganos, tal es el caso de los ninivitas, hacen penitencia para evitar un castigo, una calamidad, y ayunan, se visten de saco, se echan cenizas sobre la cabeza, se postran y lloran. Precisamente, el gesto de la imposición de las cenizas en el miércoles del inicio de la Cuaresma (miércoles de Ceniza) es gesto litúrgico penitencial apoyado en la Sagrada Escritura.

Por eso, por la centralidad del pedido de penitencia por parte de la Santísima Virgen, debe interpretarse como significativo que no menos de catorce de las dieciocho apariciones tengan lugar durante Cuares-

---

31 Comparable a cuando el Señor, por ejemplo, dice: "Yo soy la Resurrección y la Vida".

ma.[32] Es en el apropiado tiempo litúrgico penitencial que la Bella Dama pide penitencia corporal y espiritual.

Además, en la séptima visita, que tiene lugar en el centro exacto de este conjunto, es cuando Bernadette se humilla obedeciendo lo que la Madre de Dios le manda a hacer. Realiza gestos aparentemente absurdos y repulsivos, como besar la tierra, ponerse barro en la cara, bañarse en el manantial, comer hierba que crece en la cueva, mientras trata de beber el agua fangosa que emerge del suelo.[33]

Todos los que presencian los gestos y actitudes de la vidente se conturban y muchos la tienen por una demente. Hay que tener presente qué grande debe de haber sido la humillación de Bernadette cuando ya venía siendo menospreciada, igual que toda su familia a quienes tenían por pobres miserables.

En definitiva, el mensaje contiene gestos fuertemente de penitencia en plena Cuaresma, cuando el cuerpo debe purificarse y el espíritu santificarse con el ayuno y demás prácticas penitenciales, como preparación para celebrar la Pascua del Señor.

En cuanto a Bernadette, su vida siempre fue de privación, no pocas veces tuvo que pasar hambre y padecer forzados ayunos debido a sus enfermedades.

Otro hecho significativo es que la Santísima Virgen hable por vez primera en la aparición que sigue al miércoles de Ceniza, cuando le dice "si tendrá a bien, o le dará la gracia (según una traducción literal) de ir a la gruta durante quince días".

El pedido de Lourdes se vuelve **perentoria exigencia de penitencia en Fátima** para conjurar el castigo (la visión develada de lo que es parte del llamado tercer secreto). Por lo mismo, ese perenne pedido de penitencia —por otra parte no atendido, como tampoco lo es la llamada consistente al ayuno en Medjugorje— sitúa el mensaje en la llamada del **final de los tiempos.**

---

32 La centralidad se pone también de manifiesto porque las cuatro restantes apariciones acontecen dos antes y dos después del tiempo cuaresmal.

33 Es justo después de que Bernadette haya cavado la tierra con sus manos, que brotará agua para convertirse en la famosa fuente milagrosa.

En cuanto al vínculo con la **Eucaristía**, está presente en el pedido que, como en México trescientos años antes, la Virgen hace acerca de la construcción de **una Capilla**.

Pero hay más: en **1888**, un sacerdote francés de la peregrinación nacional propuso hacer una **procesión con el Santísimo Sacramento en Lourdes**. Fue entonces cuando se produjo una **curación milagrosa**. Desde ese día, <u>los enfermos que van a Lourdes en peregrinación son bendecidos con el Santísimo Sacramento,</u> y se han verificado innumerables curaciones a medida que el Santísimo va pasando en procesión.

El Santuario de Lourdes es un brillante **ejemplo de fe en la Presencia real de Jesús en la Eucaristía.**

Aquí se incluyen algunos casos de sanaciones milagrosas, extraídos del sitio www.therealpresence.org

El **22 de agosto de 1888**, a las **cuatro de la tarde**, se celebró la **procesión por primera vez en Lourdes con la bendición final del Santísimo Sacramento** y desde entonces no ha cesado. Cuando ese mismo día los enfermos fueron bendecidos, frente a la gruta de las apariciones, con el Santísimo Sacramento, un tal **Peter Delanoy** se curó instantáneamente con el paso de la custodia. Sufría de **ataraxia**, una enfermedad que impide la coordinación de movimientos voluntarios y conduce a la muerte. **Fue el primer milagro eucarístico que se produjo en Lourdes.** <u>Desde esa fecha no se ha interrumpido la Procesión eucarística por los enfermos.</u>

Marie Fabre se curó, en el paso del Santísimo Sacramento, de una fuerte **dispepsia** y una **enteritis mucomembranosa** que le impedía comer normalmente y le causaba una fuerte anemia.

Marie-Thérèse Canin, durante el paso del Santísimo Sacramento, se curó de una grave **tuberculosis.**

Marie Bigot, medio sorda y ciega, ante el paso del Santísimo Sacramento recuperó la audición y la vista.

La **madre Marie Marguerite**, curada ante el paso del Santísimo Sacramento de una **enfermedad incurable de los riñones**.

El hermano **Leo Schwager** es curado de una **esclerosis múltiple muy grave** durante el paso del Santísimo Sacramento.

Alice Couteaules, curada de esclerosis múltiple durante el paso del Santísimo Sacramento.

Louise Jamainse cura de una tuberculosis pulmonar e intestinal en el paso del Santísimo Sacramento.

Fuentes: fr.lourdes-france.org/en/increase/bernadette-soubirous/timetime-of-appearances

Complementado por algunos extractos de: René LAURENTIN y Dom Bernard BILLET, "Lourdes", en: René LAURENTIN y Patrick SBALCHIERO, *Diccionario Enciclopédico de Apariciones de la Virgen,* Fayard, París 2007.

Recordemos que R. LAURENTIN publicó: *El significado de Lourdes* (París, Lethielleux, 1954), seguido por su *Estudio metodológico sobre las apariciones de Lourdes* (30 vols.); luego publicó *Lourdes, documentos auténticos I* (París, Lethielleux, 7 vol., desde 1957).

Para leer más sobre las apariciones de Lourdes:
www.mariedenazareth.com

Knock

También en el siglo XIX, algo más de veinte años después de la aparición de La Salette, el cielo deja su señal esta vez en Irlanda. Irlanda aún conserva el recuerdo de la gran hambruna de mediados de siglo. La hambruna había provocado la primera gran emigración de irlandeses a Estados Unidos y a otros países de habla inglesa. El país soportaba otro azote: la contienda política. En efecto, en la década de 1870, los irlandeses luchaban políticamente por mayor independencia de los protestantes, a quienes estaban sometidos.

En aquel contexto es cuando se produce la manifestación extraordinaria de **Knock.**[34] Ocurrió el **21 de agosto de 1879,** ocho años después de otra aparición, la de **Pontmain** (1871) en Francia. Las

---

34 Cuatro papas honraron Knock: Pío XII, Juan XXIII, Pablo VI y Juan Pablo II. El santo papa Juan Pablo II estuvo en Knock en 1979, en una de sus primeras visitas fuera de Roma a santuarios marianos.

dos manifestaciones son muy similares. Ambas acontecieron por la noche y duraron alrededor de tres horas, y en ninguna hubo mensaje oral. Sin embargo, la de Knock se caracteriza por su mensaje profundamente eucarístico.

Así sucedieron los hechos: dos mujeres de la pequeña aldea irlandesa, Mary McLoughlin y Mary Beirne, regresan a casa, bajo la lluvia; al pasar por la parte de atrás de la iglesia ven, contra la pared, varias figuras luminosas. Reconocen inmediatamente a la <u>Santísima Virgen</u> en el centro de la visión y a <u>San José</u> a su derecha, la tercera figura a la izquierda de la Virgen es un obispo con un libro en actitud de predicación, quien será posteriormente identificado como <u>San Juan, el Evangelista</u>. Todas las figuras, a pesar de la fuerte lluvia, son muy nítidas; también lo son el **Cordero** y **la cruz sobre el altar** y los ángeles alrededor de este, que completan la escena. Las mujeres llaman a otra gente para que vean lo que ellas estaban viendo. Todos observan lo mismo. Ahora son quince en total, que con gran estupor admiran las mismas imágenes. La bellísima mujer de blanco, con una gran y brillante corona, tiene sus manos alzadas en actitud orante.

Siguen inexplicables curaciones asociadas a las visitas a la iglesia de Knock.

Resulta inmediata la asociación del sacrificio eucarístico con el Cordero, la cruz y el altar.[35] En efecto, la visión del Cordero, la cruz y el altar son reconocibles símbolos bíblicos y litúrgicos que aluden al sacrificio de nuestro Señor, verdadero Cordero de Dios que se inmola en la cruz y que se hace presente sobre el altar de la Santa Misa, donde su Divina Presencia es adorada por los ángeles. La presencia de San Juan refuerza la paralela interpretación esjatológica del Apocalipsis, en el capítulo 5, que es el de la liturgia celestial donde el Cordero que "está de pie", "como degollado", es decir vivo el que fuera inmolado, es alabado y adorado junto "al que está sentado en el trono", el Padre. En efecto, San Juan es el evangelista que con mayor fuerza muestra a

---

35 Por otra parte, al estar ese conjunto de la visión en un plano posterior con respecto al conjunto de la visión, sugiere que todo parte del sacrificio redentor de Jesucristo, presente en la celebración de la Eucaristía.

Jesús de Nazaret como Dios y como el Cordero Inmolado pascual[36] que trae la salvación, y por ser el autor del Apocalipsis, su inclusión en la visión también parece indicar los últimos tiempos.

La Santísima Virgen es la enviada del Señor que constantemente intercede ante Dios por nosotros y a nosotros infatigablemente nos llama a acercarnos a Dios. El fin último es la verdadera comunión con Dios para que haya verdadera comunión con los demás. Por eso, la centralidad es la de Jesucristo y de su sacrificio redentor.

La figura de San José es como rescatada de la sombra secular para volverla luminosa al final de los últimos tiempos. Bajo esta perspectiva debería entenderse su inclusión en la aparición del 13 de octubre de 1917 en Fátima.

Nuestra Señora de Fátima

En esta imaginaria peregrinación nos desplazamos ahora a **Fátima en Portugal**. Cuando la Santísima Virgen se aparece, el mundo está en plena guerra, y en Rusia el último zar ha debido abdicar y junto con su familia será poco después asesinado por los bolcheviques. Al finalizar la contienda mundial, en 1918, desaparecerán las monarquías como habían sido conocidas hasta entonces. Apenas terminadas las apariciones, los comunistas se hacen con el poder en Rusia. Desde esa nación, el comunismo se expandirá dominando primero naciones europeas y luego países de Asia, América y África. La fe católica, que ya venía padeciendo cruentos ataques provenientes del iluminismo, presentado este bajo diferentes ropajes filosóficos y políticos, a partir de ese momento será perseguida por la ideología marxista y —desde dentro— por el incipiente modernismo.

Es en aquel momento de la historia cuando el cielo elige a tres niños de un ambiente rural donde se vive la fe, para enviarles el Ángel de la Paz antes de la llegada de la Virgen. Y Dios, que saca fuerzas de

---

36 Referencias: Jn 1, 29-36; Ap 5, 6-8 y 12-13; Ap 6, 1-16; Ap 7, 9-10 y 14-17; Ap 8, 1; Ap 12, 11; Ap 13, 8; Ap 14, 1-4-10; Ap 17, 14; Ap 19, 7; Ap 21, 9-14 y 23-27; Ap 22, 1-3.

la debilidad y que sorprende a los sabios y prudentes, por medio de María Santísima, les confiará a esos pequeños nada menos que la misión de urgir a toda la humanidad a la conversión y anunciarle qué ha de ocurrir si no se atiende y da respuesta a los pedidos celestiales.

Tal es, brevemente, el contexto histórico. Sin embargo, Fátima no es historia pasada sino actual con acontecimientos que aún no se han cumplido. En tal sentido es necesario recordar que el papa Benedicto XVI —en su visita del 2010 al santuario— aseveró que Fátima está abierta al futuro.

La protestantización de la Iglesia en el campo teológico y litúrgico; el relativismo moral que se ha inmiscuido en el Cuerpo místico para envenenarlo; el desplazamiento de Dios por el hombre del centro de la predicación y de la vida eclesial; la negación y ofuscación de la verdad de la fe; los errores y falsedades, llamados nuevos paradigmas; la filantropía suplantando a la caridad cristiana; todo eso son indicaciones que el mensaje y las advertencias de Fátima fueron por muy pocos escuchados. Por cierto, Fátima es actual, muy actual.

Fátima, junto a Lourdes, es de los santuarios donde más peregrinos llegan todos los años. Saben que allí se apareció la Madre de Dios y que pidió se rezara el rosario todos los días. Incluso muchos son los que asocian la consagración al Corazón Inmaculado a Fátima. Muchos menos, en cambio, recuerdan que la Santísima Virgen pidió penitencias y sacrificios.

Desde luego, es también característica de Fátima la mención a Rusia; el castigo anunciado si no había conversión, y los secretos.

Desde el comienzo, lo que pidió la Santísima Virgen a los niños Lucía, Jacinta y Francisco, fue que rezaran el rosario todos los días para que la guerra finalizara, y también les pidió que ofrecieran sacrificios para reparar las graves ofensas cometidas contra Dios y para que los pecadores se convirtieran a Dios y sus almas no fueran a ese lugar terrible que les había mostrado, el Infierno.

Todo aquel que evoque Fátima seguramente recibirá también el eco de aquellas palabras de la Madre de Dios: *"Dejad de ofender a Dios. No lo ofendáis más porque Él ya está muy ofendido"*. Cuando comparamos el grado de ofensa de aquellos momentos con cuánto se ofende hoy a

Dios, a la Santísima Virgen, a los santos y a todo lo que es sagrado por todos los medios y en tantos lugares, no podemos menos que preocuparnos porque ya más que actualidad del mensaje hay que hablar de la extrema urgencia de la llamada.

Como el mensaje de Fátima no fue dado únicamente para la circunstancia histórica de aquel momento ni para un país, Portugal, sino que la llamada de la Madre de Dios ha sido y es universal y actual, es necesario rezar diariamente el rosario y ofrecer sacrificios para nuestra conversión y la del mundo. Responder a la llamada de Fátima es responder a la llamada de la salvación de las almas de la condenación eterna por medio de la intercesión y de la reparación por quienes ofenden gravemente a Dios, no se arrepienten ni reparan. Responder es también desagraviar y reparar al Inmaculado Corazón de la Santísima Virgen, con los primeros cinco sábados de cada mes, por todas las blasfemias e ingratitudes a Ella dirigidas.

El pecado debe ser reconocido y también reparado. Por eso, en Fátima se nos presenta además de la necesidad de conversión y de intercesión la otra dimensión, la de la reparación. En ese contexto surgen los mensajes de reparación a la justicia divina y el posterior pedido de los cinco sábados de reparación al Inmaculado Corazón de María.

Aún cuando **oración, penitencia, sacrificio ofrecido a Dios como reparación e intercesión es parte del núcleo del mensaje de Fátima y la devoción y consagración al Corazón Inmaculado de María,** no lo es todo, puesto que hay una parte muy importante que suele soslayarse y ahora emerge con gran fuerza, es lo que podríamos con propiedad llamarlo: "**el mensaje eucarístico de Fátima**".

En la totalidad de las apariciones de Fátima tenemos distintos momentos y tales momentos hacen a los distintos mensajes. Así, las primeras apariciones son las del Ángel de Portugal, que ocurren aproximadamente un año antes que las de la Santísima Virgen. Luego, en 1917, siguen las seis apariciones de la Virgen en Fátima, que van del 13 de mayo al 13 de octubre, fecha del milagro del sol, signo de la Eucaristía. En efecto, el sol es equiparado como imagen a la Eucaristía, por eso las custodias son generalmente con rayos que emergen del centro donde se coloca el Santísimo Sacramento. Ambos, el sol y la

Eucaristía, son fuentes de todo poder y vida, uno de orden natural y la otra sobrenatural.

Por último, están las apariciones que sor Lucía tiene en España (en **Pontevedra** y en **Tuy**, respectivamente) de los años 1925-26 y 1929.

En la primera aparición de 1916, el Ángel dice a los tres niños: "No tengáis miedo, yo soy el Ángel de la Paz. Orad conmigo", y les hace repetir *"Oh, Dios mío, yo creo, os adoro, espero y os amo. Os pido perdón por aquellos que no creen, no os adoran, no esperan ni os aman".*

Es decir, instruye a los pastorcitos sobre la necesidad de reparación por los pecados con que Dios es ofendido, enseñándoles el sencillo acto de adoración, de fe, de amor y de esperanza.

En la segunda aparición, el mismo Ángel de Portugal o de la Paz, les inculca el espíritu de sacrificio, a lo que ellos responden haciendo diariamente sacrificios y penitencias.

Esas dos apariciones son, en la divina pedagogía, preparación de la tercera, que es la última manifestación angélica, verdadero mensaje eucarístico y trinitario.

En la tercera aparición, los niños ven que el Ángel tiene en su mano izquierda un cáliz, sobre el que está suspendida una Hostia. Les da la Sagrada Forma a Lucía y la Sangre del cáliz a Jacinta y a Francisco, mientras todos permanecen de rodillas, y les dice: *"Tomad y bebed el Cuerpo y la Sangre de Jesucristo, horriblemente ultrajado por los hombres ingratos. Reparad sus crímenes y consolad a vuestro Dios".*

Por medio de este episodio de la historia de Fátima, el cielo nos muestra que también nosotros debemos reparar eucarísticamente por tantos crímenes, ultrajes e ingratitudes contra Dios. Todo en Fátima es ejemplar, por eso el Cardenal Sarah, actual Prefecto para el Culto Divino, llega a afirmar que aquella escena, del Ángel dando la Santa Comunión a los pequeños, nos indica cómo debemos nosotros comulgar con el Cuerpo y la Sangre de Jesucristo: de rodillas y en la boca.

La oración enseñada por el Ángel, la cual es más actual que nunca, es: *"Santísima Trinidad, Padre, Hijo y Espíritu Santo, os adoro profundamente y os ofrezco el preciosísimo Cuerpo, Sangre, Alma y Divinidad de Jesucristo, presente en todos los sagrarios de la tierra, en reparación por los ultrajes, sacrilegios e indiferencias con que Él mismo es ofendido. Y por medio de los infinitos méritos de su Sacratísimo Corazón, y del Inmaculado Corazón de María, os ruego la conversión de los pobres pecadores".*[37]

Esta oración es de una <u>gran riqueza teológica y cada parte merece un comentario</u>.

Ante todo, se trata de la <u>íntima relación entre el misterio de la Santísima Trinidad y el misterio de la Sagrada Eucaristía. Todo bautizado participa del sacerdocio de Cristo</u> y por esa misma participación puede ofrecer a Dios Trino y Uno, el sacrificio de Cristo presente en la Eucaristía. En la Eucaristía —como enseña la Iglesia— está todo Cristo, en Cuerpo, Sangre, Alma y Divinidad. Y, para hacer aún más evidente esta presencia verdadera y sacramental, se agrega: *"presente en todos los sagrarios de la tierra".*

La <u>adoración a Dios se pone de manifiesto en la postración del Ángel y de los niños ante la presencia del Cuerpo en la Sagrada Hostia y de la Sangre de Cristo en el Cáliz</u>. Indudablemente el gesto de adoración interpela a estos tiempos nuestros en los que los fieles —lamentablemente por la mala enseñanza de sacerdotes que desvirtúan su ministerio— no se arrodillan o, peor aún, si quieren hacerlo se lo impiden. Estos son los tiempos en que se ha banalizado la Eucaristía y se ha perdido el santo temor de Dios.

Pues bien, la primera cosa que la oración pone de manifiesto es que la <u>adoración eucarística es adoración trinitaria</u>. Y esa <u>adoración</u> y esa <u>ofrenda de sacrificio se hace, como acto de justicia, en reparación por las ofensas</u> cometidas contra la santidad de Dios. Al mismo tiempo se apela a la misericordia —invocando la intercesión de los Sagrados Corazones de Jesús y de María— para la conversión de los pobres pecadores. Es decir, que la adoración y el sacrificio espiritual asociados poseen las <u>dos dimensiones de reparación e intercesión</u>. La divina Jus-

---

37 Pocos años más tarde a la última manifestación privada hecha pública del ciclo iniciado en Fátima, el Señor le daría a una religiosa polaca —**Santa Faustina Kowalska**— <u>aquella otra oración eucarística que hace eco a la de Fátima</u>: *"Padre Eterno, os ofrezco el Cuerpo, la Sangre, el Alma y la Divinidad de vuestro amadísimo Hijo, nuestro Señor Jesucristo, como propiciación de nuestros pecados y los del mundo entero".*

ticia, reflejo de la Santidad de Dios, exige reparación en tanto su Divina Misericordia pide intercesión, especialmente por esos pobres pecadores que cometen sacrilegios y son irreverentes o blasfemos.

Asimismo, es importante recordar la <u>experiencia mística de la Eucaristía que tuvieron los niños</u>. Ello aconteció el **13 de mayo**[38] de 1917, día de la primera aparición de Nuestra Señora, <u>cuando Ella abrió sus manos y se vieron los pastorcitos envueltos en una luz sobrenatural</u>. Relata la misma sor Lucía: "[...] *sabíamos de alguna forma que esa luz era Dios, y podíamos vernos abrazados por ella. Por un impulso interior de gracias **caímos de rodillas**, repitiendo en nuestros corazones: 'Oh, Santísima Trinidad, te adoramos. Mi Dios, mi Dios, te amo en el Santísimo Sacramento'"*.

En este episodio ya <u>es explícita la adoración a Dios Trino y Uno en el Santísimo Sacramento</u>, mas es notable cómo, al estar en la Luz del mismo Dios, <u>el Espíritu Santo los mueve a exclamar esa oración de adoración y manifestación de amor en la Eucaristía</u>.

En **Tuy**, en la última aparición, parecería sintetizarse plásticamente el mensaje de Fátima.

Sor Lucía tiene la visión del **<u>misterio de la Santísima Trinidad, el sacrificio redentor de la cruz, el sacrificio de la misa y la presencia corredentora de la Santísima Virgen con su Inmaculado Corazón al pie de la cruz</u>**.

Sugestivamente, **la visión acontece durante la Hora Santa de adoración** de sor Lucía, de las 23 horas a medianoche. Una cruz de luz aparece sobre el altar y luego la representación de la Santísima Trinidad que recuerda imágenes del arte religioso, como el cuadro del Masaccio en Santa Maria Novella de Florencia: por encima un busto humano inclinado sobre la cruz, una Paloma entre él y el otro Hombre clavado en la cruz. <u>En la representación</u> de la Santísima Trinidad, <u>el Padre sostiene al Hijo en su Pasión y comparte, misteriosamente, esa misma Pasión, en tanto el Espíritu Santo, en forma de paloma de luz, es el Amor entre Ellos, el Amor que es la misma Unidad de la</u>

---

38 La Santísima Virgen se apareció por primera vez en Fátima el día 13 de mayo, conmemoración de Nuestra Señora del Santísimo Sacramento. Dato no casual que refuerza el estrecho vínculo entre las apariciones marianas y la Eucaristía.

Trinidad, el Amor trinitario que se manifiesta al mundo en la Pasión de Cristo.

Las figuras son más luminosas que la propia cruz. Algo **más abajo del pecho del Crucificado, suspendido en el aire, un gran Cáliz y una Hostia** por donde cuela la sangre que cae del rostro y de la herida del costado. Las gotas de sangre se deslizan por la Hostia y son recogidas en el Cáliz. **Bajo la cruz está la Virgen sosteniendo** en su mano **su Corazón,** coronado de espinas y en llamas.

La visión se completa con una inscripción, según palabras de Lucía, "como si fuera de agua cristalina que se escurre sobre el altar", de las palabras *"Gracia y Misericordia".*

Del sacrificio de Cristo en la cruz emerge, se nutre y actualiza el sacrificio permanente de la Santa Misa, el sacrificio eucarístico fuente de gracia y misericordia para toda la humanidad.

La visión descubre algo más: la **presencia del misterio de María en la historia de la salvación,** el misterio de **la Mujer que comparte los sufrimientos del Redentor en el único acto de salvación de la cruz. Ella también ofrece al Padre el sacrificio de la cruz del Hijo y de su Corazón inflamado de amor y coronado de espinas** por el dolor del pecado del hombre. También **María es instrumento de gracia y misericordia porque, así como el sacrificio del Hijo es uno con el suyo en la cruz, así también las gracias que emergen de este sacrificio atraviesan el Corazón de la Madre** hacia la humanidad pecadora.

Esta visión nos ofrece además la **clave de este tiempo de apariciones marianas como tiempo de gracia y misericordia de Dios.** Ella es la enviada de la Santísima Trinidad para llevar al mundo hacia Cristo, el Salvador.

Dios se revela en Jesucristo como el Padre amoroso y misericordioso que desea llegar a cada hombre para salvarlo. El Padre es quien recibe el sacrificio del Hijo, que satisface la Justicia Divina, y es quien —por su misericordia— ofrece al hombre ese mismo sacrificio, perpetuado en los sagrados misterios de la Santa Misa, para que el hombre sea justificado y salvado. La Virgen Santísima también ofrece junto al Hijo el sacrificio per-

fecto de Cristo en su medida de creatura inmaculada y de sus propios méritos que surgen de la obediente y amorosa aceptación del sacrificio redentor del Hijo, y de la propia inmolación que ese sacrificio conlleva.

Es por obra del Espíritu que el sacrificio de la redención eucarísticamente se hace presente, haciendo también presente en cada misa al mismo Cristo, en toda su humanidad y en toda su divinidad, para que quien coma de su carne y beba de su sangre permanezca, por el Espíritu que recibe, en Cristo y tenga la vida eterna (Cf Jn 6, 55-56).

María trae en Fátima, como en todo lugar de verdaderas apariciones, un mensaje trascendental. Ante todo, un mensaje de esperanza porque Dios no se desentiende del hombre en tiempos en que el hombre quiere deshacerse de Dios, lo desafía y gravemente lo ofende. Aún en una época como la nuestra, de una gran apostasía, Dios nos cubre con su misericordia y nos llama, a través de la Santísima Virgen, para que regresemos a Él antes que sea demasiado tarde. Ella viene a recordarnos que en la Iglesia están todos los medios de salvación y que Dios está presente de una manera única, verdadera y substancial, en la Sagrada Eucaristía. Viene a recordarnos que Dios nos ama y desea nuestra salvación. Que si el pecado es grande y contumaz, que si los pecadores persisten en su ofensa a Dios, quienes escuchen el mensaje traído del cielo pueden, mediante la reparación eucarística y apelando (junto al ofrecimiento del sacrificio redentor presente en cada Eucaristía) a la intercesión de los Sagrados Corazones, obtener que aquellos que estaban por decisión propia destinados a la condenación eterna alcancen la salvación.

Para verdaderamente cumplir con el pedido celestial de Fátima, debemos no solo rezar el rosario cada día, sino también profundizar y hacer consciente nuestra participación en la misa, así como tener nuestros momentos de adoración eucarística en reparación por las ofensas cometidas contra Dios y clamar ante el Santísimo la intercesión de los Sagrados Corazones para el perdón de los pobres pecadores.

Por último, Fátima también nos introduce a la devoción al Corazón Inmaculado y a la reparación de los cinco primeros sábados por las ofensas cometidas contra ese Corazón de la Madre de Dios —que tanto ama a Dios y a los hombres— confesando, meditando los misterios y comulgando. **La reparación es reparación eucarística, es el de las confesiones y comuniones reparadoras que son paradigmáticas en la centralidad de la Eucaristía.** La Eucaristía es la fuente y el culmen de la vida espiritual, y acercarse a la santa Comunión en estado de gracia es la mayor experiencia que el alma pueda hacer en esta vida, quedando la visión de Dios oculta a nuestros ojos por los sutiles velos de una humilde partícula consagrada. Asistir devotamente a la Santa Misa es hacerse presente en el Calvario para que las gracias y los méritos de la Pasión y muerte de Cristo nos alcancen y se derramen sobre nuestra alma.

Cuando las tinieblas se cierran sobre el mundo y muchos en la Iglesia ocultan la luz de Cristo, Dios extiende sus manos a la humanidad y le otorga este tiempo de gracia y misericordia enviando la Santísima Virgen y llamando al culto de adoración al Santísimo.[39] El tiempo se agota, la llamada es urgente.

Nuestra Señora de Todos los Pueblos

Esta aparición es totalmente atípica y puede provocar ciertas perplejidades, como ocurrió en su momento, por el hecho de que en las visiones abundan los símbolos o expresiones que no siempre son de fácil o inmediata interpretación.

Acaecen en momentos de un gran cambio en la historia reciente, ya finalizando la Segunda Guerra Mundial. En ello podría encontrarse una analogía con Fátima, donde también aparece la Santísima Virgen ya casi al término de la primera Gran Guerra. En ambos casos está ciertamente apuntando a un tiempo nuevo y, sobre todo, advirtiendo

---

39 Recemos con renovado fervor y convicción el Santo Rosario todos los días, sabiendo que Dios le ha dado un poder inmenso a esta oración mariana; adoremos, adoremos sin cesar a Dios en el Santísimo Sacramento repitiendo las oraciones que el Ángel les enseñó a los pastorcitos, siendo conscientes de la presencia verdadera de Jesucristo en la Sagrada Forma; vivamos la Santa Misa y ofrezcámosla también en reparación y por la conversión del mundo. Sepamos nosotros aprovechar este tiempo.

sobre ese futuro próximo, como anunciando que finaliza un mal, pero, ¡cuidado!, si no hay conversión vendrán males mayores.

También como en Fátima, y más tarde lo será en Akita, lo primero en manifestarse es la presencia divina de nuestro Señor en la Eucaristía. Efectivamente, en **Ámsterdam** la Virgen le dice a la vidente **Ida Peerdeman** que eligió esa ciudad por el milagro eucarístico ocurrido exactamente seiscientos años antes. En efecto, el **15 de marzo de 1345**, a un moribundo se le administró la comunión que poco después vomitó. La mujer que lo atendía limpió y echó la Sagrada Forma al fuego. A la mañana siguiente, al encender el fuego vio que la Santa Hostia flotaba sobre las llamas. La recogió y envolvió en un pañuelo, la puso en un cofre y mandó a llamar a un sacerdote, quien la llevó a la iglesia de San Nicolás (la actual "Vieja Iglesia"). Ante su sorpresa, la Hostia desapareció de allí y volvió al cofre. Hubo otros dos intentos más, pero todos finalizaron de igual manera: la Sagrada Forma volvía al cofre. Entonces comprendieron que debía hacerse público el milagro, por lo cual en procesión solemne fue llevado el Santísimo a la iglesia de San Nicolás y allí permaneció. La casa en la que murió el enfermo se convirtió en capilla. <u>La conmemoración del milagro se volvió fiesta religiosa,</u> con procesiones anuales en esa fecha.

La vidente

Antes de entrar en las manifestaciones propias de esta advocación con la que la Santísima Virgen se da a conocer, es necesario detenernos un momento para conocer al instrumento por Ella elegido. Y lo es en razón de la complejidad y originalidad de estas manifestaciones.

Ida Peerdeman, la menor de cinco hijos, nació el 13 de agosto de 1905 en Alkmaar, Holanda. Fue bautizada con el nombre de Isje Johanna, pero siempre la llamaron Ida. Poco antes de que empezara la Primera Guerra Mundial, la familia Peerdeman se traslada a Amsterdam. Ida tiene solo ocho años cuando su madre, a los treinta y cinco, al dar a luz a su último hijo, muere junto con el niño. Para sustituir a la madre, la hermana mayor, Gesina, renuncia a su deseo de ser enfermera y se hace cargo de la familia. Gesina, con solo dieciséis años, se esfuerza por ser una buena madre para sus tres hermanas y su hermano Piet, manteniendo unida a la familia, y además porque el padre, comerciante de tejidos, a menudo tiene que ausentarse por sus viajes de negocio. Todos disfrutan de la vida de familia. A Ida sobre todo le gusta estar con su hermano Piet, con quien congenia. La familia es católica. Van a misa los domingos y rezan antes de comer, y nada más. De niña, Ida se confiesa cada fin de semana en la iglesia de los dominicos con el **Padre Frehe**, quien sería su director espiritual.

Así transcurre el tiempo hasta que Ida tiene doce años. Más concretamente hasta el **13 de octubre de 1917**, cuando, de vuelta a su casa después de confesarse, algo extraordinario le espera.

En el fondo de la calle, envuelta en una luz maravillosa, ve a una Mujer de extraordinaria belleza, y que en su mirada trasunta una dicha y una bondad inefables. No habla. Sus brazos están levemente abiertos. Ida nunca había visto tal belleza. Inmediatamente comprende que es la Santísima Virgen María. La aparición le hace un gesto afectuoso e Ida echa a correr hacia su casa.

Su padre, al conocer por Ida de esa experiencia, le aconseja: "Por amor de Dios, no digas nada a nadie. Te tomarían por loca y se reirían de ti. ¡*Solo* nos faltaba eso!". Así, Ida no dice nada a nadie. Sin embargo, aquel hecho se repite otros dos sábados. La hermosa Señora se le aparece de nuevo espléndida, en una luz como la del sol. Tampoco ahora le habla, le sonríe como la primera vez. Y siempre en octubre de 1917, al mismo tiempo que la Virgen se aparece por última vez a los tres pastores de Fátima, cosa que, naturalmente, Ida ignora.

El padre Frehe, confesor de Ida y consejero de la familia Peerdeman, es informado de tales hechos extraordinarios. También él, firmemente, recomienda a la joven que se tenga todo para ella, más aún: que deje de pensar en ello. Con la comprensión de lo que acontecerá años más tarde, resulta evidente que la Virgen está preparando a Ida para el futuro. Treinta y tres años más tarde —durante la vigésima quinta aparición—, al preguntar la vidente con preocupación: "¿Me creerán?", la misma Virgen le recuerda sus tres venidas en 1917: "*Sí, por eso ya había venido antes a ti, cuando tú aún no comprendías. Entonces no era necesario. Era la prueba para este momento*" (10 de diciembre de 1950).

Probablemente ese es un mensaje dirigido al padre Frehe, diciéndole que esta vez tampoco es un engaño.

Pero hay algo más que hará que Ida sea creíble, algo providencial. Al terminar la escuela básica, Ida quería seguir estudiando para obtener el diploma de maestra de niños. Sin embargo, tras un periodo de práctica es descartada por el siguiente motivo: "Lamentablemente usted no es indicada para esta profesión. <u>Tiene demasiado poca fantasía, le falta imaginación</u>". Es decir, este juicio excluía invenciones de parte de Ida acerca de los encuentros con la Virgen, y mucho más eran de descartar por la naturaleza de los mismos ya que <u>estas apariciones no se parecen a otras y están llenas de símbolos.</u> No podía ser producto de la fantasía de quien le faltaba justamente la fantasía. Muchos años más tarde, un examen psicológico (por disposición del obispo) la definió como una persona del todo normal, incapaz de imaginaciones figurativas, realista y <u>sin fantasía.</u>

A los dieciocho o diecinueve años, Ida empieza a trabajar en una oficina en Ámsterdam, en una fábrica de perfumes, donde permanecerá durante muchos años. Cuenta con la gran estima de sus compañeros, quienes la aprecian por su amabilidad y su modestia. Al ser también atractiva, no le faltan los admiradores, pero Ida no se siente llamada al matrimonio.

En ese periodo tiene que sufrir repetidas veces <u>ataques diabólicos, primero externos (vejaciones, opresiones diabólicas) y luego internos (posesión)</u>. Será con el paso del tiempo que Helena, su sobrina e hija de su hermano Piet, contará todo lo que padeció su tía y toda la familia en aquellas penosas circunstancias.

Todo comenzó cuando, de paseo por la ciudad, Ida se encuentra con <u>un hombre vestido completamente de negro, como si fuera sacerdote.</u> Asustada por su mirada misteriosa y penetrante, trata de esquivarlo, acelerando el paso. Su perseguidor va más rápido, la agarra de un brazo e <u>intenta tirarla a un canal para que se ahogue.</u> En aquel trance extremo, Ida oye una voz suave que la tranquiliza y le promete ayuda; a la vez, el agresor la suelta dando un grito espantoso, y desaparece sin dejar rastro.

En lo sucesivo, Gesina, por orden de su padre, la acompaña todos los días al trabajo y va a por ella por la tarde. Aun así, Ida se encuentra de nuevo al siniestro personaje, que le sonríe fríamente, pero sin atreverse a tocarla.

<u>Por tercera vez el demonio</u> se acerca a la joven de veinte años, tratando astutamente de atraerla a una trampa mortal. <u>Se le presenta bajo el aspecto de una frágil anciana,</u> que asegura haberla conocido en la iglesia. Le da una dirección, pidiéndole que vaya a visitarla lo antes posible. Ida rechaza la invitación, pero no la petición de la mujer de al menos ayudarla a cruzar la calle. A media calle Ida se siente paralizada por el miedo cuando siente que le había sujetado férreamente el brazo, como con una garra. Luego, un grito: Satanás desaparece. La había llevado directamente frente a un tranvía que se acercaba y que logra frenar, evitando arrollarla por un pelo.

Por la tarde, su hermano Piet con su futuro cuñado van a inspeccionar la dirección dada por la anciana, y solamente encuentran una vieja casa abandonada.

A veces Ida era cruelmente atormentada por los demonios hasta en su casa. Su familia participaba en sus sufrimientos, como contó Piet a su hija Helena años después. Si, por ejemplo, el padre Frehe se preparaba en su parroquia para ir a visitar a la familia Peerdeman, en ese momento, en casa, Ida empezaba a gritar y a maldecir. De repente su fuerza física aumentaba tanto que podía levantar un sillón pesado sobre la cabeza. Su voz cambiaba completamente. Se conocen episodios semejantes en la vida de la **beata** carmelita **Myriam** de Abellin (pueblo cercano a Nazareth), que a <u>veces debía soportar semejante posesión expiatoria antes de recibir importantes gracias.</u>

Su padre, sus hermanas y su hermano son testigos del movimiento de la lámpara en la sala, del sonido ininterrumpido del timbre de la casa y de ruidos en la caja de los fusibles. Cuando, de repente, las puertas y los armarios se abren solos, el señor Peerdeman exclama con toda calma: "¡Pueden entrar todos! ¡Cuantos más seamos, más nos divertiremos!".

<u>El padre Frehe le había aconsejado ignorar lo más posible los ataques diabólicos.</u> La valentía del padre es de gran ayuda a la familia. Siguiendo su ejemplo, tratan de minimizar esos hechos extraordinarios, preternaturales. Cuando la situación se vuelve particularmente crítica para todos, se animan unos a otros diciendo: "Muchachos, son-

rían, porque si no sonreímos nosotros sonríen los diablos, ¡y eso no se lo concedemos por nada del mundo!".

Los ataques aumentan de intensidad, hasta que un día Ida se siente estrangular por manos invisibles; entonces el <u>padre Frehe decide hacer un exorcismo</u>. En esa ocasión, la familia oye de boca de Ida la horrible voz del demonio, llena de odio, que insulta al sacerdote. El padre Frehe tendrá que experimentar la rabia de los demonios también de otras formas...

Aunque no lo parezca, todo esto constituye <u>una escuela espiritual que dura veinte años, que prepara a Ida y a su director espiritual al acontecimiento de gracia destinado al mundo entero:</u> La venida de **la Madre y Señora de todos los Pueblos**.

Siguieron años en los que la existencia de Ida proseguía tranquila. Solo una vez —mucho antes de que estallara la Segunda Guerra Mundial—, mientras trabajaba en su escritorio, inesperadamente <u>tuvo una visión de innumerables soldados que caminaban extenuados.</u>

En 1940 —Ida tenía treinta y cinco años— empiezan las así llamadas "visiones de guerra", <u>visiones sobre próximos acontecimientos de la Segunda Guerra Mundial.</u> Con los ojos cerrados, <u>Ida ve frentes de guerra y describe minuciosamente lo que va a pasar. Su hermano se encarga cada vez de señalarlos en el mapa con alfileres.</u>

<u>Todo corresponde exactamente a las noticias</u> dadas a continuación por la radio secreta. En otra visión, Ida, que naturalmente no entiende de estrategia militar, ve algo que a todos, en ese momento, les parece inconcebible: <u>ve al ejército alemán</u>, hasta entonces siempre victorioso, <u>cercado en forma de una gran tenaza por el ejército rojo en Stalingrado.</u>

No solo eso: ya en mayo de 1940, cuando culmina el triunfo alemán, <u>ve en sus detalles el trágico final de Hitler y de Mussolini.</u> Esa predicción hizo reír incluso a los mejores amigos de Ida.

Aún no se habían realizado todos esos sucesos, cuando de repente cesan las visiones de guerra. En la vida de Ida se abre un nuevo capítulo.[40]

---

40 Extraído todo de www.de-vrouwe.info, página oficial de Nuestra Señora de Todos los Pueblos.

Las apariciones

La segunda guerra está próxima a su fin, cuando **el 25 de marzo de 1945**, día de la Anunciación, fecha en que la Iglesia celebra el "sí" de María —el consentimiento pleno de "la llena de gracia" al plan de Dios por el cual el Hijo se encarna en su seno para redimirnos del pecado y de la muerte—, ese día, algo inesperado ocurre en Ámsterdam. El relato es de <u>Ida Peerdeman</u>: "Mis hermanas y yo estábamos sentadas alrededor de la calefacción conversando. Era tiempo de guerra y era un invierno de hambre. El padre Frehe se encontraba ese día en la ciudad y vino a visitarnos". "Ya se sabe lo que pasa: se discute de la guerra y de todo lo que habíamos pasado. Durante la semana había habido de nuevo redadas y cosas parecidas. Teníamos mucho que contar. Estábamos discutiendo animadamente cuando, de pronto, todavía no sé cómo, fui atraída al otro cuarto. Miré y de repente vi llegar una luz. Pensé: ¿de dónde viene, y qué luz tan extraña es esta? Me levanté y tuve que dirigirme hacia aquella luz. La luz que resplandecía en un rincón del cuarto, se acercó. La pared desapareció de mi vista junto con todo lo que había en la habitación. Era un mar de luz y un vacío profundo. No era luz del sol, ni tampoco eléctrica. No sabría explicar qué clase de luz era. Era, sin embargo, un vacío profundo. De ese vacío vi de pronto brotar una figura femenina. No sé explicarlo de otra forma. Vestía un hábito blanco, largo, con un cinturón. Estaba de pie con los brazos abiertos, con las palmas de las manos abiertas hacia mí". La mujer, ante la pregunta de Ida, se da a conocer como la Señora, la Madre. Es la **primera aparición de quien luego se revelaría como la Señora o Madre de Todos los Pueblos**. A partir de ese momento y a lo largo de catorce años, serán 56 las manifestaciones de la Virgen a su instrumento escogido. Así, como instrumento, identifica la Señora a Ida, y en particular <u>el 31 de mayo de 1954,</u> le dice: "Tú eres el instrumento. Por medio de este instrumento, en un pequeño país que está al borde del precipicio, la Señora de Todos los Pueblos dará cada año sus amonestaciones y su consuelo".

Al inicio de las manifestaciones, Ida tiene cuarenta años. A partir de entonces será muy probada: no se le creerá, la despreciarán y ridiculizarán, y hasta calumniarán. A pesar de todo permanece fiel a la verdad y a la Santísima Virgen en la misión que le había confiado. Fue siempre muy obediente a la Iglesia. Permanecerá soltera toda su vida. **Fallece en 1996**, con 91 años de edad. La Señora le había anticipado su muerte el 1 de enero de ese año.[41] **El 17 de junio**, algo después de las cuatro de la madrugada, deja este mundo.

Los mensajes

La peculiaridad de estas manifestaciones, sobre todo en los primeros años, estriba en el hecho de que los mensajes son por medio de símbolos o imágenes, y por tanto el significado es hermético, apocalíptico —en el sentido de dirigidos a un futuro de calamidades— y metafórico. Ida no posee formación teológica y no es infrecuente que desconozca palabras de los mensajes tales como "Paráclito", o "Ruah". No le corresponde saberlo, sino todo referirlo a su director espiritual. La Virgen la consuela diciéndole que no debe preocupase y que Dios *"siempre escoge lo débil para sus planes grandiosos"* (Cf. Mensajes del 15 de abril de 1951 y 4 de abril de 1954). También le dice *"Tú tienes una gran misión que cumplir"* (15 de junio de 1952).

En total, **56 son los mensajes** y pueden dividirse, casi por la mitad, **a partir de la proclamación del dogma de la Asunción de la Santísima Virgen, del 1 de noviembre de 1950**, por el papa **Pío XII**. Es justo a partir de entonces cuando la aparición se da a sí misma el título de **Nuestra Señora de Todos los Pueblos; anuncia el nuevo, quinto y último dogma mariano** que proclamar por la Iglesia, de **María Corredentora, Medianera y Abogada**, y da a conocer **una oración** y **un cuadro**, ambos asociados a Nuestra Señora de Todos los Pueblos.

En el núcleo de los mensajes está la insistente llamada al amor, y luego a la justicia y la verdad. Advierte a la Iglesia que la doctrina no debe ser cambiada pero que debe —la Iglesia— modificarse y despojarse. Y, sobre todo, el mensaje recurrente es la cruz, la cruz de Cristo

---

41 "Este es tu último año. Pronto te llevaré a mi Hijo. Has cumplido tu misión. ¡Sigue escuchando mi voz!"

al centro del mundo, la necesidad de sacrificio por amor. Nada cambiará, dice, hasta que la cruz no sea puesta en el centro.

Desde mayo de 1954, la Señora se aparece cada año **el 31 de mayo,** día de la Visitación de María y fecha que —según revelación en uno de sus mensajes— será el día de la proclamación del dogma anunciado.

Muchos de los primeros veinticinco mensajes, dados **entre los años 1945 y 1950,** están relacionados con eventos futuros del mundo y de la Iglesia y, al ser sobre todo de imágenes, en su momento no eran de fácil interpretación. En ellos la Señora advierte sobre las amenazas en ciernes. Anticipa que los judíos tendrán su tierra en Israel, además de la guerra fría, crisis monetarias y financieras acaecidas y quizás por acontecer, la guerra de los Balcanes y la caída del comunismo.

Por ejemplo, con respecto a **Israel,** transmite la vidente —en parte del segundo mensaje del **21 de abril de 1945**— lo siguiente: "Entonces veo una escena de gentes que huyen y se alejan, y en mi interior percibo: esto es el éxodo de los hebreos de Egipto. Mientras la Señora indica el éxodo, dice: *"Pero Israel resurgirá"*. Y agrega Ida: "Sobre la escena del éxodo, veo en las nubes una figura de Dios Padre. Se cubre los ojos con las manos y la Señora me dice: *"Y Yahvé se avergüenza de su pueblo"*.

El **1 de octubre de 1949,** Ida tiene una visión referida a **los Balcanes** y relata: "Después veo de pronto los Balcanes. Hay lucha; están combatiendo de nuevo. La Señora dice: ***"Hija, vendrá una dura lucha. Esa lucha aún no ha terminado.*** *Vendrán desastres de tipo económico. El 'Empire' (Imperio) de Inglaterra se tambalea"*.

El **26 de diciembre de 1947** también **advierte sobre armas bacteriológicas y otros inventos infernales:** "Entonces se me presenta una imagen extraña. Tengo que mirar el cielo; parece que dispararan algo en el aire. Algo pasa volando frente a mí, tan rápido, que casi no puedo verlo. Tiene forma de cigarro o de torpedo, y es de color aluminio. De pronto, veo que algo estalla en la parte posterior. En la mano percibo diferentes sensaciones terribles. Primero, una completa insensibilidad. Estoy viva, pero no vivo. A continuación veo imágenes espantosas de personas frente a mí. Veo caras, caras hinchadas, llenas de úlceras, como una especie de lepra. Luego siento enfermedades terribles y mortales: cólera, lepra; todo lo que esa gente tiene que sufrir. Entonces eso desaparece y veo cositas negras flotando a mi alrededor. Intento saber qué es, pero no lo logro; parece como polvo muy fino. No puedo distinguir con mis ojos lo que es. Es como si tuviera que mirar a través de algo, y allá abajo veo magníficos campos blancos y sobre ellos veo esas cositas negras, pero ahora agrandadas y como si tuvieran vida. No sé como explicarlo. Pregunto a la Señora: "¿Esos son bacilos?". Ella responde muy seria: *"Es algo infernal"*. Entonces siento que se me hincha la cara y todo el cuerpo. Siento que tengo la cara muy hinchada y toda rígida. No puedo moverme. Oigo decir a la Señora: *"Y eso lo están inventando"*, y luego en voz muy baja: *"Ese ruso, pero también los otros"*. Después dice con fuerza: *'Pueblos, ¡estáis avisados!'*, y la Señora se va".

La Señora le anticipó también que habría un **Concilio** en el Vaticano al que asistirán obispos de todo el mundo (el Concilio Vaticano II). Es el **11 de febrero de 1951**, y se lo muestra en el mismo mensaje y visión en que la Señora revela su oración; Ida cuenta: *"Veo el Vaticano y entro con la Señora en la basílica de San Pedro. Caminamos por el pasillo del medio y nos detenemos más o menos en medio de la Basílica. A ambos lados veo gradas, bancos que suben de forma escalonada. <u>En esos bancos veo sentados cardenales y obispos con mitras blancas.</u> La Señora dice: "Fíjate bien, esos <u>son los obispos de todos los paises</u>". Entonces veo <u>al Papa sentado, con una tiara.</u> Está sentado al final del pasillo del centro. En torno a el, veo un par de eclesiasticos de pie. <u>En una mano tiene un cetro y la otra mano la tiene con dos dedos levantados,</u> en la posicion acostumbrada. El Papa tiene un libro grande y grueso delante de el. La Señora dice: "Escucha bien, hija. **Ya ha habido cambios y otros estan en preparacion. Sin embargo, quiero traer el mensaje del Hijo. La doctrina es buena; no obstante, las leyes pueden y deben ser modificadas.** Quiero decirte esto precisamente hoy, porque <u>el mundo se encuentra en una gran revolución. Nadie sabe en qué direccion hay que ir. Por eso, el Hijo quiere que yo dé este mensaje</u>"*. En este momento la visión del Concilio es interrumpida, y la vidente es **guiada ante la cruz** para compartir un sufrimiento doloroso: "Y ahora me encuentro de repente delante de una gran cruz. La miro y siento dolores espantosos. Me dan calambres de los pies a la cabeza. Es como si todos los músculos de los brazos se contrajeran, obligandome a cerrar los puños. Siento como si se me desgarrara la cabeza y como una sensación de fiebre, y que la cabeza fuera a reventar. Por eso me pongo a llorar. Ya no puedo soportarlo más y le pido a la Señora si todo eso podría pasar. Entonces Ella sonríe. El dolor dura un poco más y luego todo se acaba. Entonces la Señora me dice: *"Que todos vuelvan a la cruz; solo entonces habrá paz y tranquilidad"*.

El cuadro y su significado

A las manifestaciones se asocia un cuadro mandado pintar con los detalles indicados por la Señora. Fue ejecutado en 1951 por el pintor alemán Heinrich Repke. A la Señora se la ve **de pie, delante de la cruz oscura, sobre el globo terráqueo, con las manos abiertas y las palmas hacia el frente.** Salen **rayos de ambas manos** dirigidos hacia abajo. Parece iluminar nubes pero en realidad son **ovejas.** Detrás de la figura de la Señora hay como un óvalo dorado y, en la parte superior, en semicírculo, la inscripción "Nuestra Señora de Todos los Pueblos".

El cuadro original cambió muchas veces de destino en espera del final en la futura iglesia de Nuestra Señora de Todos los Pueblos, en Plaza Europa, en Ámsterdam.

En varios mensajes se refiere al cuadro explicando sus particulares. En uno de ellos —refiriéndose al lienzo en la cintura— dice: *"Escucha bien lo que esto significa: es como el lienzo que cubrió la cintura del Hijo en la Cruz, pues estoy como la Señora ante la cruz del Hijo"* (15 de abril de 1951). En otro, algo posterior: *"He puesto firmemente mis pies sobre el globo terráqueo, porque en este tiempo el Padre y el Hijo quieren enviarme a este mundo como la Corredentora, Medianera y Abogada"* (31 de mayo de 1951). En el mismo mensaje le explica a Ida que en torno y por debajo del globo hay un rebaño, que representa a todos los pueblos y razas de la tierra. Insistiendo sobre la centralidad de la cruz y la aceptación del sacrificio de cada día, dice: *"No hallarán descanso hasta que no se humillen y contemplen en paz la cruz, el centro de este mundo"*. Pide que contemplemos la cruz, el centro del mundo, y también quiere que se difunda la imagen en todo el mundo, porque representa el nuevo dogma por venir.

Sus manos presentan llagas luminosas. Describe el sufrimiento físico y espiritual que ha soportado junto a su Divino Hijo por la redención de la humanidad. Le pide a Ida que se fije en sus manos. *"Observa mis manos y dime qué ves"*. Ida ve como si hubiera habido una herida[42] y de ahí, de cada mano, salen tres rayos que iluminan el rebaño. La Señora sonríe y dice: *"Estos rayos son los rayos de gracia, redención y paz* (31 de mayo de 1951). La gracia del Padre, la redención del Hijo y la paz del Espíritu Santo.

Varias veces asegura *"Esta imagen precederá un nuevo dogma"* (15 de abril de 1951 y otros). La Santísima Virgen <u>está en el centro pero no es el centro</u>. Ella está en el centro participando como ninguna otra criatura de la obra de redención. Está ante la cruz del Hijo porque es voluntad divina que sea reconocida como Corredentora, Medianera y Abogada. La Santísima Virgen siempre nos lleva al Hijo, también aquí en Ámsterdam. La salvación está, como dice en un mensaje del 16 de diciembre de 1949, *"No yo sino la Cruz"*.

En el citado mensaje del 15 de abril de 1951, aludiendo explícitamente a la imagen, dice: *"Esta imagen habla claro y desde ahora será llevada por el mundo, porque <u>el mundo nuevamente necesita la cruz</u>"*.

Sin duda alguna, ver a la Virgen delante de la cruz y como acaparando la escena, donde no se ve al Señor, causa al principio perplejidad. El motivo de la insólita composición del cuadro está en que quiere transmitir la misión de corredención de la Santísima Virgen. Jesús ya ha resucitado y ascendido al cielo y está en la gloria del Padre. Por eso, <u>la cruz es iluminada por el resplandor de la Resurrección del Señor, y lo mismo lo es María</u>, <u>envuelta en esa luz</u>. Es la luz también divina que rodea a la Virgen, que mora en el seno de la Santísima Trinidad. La Madre de Dios, en el centro, <u>delante de la cruz quiere mostrarnos cómo la cruz del Hijo es compartida por la</u>

---

42 Estas llagas también aparecerán en la imagen en madera de Akita, que representa a Nuestra Señora de Todos los Pueblos (véase el capítulo de Akita).

Madre, al punto que hay una sola cruz porque María fue totalmente asociada al misterio de la salvación. Allí en la cruz han estado traspasado los dos Corazones, allí donde Jesús obró la redención y **María cooperó** (es decir obró junto y con el Hijo) en grado único y eximio, **ofreciendo al Hijo y ofreciéndose a sí misma en el sacrificio del Gólgota.** De ahí que la Madre esté **unida al Hijo en la misión de corredención. Las gracias** que vienen del sacrificio del Señor en la cruz pasan a **través del Corazón traspasado de la Madre** y de sus manos las **distribuye a los hijos.** Ella es además **la Madre que con dolor nos gesta en la cruz,** la Madre **que intercede abogando por nosotros.** Ella, para ello, para ser Corredentora, Medianera (alcanzarnos y darnos las gracias de la redención) y Abogada (que interviene en nuestra defensa e intercede por nosotros) **padeció junto a su Hijo en la cruz.**

La oración

Ya desde su primer mensaje del 25 de marzo de 1945, la Madre de Dios le habla de su **oración**, como si ya se conociera, y dice: *"La oración tiene que ser divulgada"*. Deben pasar seis años, cuando Ida está en esos momentos en Alemania, significativamente el 11 de febrero (día en que la Santísima Virgen se aparece por vez primera a Bernadette en Lourdes) de 1951, para conocer esta oración que le causa fuerte impresión.

La oración está estrechamente vinculada a la visión que tuvo del futuro Concilio Vaticano II. En un momento y súbitamente, se interrumpe la visión e Ida es llevada ante una cruz donde se siente tan dolorosamente unida al sufrimiento de Jesús y de María que echa a llorar. Así lo relata ella: "Me hallé pues con la Señora ante la cruz. Ella me dijo: *'Repite lo que digo'*. Entonces la Señora empezó a decir: *'Señor Jesucristo, Hijo del Padre...'*. ¡Pero, cómo lo decía! De un modo que te penetra profundamente. Nunca he oído a nadie en el mundo decirlo así. *'Manda ahora tu Espíritu'*, acentuando AHORA, y *'Haz que el Espíritu Santo habite en el corazón de TODOS los pueblos'*, con el acento puesto especialmente en la palabra TODOS. También la palabra AMÉN fue pronunciada por la Señora de una manera tan bella, tan solemne. Mientras repetía todo, palabra por palabra, no me daba cuenta del significado de lo que decía. Sin embargo, en el momento en que la Señora dijo *'Amén'*, todo apareció escrito con grandes letras delante de mí y luego, de pronto, me di cuenta que era una oración. Lo extraño es que yo nunca tuve que aprenderla de memoria... estaba como grabada en mi mente".

La oración que le enseña la Señora y le manda difundir es trinitaria y tiene un gran contenido esjatológico. Es una súplica a Jesucristo, Hijo de Dios Padre, en el que se invoca a la Santísima Virgen como abogada intercesora, para que el Señor envíe su Espíritu sobre la tierra y por medio de la conversión obrada por el Espíritu Santo, las catástrofes humanas y de la naturaleza sean evitadas. La oración original es:

"**Señor Jesucristo, Hijo del Padre**, manda ahora tu **Espíritu** sobre la tierra. Haz que **el Espíritu Santo** habite en el corazón de todos los pueblos, para que sean **preservados** de la corrupción, de las calamidades y de la guerra. Que **la Señora de Todos los Pueblos,** que **un día era María**, sea **nuestra Abogada**. Amén". Además, según el relato de Ida, de poner la Virgen gran énfasis en las palabras "ahora", "todos" y "amén", pidió que la oración fuera hecha ante la cruz.

A algunos de nosotros sacerdotes, obispos y también fieles se nos presentó una dificultad con la frase "que un día era María", y otro tanto ocurrió con el obispo de Ámsterdam. Por eso fue consultada la Congregación para la Doctrina de la Fe, que en julio de 2005 pidió al obispo de Ámsterdam que quitara esas palabras por el riesgo de ser malentendidas. Así, la actual oración oficial está reformada, y dice: "**Que la Señora de Todos los Pueblos, la Santísima Virgen María, sea nuestra Abogada**".

La Eucaristía, muy presente en Ámsterdam

Las manifestaciones de Ámsterdam están asociadas, primero, al pedido de la Virgen de que se proclame el dogma de María Corredentora, Medianera y Abogada; pero también lo están a la difusión de la oración dictada a la vidente, al retorno de la cruz como centro de la vida y con ella, la centralidad de la Eucaristía. Esto último resulta evidente porque ya en la segunda aparición, el 21 de abril de 1945, la Virgen le muestra a Ida la Procesión del Milagro con el Santísimo, y el 20 de marzo de 1953 le dice: *"He escogido Ámsterdam como el lugar de la Señora de Todos los Pueblos. Es también el lugar del Sacramento".*

Por otra parte, <u>en la última visión</u> aparecen una <u>inmensa Hostia y luego un cáliz por delante</u> y más tarde el Señor, en tanto la vidente escucha una voz que dice: ***"El que coma mi Carne y beba mi Sangre tendrá la vida eterna** (Cf. Jn 6, 54) **y recibirá el verdadero Espíritu"**.*

Exactamente dos años antes (**31 de mayo de 1957**) había dado este mensaje: *"**El Señor Jesucristo**, antes de morir de muerte natural, antes de subir al Padre, antes de aparecer en el mundo, antes de venir otra vez entre los hombres, **os entregó el gran Misterio**, el gran Milagro de cada día, de cada hora, de cada minuto. **Él se dio a Sí mismo. ¡No, pueblos, no es una idea!"**,* dijo sacudiendo la cabeza con vehemencia. *"No, pueblos, escuchad lo que Él dijo, **no es una idea, sino Él mismo, bajo la apariencia de un pedazo de pan, bajo la apariencia de vino.** Así el Señor quiere venir entre vosotros, todos los días. ¡Por lo tanto aceptadlo, hacedlo! **Él os da el anticipo, el anticipo de la Vida eterna".** "**Esto es, pueblos, lo que la Señora, la Corredentora, Medianera y Abogada, ha querido deciros hoy por última vez, en público"**.*

En el mismo mensaje, después de recordar a todos que habían experimentado ese año <u>cuán potente es Satanás</u>, se había **lamentado de cómo se trataban los sacramentos**. También advirtió del peligro que corría **el celibato** *"desde dentro"*, agregando: *"pero el Santo Padre (Pío XII) sabrá conservarlo a pesar de todo".*

Particularmente importante es el mencionado último mensaje, del **31 de mayo de 1959**, por su asociación al **misterio de la Eucaristía**. He aquí el relato completo de Ida Peerdeman:

"Era domingo, hacia las tres de la tarde. Estábamos todos juntos en la sala. De repente vi desde nuestra ventana que algo sucedía en el cielo. Del susto, dije a mis familiares: "¡Mirad allá!", y señalé el cielo. Fuimos todos a la ventana. Entonces vi de repente la luz, una enorme luz sobre la calle Wandelweg. No podía ni mirar y me cubrí los ojos con las manos. Los otros no veían lo que pasaba y preguntaron qué era. Yo me arrodillé y crucé las manos, pero me sentí obligada a mirar. Mientras miraba, me pareció que el cielo se rasgaba.

Lo que vi era que realmente el cielo se rasgaba. En ese momento **vi a la Señora de pie y en toda su gloria.** Me es imposible describir una visión tan maravillosa, tan celestial, tan gloriosa. <u>Nunca hasta entonces la había visto así. No vi ni ovejas, ni globo terrestre, ni cruz, solo a la Señora,</u> pero **rodeada de un inmenso resplandor de luz y de gloria.** Me fijé en su cabeza y vi que **tenía una corona.** <u>Yo jamás había visto algo así.</u> No vi oro o diamantes, pero, con todo, sabía que era una corona, refulgente de luz por todos lados, más hermosa que la más bella corona de diamantes. La misma Señora era también toda esplendor. Repito: Algo celestial y glorioso, no puedo explicarlo de otra manera.

Por debajo de esa escena gloriosa **vi un pedazo de cielo azul y transparente y, más abajo todavía, la parte superior del globo terrestre. Era completamente negro.** Me dio una sensación muy triste y desagradable. Entonces <u>vi que la Señora amonestaba con el dedo y sacudía la cabeza (como un gesto de desaprobación y de advertencia),</u> dirigiéndose al mundo. Le oí decir: *"Haced penitencia".*

Luego vi algo muy extraño. Vi que <u>de ese mundo oscuro y negro emergían cabezas de seres humanos.</u> Vi que salían poco a poco de la tierra esas cabezas, luego sus cuerpos, y finalmente los vi de cuerpo entero de pie sobre ese hemisferio. Mientras miraba pensé: ¿cómo es posible que existan tantas razas y gentes diferentes? Mientras contemplaba asombrada a todas esas personas, vi que **la Señora extendía las manos y las bendecía a todas,** y ya no se veía tan triste. Le oí decir: *"Ofrecedle actos de reparación".*

De repente la Señora desapareció y en su lugar **vi una Hostia.** Era una **Hostia inmensa;** por eso vi que era una Hostia común, como las que vemos en la iglesia, de oblea o pan. **Luego apareció un gran cáliz delante de la Hostia** y vi que el cáliz era de oro puro. El cáliz se inclinó hacia mí y vi que **de él salían raudales de sangre.** <u>La sangre se derramó cayendo sobre la superficie del globo terrestre.</u> Era una escena muy trágica, yo me sentí muy mal, la sangre caía y caía.

Esto duró largo rato. Pero, **en un instante, todo eso cambió y se convirtió en una Sagrada Hostia, radiante y resplandeciente.**

Tanta era la luz que emanaba, que tuve que taparme los ojos con las manos. No podía mirarla, creí que me iba a quedar ciega, pero me sentí forzada a mirarla de nuevo. **La Sagrada Hostia parecía ser un fuego blanco, con una pequeña abertura o profundidad en el centro**; no puedo explicarlo de otra forma.

A continuación, pareció que **la Hostia se abría de repente y que de ella salía una figura**, una **persona**, <u>como en el aire, tan imponente, tan majestuosa...</u> perdónenme, yo no puedo describir <u>la grandeza y la potencia que esa figura irradiaba</u>. Era <u>demasiado majestuosa, yo no me atrevía a mirar.</u> Al mirar a esa figura tan impresionante e imponente, **de pronto percibí muy fuertemente en mi interior: Es el Señor.** <u>Me sentí terriblemente insignificante ante su indescriptible majestad.</u> Una especie de paño envolvía su cuerpo, descendiendo transversalmente desde un hombro al resto del cuerpo. <u>Su rostro resplandecía enormemente. Sus pies estaban puestos uno sobre el otro, como en los crucifijos.</u> Sobre sus pies **vi las llagas,** de las que **brotaban haces de luz.** Tenía <u>las manos un poco levantadas</u>, una más que otra. En las manos **vi también una especie de llagas,** de las que **también brotaban raudales de luz maravillosos.**

Yo **veía una Persona**, pero el pensamiento me decía: **Y sin embargo, son dos** ("el Padre y Yo somos Uno" n.d.r.); pero **al mirar veía solamente una.** <u>No obstante, mi pensamiento repetía: sin embargo, son dos.</u>

Un instante después, **en medio de ambas, salió una luz inefable, y dentro de ella, en medio de ambos** —no puedo describirlo de otra forma— vi aparecer **una Paloma,** que <u>rápidamente, como un rayo, se precipitó sobre el globo terrestre.</u> **Una luz indescriptible la precedía y un haz de luz la seguía.** Aquella luz era tan resplandeciente, que tuve que taparme otra vez los ojos, pues <u>no podía mirarla. Me dolían los ojos, pero una vez más, me vi obligada a mirar.</u> ¡Qué gloria y qué potencia salía de todo eso! ¡De esa figura suspendida en los aires, majestuosa, poderosa y sublime, y de aquella luz que ahora iluminaba completamente el mundo! Entonces oí decir: *"El que me coma y me beba tendrá la Vida eterna y recibirá el verdadero Espíritu".*

Después de haber contemplado esto durante un buen rato, **la Seño-ra volvió con toda su gloria**, como al principio. Pero **ahora pude ver claramente la diferencia de su gloria**, si se me permite decirlo así, **y la gran potencia y majestad de la figura fluctuante en el aire**. Era <u>como si la Señora se encontrara a la sombra del Señor</u>; fue la sensación que me dio. La Señora se veía contenta. Me miró con dulzura desde lejos y oí que me decía:*"¡Adiós!"*, y muy despacio añadió: *"Hasta que nos veamos en el cielo"*. Esto me puso tan triste que no pude repetir las últimas palabras. Empecé a llorar, porque sentí que esa fue su despedida, para siempre. Muy lentamente vi desaparecer a la Seño-ra y después la luz".

En uno de los primeros mensajes alude al <u>sacrificio eucarístico</u>. Así lo refiere Ida Peerdeman: "<u>La Señora planta</u> ahora **una cruz sobre el altar de los sacrificios** y entonces veo <u>como si el mundo entero estu-viera allí alrededor</u>. Sin embargo, **todos están cabizbajos y aparta-dos de la cruz**. Entonces oigo: **'Venid, fieles'**. Y veo que <u>se pasa un cáliz entre la multitud</u>. 'Pero **para una parte es inútil**', oigo decir" (29 de julio de 1945). La alusión al sacrificio de la misa es inmediata. La Virgen ya en aquella época denuncia el desaprovechamiento de la obra redentora del Señor, que se hace presente en la Euca-ristía, por la no participación al sacrificio, que lo hace infecundo debido a la indiferencia y al rechazo de la propia cruz que debe-ría unirse a la cruz de Cristo.

Final de los tiempos

El tema recurrente, y en esto hay cierta <u>similitud con **Fátima**</u>, es <u>la cruz como sacrificio de Cristo </u>y como aceptación y ofrecimiento del propio sacrificio, <u>y la **llamada a la penitencia**</u>. La Virgen constante-mente se lamenta que la humanidad rechaza la cruz, permaneciendo nuestro Señor fuera de la vida de los hombres, afirmando que hasta que no sea puesta en el centro no habrá paz en el mundo.

En la última visión, por debajo de la escena de gloria, Ida ve negru-ra sobre la tierra y la Señora haciendo gestos de profundo disgusto y desaprobación, al mismo tiempo que advierte al mundo, mandándo-le: *"Haced penitencia"*. Es casi inevitable asociar esa visión a la otra de Fátima, dada a conocer en el año 2000. Se trata de la parte del relato de sor Lucía, cuando dice: "vimos, al lado izquierdo de Nuestra Señora, un poco más en lo alto, a un <u>ángel con una espada de fuego</u> (imagen simbólica de inminente castigo, recuerda al ángel con la espada de fuego al ingreso del Paraíso) en la mano izquierda; centelleando emitía <u>llamas que parecía iban a incendiar el mundo</u>; pero <u>se apagaban al contacto con el esplendor que Nuestra Señora</u> (es Ella quien detiene el castigo) irradiaba con su mano derecha dirigida hacia él; <u>el ángel, señalando hacia la tierra</u> con su mano derecha, dijo con fuerte voz: *¡Penitencia, Penitencia, Penitencia!"*. Debería entenderse ese mandato perentorio del ángel como <u>mandato divino para detener o mitigar el castigo</u>. Luego sigue la escena del gran martirio con la muerte del Papa, es decir la gran purificación de la Iglesia en los tiempos finales.

A través de los últimos dos siglos, la Santísima Virgen ha tejido un entramado en el que es posible no solo seguir los hilos sino ya empezar a ver la obra realizada. Es así que antes de la promulgación del <u>dogma de la Inmaculada Concepción</u>, aparece en la Rue du Bac y hace acuñar una medalla en la que ya lo contiene, con la frase del anverso *"Oh, María sin pecado concebida…"*. Posteriormente, apenas cuatro años después de la promulgación del dogma, y como para refrendarlo, se da a conocer en Lourdes como la Inmaculada Concepción.

De la Medalla Milagrosa se extiende la urdimbre a **Ámsterdam**, que la anticipa. En efecto, en la medalla es posible ver cómo está preanunciando el futuro dogma de Corredentora, Medianera de todas las gracias y Abogada. En el <u>anverso</u>, a la Inmaculada se la ve como la Mujer que aplasta la cabeza de la serpiente (Ap 12 y Gn, 3) y que está distribuyendo las gracias que ha obtenido de Dios, que son los rayos que salen de sus manos. Esa imagen representa a la **Medianera de** <u>gracias</u>. En tanto, las palabras *"Oh, María sin pecado concebida, rogad por nosotros que recurrimos a Vos"*, la reconocen como **intercesora nuestra (Abogada)**. En cambio, en el <u>reverso</u>, los cuatro símbolos la muestran como **Corredentora**. Tales símbolos nos reconducen a la Pasión y son: <u>la cruz</u>; <u>la M de María</u>, al pie de la cruz; <u>el Corazón de Jesús</u> coronado de espinas junto al <u>de María</u>, traspasado por una espada. Los

Corazones traspasados en el momento del sacrificio compartido de la cruz están unidos en unión perfecta de amor divino. Es el sacrificio redentor del Hijo, único Salvador, que se ofrece al Padre para nuestra salvación, al que se une el sacrificio de la Madre, que acepta sufrir con y por el Hijo y también lo ofrece y se ofrece al Padre para la salvación de las almas de quienes, a partir de ese momento, son y serán sus hijos. En el reverso aparecen además doce estrellas en alusión a la Mujer del capítulo doce del Apocalipsis, que sufre los dolores del parto de los nuevos hijos. Es el dolor de corredención que padece la Virgen.

Por otro lado, Ámsterdam —en razón de la imagen de Nuestra Señora de todos los Pueblos, venerada por las Siervas de la Eucaristía en Japón— se vincula a **Akita**, y Akita, por sus mensajes, por una parte, se une estrechamente a **Fátima** y por la otra a las apariciones de **Garabandal**. Y ello en virtud sobre todo del mensaje del 13 de octubre de 1973 dado a la hermana Inés Sasagawa, que resulta notablemente parecido al segundo mensaje de la aldea española.

En este orden de cosas importante es la difusión de la oración porque aquellas calamidades, corrupciones y guerras anunciadas ya están aquí. Todos estos son evidentes signos esjatológicos.

Aprobación de las revelaciones

Primero fue aprobado **el culto público en 1996,** y en el año 2002 **fueron reconocidas las apariciones como de orden sobrenatural.** La aprobación del culto, tal como se lo había prometido la Señora, fue aún en vida de Ida Peerdeman, a menos de un mes de su muerte. Ambas aprobaciones fueron **publicadas el día de la Visitación de María,** predicha como la fecha, según la revelación, en la que se proclamará el futuro dogma.

En el año 2002, el obispo de Haarlem-Amsterdam, **monseñor Jozef Marianus Punt,** confirmó la autenticidad de las apariciones de la Señora de Todos los Pueblos y dijo: "Francamente estoy **convencido de que la devoción a la Senora de Todos los Pueblos puede ayudarnos a encontrar el buen camino** en medio de la dramàtica situación de nuestro tiempo; el buen camino hacia una nueva y especial **venida del Espíritu Santo**, que es el único que puede sanar las grandes heridas de nuestro tiempo".

Más allá de todas las profecías acerca del futuro que se fueron verificando, para la aprobación muy probablemente influyó la revelación de la fecha de la **muerte del S.S. Pío XII en octubre de 1958,** ya que —a pedido del padre Frehe— la predicción fue puesta por escrito y guardada en un sobre sellado en posesión del sacerdote. El sobre fue abierto después del deceso, comprobándose así la visión profética.

Tre Fontane

Tre Fontane es uno de esos casos de apariciones no aprobadas formalmente, pero con culto permitido, una cuasi aprobación, lo cual se puede inferir por medidas y gestos de algunos papas hacia el vidente y el lugar. Uno de tales indicios es la benevolencia mostrada por el **papa Pío XII**, reinante en el momento de las apariciones y a quien diez años antes —como se verá— se le había advertido que en Tre Fontane habría apariciones. Un apoyo concreto vino ciertamente del encuentro que tuvo el vidente, **Bruno Cornacchiola**, con el mismo Papa, el 9 de diciembre de 1949, al final de la celebración de la llamada "Cruzada de la bondad", en la Plaza de San Pedro. En esa ocasión, Bruno le confesó al Santo Padre que, justo diez años antes, a su regreso de la guerra civil española, había tenido la intención de matarlo, a lo que el Papa respondió con fino humor. Desde entonces hubo otros encuentros con el Romano Pontífice.

Con el tiempo, la autoridad eclesiástica competente no solo permitió el culto de la **Virgen de la Revelación** (que así se dio a conocer allí) sino que el Papa <u>exhortó al vidente a tener charlas</u> sobra su experiencia y <u>bendijo una estatua</u> que representaba a la Virgen de la Revelación, la que luego fue llevada en procesión desde San Pedro hasta el santuario de Tre Fontane. La estatua es la misma que se encuentra frente a la gruta.

En 1956, Pío XII permitió la <u>construcción de una capilla para el culto</u> y confió su custodia a los franciscanos menores conventuales. Más tarde, el mismo vicariato de Roma comenzó la obra de arreglo general del lugar, que ahora se llama "El pequeño bosque sagrado de la Gruta Milagrosa".

En 1997, **Juan Pablo II** aprueba la denominación **"Santa María del Tercer Milenio en Tre Fontane"**. Todos estos hechos pueden válidamente interpretarse como aprobación, no formal pero sí tácita.

Especialmente en los primeros tiempos, hubo escepticismo y dificultades, pero la Iglesia nunca planteó obstáculo alguno y Bruno Cornacchiola fue invitado a menudo a hablar sobre su experiencia en varias ciudades italianas, incluso en los baluartes de sus antiguos compañeros marxistas, y en el exterior.

El **Osservatore Romano**, órgano oficial de la Santa Sede, enumerando, en uno de sus artículos, los santuarios marianos más famosos, incluyó el de Tre Fontane.

Las apariciones habían sido anunciadas, diez años antes, a una mística

En 1937, Nuestra Señora había informado a la sierva de Dios **Luigina Sinapi** sobre las futuras apariciones en Tre Fontane.

Ocurrió cuando Luigina se acercó a la gruta, cerca de la abadía de Tre Fontane, y entrando tuvo la visión de la Virgen llorando. La Virgen miraba hacia abajo. Sorprendida, Luigina observó el entorno y, en un rincón, encontró restos de un feto. Intuyó que eran los de un aborto, arrojados a aquel lugar oscuro, lejos de miradas indiscretas. Dolorida y movida por misericordia, enterró aquellos pobres huesos. Fue cuando vio que la Santísima Virgen la estaba mirando con ternura por su gesto de caridad. Y le habló, anunciándole: *"Volveré a este lugar para <u>convertir a un hombre que hoy lucha acerbamente contra la Iglesia de Cristo y quiere asesinar al Santo Padre"</u>*. Luego le ordenó: *"Ve ahora a San Pedro, allí encontrarás a una religiosa que te hará conocer a su hermano, que es <u>un cardenal</u>. Debes llevarle el mensaje"*. Y concluyó diciendo: *"<u>Desde este lugar estableceré el trono de mi glorificación en Roma</u>. Tendrás que decirle al cardenal que <u>pronto será el nuevo Papa</u>"*.

Luigina va en busca de la mujer, descrita por la Virgen hasta en el aspecto físico, y la halla en la Basílica de San Pedro: se trata de la hermana del cardenal **Eugenio Pacelli**. La mística habla con el cardenal, quien escucha con cierto desapego las palabras de esa mujer sencilla, pero animada de una fe muy profunda. La profecía se cumple: a los dos años del encuentro ¡Eugenio Pacelli asciende al trono pontificio con el nombre de **Pío XII**!

Es muy probable que por aquella profecía mariana que le incumbía, el nuevo Papa haya tenido una actitud de particular disponibilidad hacia las apariciones de Tre Fontane, demostrándose cada vez más convencido de su autenticidad. Además, entre las palabras que la vidente romana había escuchado de Nuestra Señora —y transmitido al cardenal— estaba el anuncio de la extraordinaria conversión de un anticatólico y de su total y activa participación en la Iglesia a partir del encuentro con la Virgen Santísima.

El vidente:

Bruno Cornacchiola nace en Roma el 9 de mayo de 1913, en el seno de una familia sumida en la miseria material y espiritual. Su padre, a menudo borracho, pasa el día en la taberna, y su madre, que es el único sustento, por causa del trabajo no se ocupa de los hijos. Así crece Bruno. A los catorce años abandona la casa y —hasta que le toca el servicio militar— vive como vagabundo, abandonado a sí mismo, en las aceras y en las zonas más escuálidas de la Roma marginal.

En 1936 y una vez terminado el servicio militar, Bruno se casa con Yolanda, de cuyo matrimonio nacerán cuatro hijos, tres de ellos antes de su conversión.

Muy joven y poco después de casado, parte como voluntario del bando marxista en la guerra civil española. En España conoce a un alemán, protestante, que le inculca odio al papa y a la Iglesia. Tanto, que en 1938, estando en Toledo, compra una daga a la que hace grabar en la hoja: "¡Muerte al Papa!". Proyecta desde entonces dar muerte al Romano Pontífice. Después de la guerra española, Bruno regresa a Roma y trabaja como controlador de tranvía. Se une a un partido de izquierdas y a los Bautistas para luego pasar a los Adventistas del Séptimo Día. Entre estos últimos destaca por su celo fanático en la guerra contra la Iglesia, la Virgen y el papa.

Los intentos de Yolanda, su esposa, de convertirlo, se ven todos frustrados. Consigue, a fuerza de mucho machacar, que haga los nueve viernes del Sagrado Corazón. Por su parte, Bruno hace todo lo posible por apartar a su mujer del catolicismo y llega a quemarle estampas de santos y destrozar el crucifijo de su esposa. Yolanda resiste, pero al final se ve obligada a apartarse de la Iglesia y abandona los sacramentos.

Así las cosas, hasta la tarde de un **12 de abril de 1947**, cuando la Santísima Virgen le cambia la vida, o más bien da la vida a quien está sumido en sombras de muerte. Es el comienzo de las apariciones de Tre Fontane. A partir de entonces, Bruno pasará el resto de su existencia **defendiendo a la Eucaristía, la Inmaculada y al Papa**. Funda una obra catequética, la SACRI (Sala Ardiente de Cristo, Rey Inmortal). Viaja a distintos países como Canadá o Australia, para dar testimonio de su conversión y transmitir los mensajes que había recibido de la Santísima Virgen. Más de una vez se encuentra con **Pío XII**, también conoce personalmente a **Juan XXIII, Pablo VI** y a **Juan Pablo II**.

Bruno Cornacchiola <u>muere el 22 de junio de 2001</u>, en el **día de la fiesta del Sagrado Corazón de Jesús**.

Apariciones y mensajes:
En 1947, el 12 de abril, es *sábado en Albis*, es decir el sábado inmediato siguiente a la Pascua. Ese día, Bruno busca un lugar tranquilo porque debe escribir un sermón para su comunidad adventista, en el que se propone demostrar que María no había sido inmaculada en su concepción, ni había fundamento para sostener la virginidad, y que la asunción era pura fantasía. Sale de casa con sus tres hijos; Isola, de once años, Carlo, de siete, y Gianfranco, de cuatro. Yolanda, su mujer, no los acompaña. Debido a problemas de transporte, le es impedido ir donde había pensado y termina en la via Laurentina, cerca del convento trapense de Tre Fontane. Son alrededor de las dos de la tarde. El lugar es igualmente apto para su cometido. Mientras los tres niños juegan, Bruno se dedica a escribir, consultando la Biblia para encontrar los pasos adecuados sobre los que apoyar su tesis. Los niños lo interrumpen y le dicen que se ha perdido el balón.

Bruno es ahora quien nos relata qué ocurrió aquella tarde: "Recomiendo a Gianfranco, el más pequeño, que no se mueva de donde está, y para entretenerlo le doy un periódico; luego, con los demás, empiezo a hurgar en cada arbusto. Para asegurarme que el más chiquito no se aleje y caiga en algún pozo, lo llamo de vez en cuando... Pero, a cierto punto, ya no me responde, así que me apresuro a ver qué pasa y descubro al niño a la izquierda de la entrada de una cueva, de rodillas y con las manos juntas. Hablaba con alguien a quien yo no veía, pero que parecía estar delante de él: "*¡Bella Señora, bella Señora!*". Llamo a mi hija Isola, que tenía un ramo de flores en la mano, y a Carlo. Los tres nos acercamos a Gianfranco. "*¿Ven algo?*", digo yo. "*Nada*", responden los chicos, pero de pronto Isola dobla las rodillas, une sus manos y, señalando un punto en la cueva, exclama: "*¡Bella Señora!*"*. Pienso que es una broma de los chicos, también pienso que la cueva está embrujada. Entonces le digo a Carlo, que está cerca de mí: «Y tú, ¿no te arrodillas?". "¡Déjame...!", me dice. Pero no termina la frase y cae por tierra sobre sus rodillas con las manos en oración, y la vista puesta hacia donde miran sus hermanos. Me asusto, trato de sacudirlos, a todos ellos allí arrodillados, pero parecen de piedra. Los observo mejor: se han vuelto muy blancos, casi transparentes. Sus pupilas están dilatadas. "*¡Señor, sálvanos!*", murmuro espontáneamente. Apenas lo digo y me parece sentir dos manos que me empujan desde atrás y luego me quitan un velo de los ojos. En ese momento la cueva que está frente a mí desaparece. Me siento liviano, liviano, casi disuelto de la carne y envuelto por una luz eterna, en medio de la cual veo la figura de una joven mujer paradisíaca, que no puedo describir. Solo puedo decir que el rostro, de tipo oriental y color oliváceo, era hermoso, de una belleza digna. La mujer tenía el pelo negro recogido en la cabeza, visible tanto como podía permitirlo el manto, que desde la cabeza le descendía hasta los pies. El manto era del color de la hierba de los prados en primavera. El vestido, en cambio, era blanco, ajustado en la cintura por una faja rosa, cuyas bandas llegaban hasta las rodillas. Los pies descalzos descansaban sobre un bloque de toba. Tendría aproximadamente un metro y 65 centímetros de altura. La "bella Señora" tenía un libro gris en su mano derecha [...].

Entonces, la "Bella Señora" habló con una voz muy dulce y dijo: *"Soy Aquella que **está en la Trinidad Divina**. Soy la **Virgen de la Revelación**. **Me persigues, ¡basta ya!** Regresa al Santo Rebaño, corte celestial en la tierra. Obedece a la Iglesia, obedece a la Autoridad. Obedece y deja inmediatamente este camino que emprendiste y camina en la Iglesia, que es la Verdad, y entonces encontrarás paz y salvación. Fuera de la Iglesia, fundada por mi Hijo, hay oscuridad, hay perdición. Regresa, regresa a la fuente pura del Evangelio, que es el verdadero camino de la Fe y de la santificación, que es el camino de la conversión [...]. **El juramento de Dios permanece** y es **inmutable: los nueve viernes del Sagrado Corazón** que hiciste, amorosamente empujado por tu fiel esposa, antes de entrar en el camino de la mentira, ¡**te han salvado!**"*.

Está Bruno impregnado de intensa felicidad, mientras que la cueva, generalmente maloliente, se llena de un dulcísimo perfume.

Luego, la Virgen mueve su brazo izquierdo y apunta su dedo índice hacia abajo, señalando algo a sus pies. Bruno sigue el gesto con la mirada y ve en el suelo una tela negra, es **una sotana de sacerdote y sobre ella una cruz destrozada.** *"Esta es **la señal de que la Iglesia sufrirá, será perseguida, despedazada**; esta es la señal de **que mis hijos se desvestirán** (de sus hábitos religiosos) [...] ¡Tú sé fuerte en la fe! [...]"*. La visión celestial no le oculta al vidente que le esperan a él días de persecución y pruebas dolorosas, pero que Ella lo defenderá con su protección maternal. Luego, Bruno es invitado a orar mucho y a hacer rezar: ***"Orad mucho y recitad el rosario diario por la conversión de los pecadores, los incrédulos y por la unidad de los cristianos [...]"***. Y le revela **el valor del Avemaría** que se repite en el rosario: *"Las Avemarías del rosario, que decís <u>con fe y amor</u>, son tantas flechas de oro que llegan al Corazón de Jesús [...]"*.

Le hace una promesa bellísima: *"<u>Con esta tierra de pecado</u> (la tierra de la gruta) **haré milagros poderosos para la conversión de los incrédulos [...]"**. **"Convertiré a los más obstinados** <u>obrando prodigios con esta tierra de pecado</u>. **Venid con fe** <u>y seréis sanados en el cuerpo y en el alma espiritual</u>. **¡No pequéis!** No vayáis a dormir con el pecado mortal porque aumentarán las desgracias [...]"*.

Nuestra Señora también le revela a Bruno: *"**Mi cuerpo no se corrompió**, ni pudo corromperse. **Mi Hijo y los ángeles vinieron a llevarme** en el momento del traspaso {...}"*. Con estas palabras, María se presentaba también como **Asunta en el cielo** en cuerpo y alma. **Mientras que en Lourdes (1858)** la aparición de Nuestra Señora a Bernadette, en la <u>gruta de Massabielle</u>, **confirmó el dogma de la Inmaculada Concepción**, promulgada el **8 de diciembre de 1854** por **Pío IX**; en la <u>gruta de Tre Fontane</u>, en 1947, por medio de Bruno Cornacchiola, Nuestra Señora **anticipa el dogma de su Asunción al cielo**, promulgado por **Pío XII el 1 de noviembre de 1950**.

En la gruta de Tre Fontane, la Virgen recomendó con claridad y precisión <u>vivir la Divina Doctrina, vivir el cristianismo, es decir, vivir la verdadera y única religión</u>: *"Hijos míos, **la salvación no está en reunir todas las religiones para hacer un amasijo de herejías y de errores** {...}. <u>Los hombres deben vivir según la Iglesia y no la Iglesia vivir según ellos. Los hombres <u>deben persuadirse de la verdad</u> {...}</u>. **La doctrina de la Iglesia es de Cristo** {...}. **No cambiéis la doctrina**, <u>sino vuestros corazones para vivir según esa doctrina</u>, para la salvación vuestra y la del prójimo"*.[43]

Como era necesario darle al vidente la certeza de que la experiencia que estaba experimentando, y que habría afectado tanto su vida, no era una alucinación o un engaño de Satanás, le dice: *"Quiero darte una **prueba segura de la realidad divina que estás viviendo** para excluir cualquier otra motivación de tu encuentro (conmigo), incluida la del enemigo infernal, como muchos querrán que creas. Y esta es la señal: tendrás que ir por las iglesias y las calles. <u>Por las iglesias, al primer sacerdote que encuentres y en las calles, con cada sacerdote con quien te encuentres, le dirás: "**¡Padre, debo hablarle!**"</u>. Si te responde: "**Ave María, hijito, ¿qué quieres?**", pídele que se detenga, porque es el que yo he elegido. Le manifestarás lo que tu corazón te dirá y le obedecerás; de hecho, te indicará a otro sacerdote con estas palabras: "**Este es el que tiene que ver con tu caso**"*.

Continuando, Nuestra Señora lo exhorta a ser *"prudente, porque **la ciencia renegará de Dios**"*, luego le dicta un **mensaje secreto** que

---

43 Mensaje de uno de los cuadernos a los que tuvo acceso Saverio Gaeta.

deberá entregar personalmente a la "Santidad del Padre, pastor supremo de la cristiandad" (el Papa, n.d.r.), acompañado por otro sacerdote que lo reconocerá porque le dirá: "Bruno, me siento unido a ti". "Luego, Nuestra Señora —dice el vidente— me habla de lo que está sucediendo en el mundo, **de lo que sucederá en el futuro, cómo va la Iglesia, cómo va la fe y que la gente ya no creerá** [...] muchas cosas que ahora se están haciendo realidad [...] Pero **muchas otras tendrán aún que ocurrir** [...]". Y la celestial Señora lo consuela: *"Algunos a quienes le contarás esta visión no te creerán, pero no te dejes deprimir".*

Al final del encuentro, Nuestra Señora inclina la cabeza y le dice a Bruno: *«Yo soy la que está en la Trinidad divina. He aquí, antes de irme, te digo estas palabras: **Revelación es la Palabra de Dios**, esta Revelación **habla de mí**. Por eso di este título: **Virgen de la Revelación»**.* Luego da unos pasos, gira y entra en la pared de la cueva. Termina esa gran luz y se ve a la Virgen alejarse lentamente. Yéndose, toma la dirección hacia la Basílica de San Pedro.

Recuperado del evento místico, el padre, con sus tres hijos, en silencio, toma el camino de regreso a su casa. Pero antes se detienen en la iglesia de Tre Fontane, donde Bruno aprende de Isola, su hija, el Avemaría que ya no recordaba. Cuando comienza a recitar la oración, se conmueve y experimenta un profundo arrepentimiento; llora y reza por mucho tiempo. Cuando se va de la iglesia, compra chocolate para sus hijos y les recomienda vivamente que no le cuenten a nadie lo que acaban de vivir. Los niños, sin embargo, llegados a casa, no pueden evitar contarle la historia a la madre. La esposa de Bruno reconoce de inmediato el cambio de su marido y siente el maravilloso perfume que emana de él y de sus hijos. Bruno se arrodilla ante su esposa y le pide perdón por todo lo que antes le había hecho sufrir. Yolanda le perdona.

En los días siguientes, Cornacchiola va en busca de un sacerdote y le hace la pregunta a varios de ellos; pero nadie le responde con las palabras indicadas por la Virgen. Finalmente, por consejo de su esposa, decide acudir al párroco; pero como aquél lo conoce como acérrimo enemigo de la Iglesia, no se atreve a ir a él inmediatamente, sino que primero pregunta a otro sacerdote que oficia en la misma iglesia: este le responde exactamente con las palabras que Bruno esperaba y lo dirige al propio párroco como a la persona más adecuada. Bruno y su esposa se confiesan, comulgan y vuelven a formar parte de la comunidad parroquial, de la que habían salido hace mucho tiempo.

Se suceden otras apariciones. El 6 de mayo, Cornacchiola regresa a la gruta para agradecer a la Virgen por lo que le ha sido otorgado, y nuevamente se le aparece la Madre de Dios, sonriente y maternal: no habla, pero le da a entender cuán grande es su alegría por su conversión.

Uno de los sacerdotes de la iglesia de Ognissanti, **Don Mario Sfoggia**, le manifiesta a Bruno el deseo de visitar la cueva. El 23 de mayo van juntos a la gruta; los dos se arrodillan junto a la piedra donde la Virgen, algo más de un mes antes, había posado sus pies, y comienzan la recitación del rosario. Bruno responde a las oraciones regularmente, pero de repente deja de hablar. Entonces don Mario quiere ver mejor qué sucede, pero mientras está a punto de hacerlo, recibe una descarga eléctrica que lo bloquea, volviéndolo incapaz de cualquier movimiento. Oye a Bruno murmurar: *"¡Qué bella es! {...} ¡Qué bella es! {...} Pero es gris, no es negro {...}"*. Mas luego: *"Don Mario, ¡ha regresado!"*, le dice Bruno. Le cuenta que durante la visión, la Virgen había puesto sus manos en ambas cabezas y luego se había ido, dejando un perfume intenso. El sacerdote abraza a Bruno y le dice: "¡<u>Bruno, me siento unido a ti!</u>". Al escuchar estas palabras, el vidente da un sobresalto y, lleno de alegría, abraza esta vez él al sacerdote. Esas palabras pronunciadas por Don Mario son la señal que Nuestra Señora le había dado para identificar quién lo acompañará a ir al Papa a entregarle el mensaje.

Bruno solía ir a la gruta y permanecer en oración. Sabía que ese había sido un lugar de pecado, pero esperaba que después de la aparición hubiese dejado de serlo. Ciertas señales encontradas dentro de la cueva son evidencias de su error. Amargado, escribe en una hoja una llamada de corazón. Es la misma Virgen quien se lo dicta: *"¡No profanen esta gruta con pecado de impureza! Quien ha sido una criatura infeliz en el mundo del pecado, vuelque sus penas a los pies de la Virgen de la Revela-*

ción, confiese sus pecados y beba de esta fuente de misericordia. María es la dulce Madre de todos los pecadores. He aquí lo que hizo por mí pecador: fui un militante en las filas de Satanás, en la secta protestante adventista, yo era un enemigo de la Iglesia y de la Virgen. Aquí, el 12 de abril de 1947, estando con mis hijos, se apareció la Virgen de la Revelación, diciéndome que volviera a la Iglesia Católica Apostólica Romana, con las señales y revelaciones que ella misma me manifestó. La infinita misericordia de Dios ha vencido a este enemigo, quien ahora a sus pies pide perdón y piedad. ¡Amen a María! Es nuestra dulce Madre. ¡Amen a la Iglesia con sus hijos! Ella es el manto, que nos cubre, en medio del infierno que se desencadena sobre el mundo. ¡Recen mucho y aléjense de los vicios de la carne! ¡Recen!".

Fueron <u>alrededor de sesenta las apariciones</u> que la Virgen de la Revelación concedió a Bruno Cornacchiola, **desde 1947 hasta 2001,** e <u>incontables los sueños proféticos</u> de los que fue también agraciado.[44] En una de las apariciones —según relata Saverio Gaeta en su libro *Il Veggente. Il segreto delle Tre Fontane*— explicitando aún más aquel signo de la cruz destrozada y el hábito talar (la sotana) por el suelo, le dice:

*"Los pastores del rebaño no cumplen con su deber. **Demasiado mundo ha entrado en sus almas como para escandalizar al rebaño y desviarlo del camino. (...) Antes de que Rusia se convierta** y abandone el camino del ateísmo, **se desatará una tremenda y grave persecución. Reza, se puede detenerla. {...} Alejaos de las cosas falsas del mundo: espectáculos vanos, prensa obscena. {...} Satanás está suelto por un periodo de tiempo y encenderá el fuego de protesta entre los hombres. Hijos, sed fuertes, resistid al asalto infernal. {...} Toda la Iglesia sufrirá una tremenda prueba <u>para limpiar</u> la carnalidad que se ha infiltrado en sus ministros. {...} Sacerdotes y fieles serán expuestos a un peligroso cambio** en el que <u>el mundo de la perdición se lanzará al asalto</u> a través de todo tipo de medios: **falsas***

---

44 Desde la tragedia aérea de Supergaen 1949, en la que murieron todos los jugadores del equipo torinés de fútbol, a la elección de Pablo VI en 1963, de la guerra del Yom Kippur en 1973 al secuestro y asesinato del premier Aldo Moro en 1978, del atentado a Juan Pablo II en 1981 a la explosión del reactor de Chernobyl, en 1986, del atentado a la basílica de San Juan de Letrán en 1993 a la caída de las Torres Gemelas en el 2001. Todos estos sueños proféticos estaban ocultos en los Archivos del Vaticano, encontrados y publicados por Saverio Gaeta en su libro "I segreti dei diari di Bruno Corancchiola" (Salani Editori).

*ideologías y teologías. {...} **Habrá días de dolor y sufrimiento.
Desde el Oriente, un pueblo fuerte, pero lejos de Dios, lanzará un
tremendo ataque** y romperá las cosas más santas y sagradas. {...} **El
mundo entrará en otra guerra**, más despiadada que las anteriores;
mayormente será golpeada la Roca Eterna (Roma). La ira de Satanás ya no se detiene. **El Espíritu de Dios se retira** <u>de la tierra</u>, la
Iglesia quedará viuda, <u>quedará</u> **a merced del mundo. {...} La más
afectada será la Iglesia de Cristo para limpiarla de la inmundicia** que hay en ella. {...} **Los sacerdotes serán aplastados y asesinados**, he aquí (esta es la explicación) **la cruz rota junto a la sotana del
desvestirse exterior sacerdotal**".*

Este mensaje del 12 de abril de 1947, del cual los anteriores son
extractos, fue recibido íntegramente ese día por el vidente, que en
gran parte lo transcribió al regresar a su casa ese mismo día. Sin
embargo, no todo estaba en su primer texto escrito. Posteriormente, <u>lo completó en otras tres fechas: 21 de febrero de 1948, y en los
días de la Asunción de la Santísima Virgen al Cielo, de los años
1949 y 1958.</u> El mismo Cornacchiola relata que tenía la sensación
de escuchar una grabación en la que estaban registradas las palabras de la Virgen de aquel primer día. <u>Justo después de estar todo
transcrito lo entregó al papa Pío XII</u> y desde aquel momento pasó
<u>a formar parte de los archivos vaticanos</u>, hasta que el periodista y
escritor Saverio Gaeta los trajo a la luz.

Según Bruno deja constancia en junio de 1948, en uno de sus cuadernos —actualmente en poder de SACRI, y también consultado por
Gaeta, donde relata las apariciones, los mensajes y los sueños— la
Virgen le dice que <u>Tre Fontane es continuación de Fátima.</u>[45] En tal
sentido se explicaría el hecho de que el **2 de febrero de 1960** le pida
la Santísima Virgen que vuelva a escribir el mensaje del 47, puesto
que a los pocos días se conoció la noticia, proveniente de fuentes vati-
canas, que no se daría a conocer el tercer secreto de Fátima. Hay que
recordar que 1960 era el año que debería haber sido anunciado.

---

45 Lo mismo lo serán Garabandal, Akita y Medjugorje, lo que no significa que Fátima haya con-
cluido su cometido sino más bien un reavivar el mensaje y su actualidad, porque Fátima además
de ser asunto del presente sigue apuntando al futuro, al final de los tiempos.

El <u>nexo entre Fátima y Tre Fontane</u> se puso particularmente de manifiesto el <u>13 de mayo de 1991</u> —en el décimo aniversario del atentado contra el papa Juan Pablo II— cuando el Santo Padre fue a Fátima para dar gracias a Nuestra Señora por su protección. En efecto, el Papa le había pedido al **cardenal Andrzej Maria Deskur**, con quien mantenía estrecha amistad desde los tiempos del seminario, que fuese a la Virgen de la Revelación en Tre Fontane y lo hiciese contemporáneamente a la celebración que se desarrollaría en Cova da Iria, en Portugal. La expectativa era grande en aquellos momentos porque muchos esperaban que finalmente fuese desvelado el tercer secreto. No fue así. Cornacchiola —muy probablemente anticipándose a la revelación, que se hizo en el 2000, del secreto— comentó en su diario que <u>para completar el mensaje de sor Lucía deberá leerse el suyo del 12 de abril de 1947</u> y los sucesivos "que indignamente recibí", y terminaba escribiendo: "<u>grande es la responsabilidad de ver y recibir del cielo edictos para el mundo que morirá</u>".

En el mensaje que Bruno debió reescribir en 1960, rescatado el texto gracias a Saverio Gaeta, igual al entregado anteriormente al papa Pío XII, comprendía más revelaciones proféticas y advertencias que el primero dado a conocer en 1947. Entre las advertencias y anuncios, los siguientes:

*"Momentos duros se preparan para vosotros... **Acercaos al Corazón de mi Hijo Jesús, consagraos al Corazón de una Madre que sangra** (en sentido místico) continuamente **por vosotros, alabad a Dios que está entre vosotros,** alejaos de las cosas falsas del mundo, de los vanos espectáculos, de las prensas de obscenidad, de <u>los amuletos de todo tipo,</u> falsedades y otros males, vanidad y <u>espiritismo,</u> son <u>cosas que el demonio utiliza para la persecución de las criaturas de Dios;</u> las potencias maléficas operan en vuestros corazones, y Satanás está desatado, por la promesa divina, por un periodo de tiempo; encenderá entre los hombres el fuego de la protesta, para la santificación de los santos.*

*¡Hijos, sed fuertes!, **resistid el asalto infernal, no temáis, Yo estaré con vosotros, con mi Corazón de Madre, para infundir valor al vuestro, y sanar vuestras penas y vuestras tremendas heridas,** que vendrán en el tiempo establecido por los planes de la economía divina. **Toda***

la Iglesia sufrirá una tremenda prueba, _para sanar la carnalidad que se infiltró entre los ministros_, *especialmente entre las órdenes de la pobreza, prueba moral, prueba espiritual. Para el tiempo indicado en los libros del cielo, sacerdotes y fieles estarán expuestos a un peligroso cambio* en el que _el mundo de la perdición se lanzará al asalto_ *a través de todo tipo de medios: falsas ideologías y teologías. {...} Serán tiempos terribles para todos*, _la fe y la caridad permanecerán intactas si os atenéis a lo que os digo_: *son momentos de prueba para todos vosotros, estad firmes en la Roca eterna del Dios vivo, yo os mostraré el sendero, del que sale victorioso el santo para el Reino divino, que se establecerá en la Tierra* en el día de la victoria: *amor, amor y amor,* cuando le será permitido hacerlo. *Tened unido al temor: amor y fe,* amor y fe; todo para hacer resplandecer a los santos como astros en el cielo. *Rezad mucho* y os serán *aligerados la persecución y el dolor {...}. Habrá días de dolor y de lutos.* Desde *Oriente,* un pueblo fuerte, pero lejos de Dios, *lanzará un tremendo ataque* y _romperá las cosas más santas y sagradas_. *{...} El mundo entrará en otra guerra,* más despiadada que las anteriores; mayormente será *golpeada la Roca Eterna (Roma).* La *ira de Satanás* ya no se detiene. *El Espíritu de Dios se retira* _de la tierra_, *la Iglesia será dejada viuda,* he aquí la tela *talar fúnebre, será dejada a merced del mundo. La oscuridad de la conciencia, el mal que aumenta,* testimoniarán el momento que *llegó de la catástrofe final; se desencadena la ira en toda la Tierra,* _la libertad satánica, permitida, hará estragos en todas partes_. *Momentos de desánimo y extravío* estarán sobre vosotros; *uníos en el amor de Dios* [...]. Veréis *hombres conducidos por Satanás hacer una liga unitaria* para combatir toda forma religiosa; *la más afectada será la Iglesia de Cristo, para limpiarla de la inmundicia* que hay en ella: ¡comercio usurero y política, contra Roma! _Al final, muchos se convertirán_ por las *muchas oraciones* y por el *retorno al amor* de todos y *por potentes manifestaciones divinas {...}. Luego, el Cordero mostrará su victoria eterna, con las Potencias divinas,* ¡destruirá el mal con el bien, la carne con el espíritu, el odio con el amor! *La Santidad del Padre* (el Papa, n.d.r.) *reinante en el trono del amor divino sufrirá tremendamente,* por un poco, de algo, breve, que ocurrirá bajo su reinado. *Otros pocos reinarán aún sobre el trono:* el último un santo, amará a sus enemigos, *mostrándolo, formando la unidad de amor, verá **la victoria del Cordero** {...}. **Los sacerdotes,** aún estando en la locura infernal, son queridos por mí; **serán aplastados y asesinados,** he aquí (esta es la explicación) **la cruz rota junto a la sotana del desvestirse exterior sacerdotal** (alude a la visión de la sotana por el suelo junto a la cruz despedazada), y en este tiempo **los sacerdotes muestren ser verdaderamente mis hijos; viviendo en la pureza, lejos del mundo,** <u>no fuméis (no sean adictos a vicios, n.d.r.), sed más rectos, seguid el camino del Calvario</u> {...}. **Haceos fuertes, preparados para la batalla de la fe, no seáis perezosos para las cosas de Dios,** <u>veréis tiempos en que los hombres harán mejor la voluntad de la carne que la de Dios;</u> esos son continuamente arrastrados en el fango y en el abismo de la perdición voluntaria. **La justicia de Dios se hará sentir pronto en la Tierra;** haced **penitencia. Solo los santos** que están entre vosotros, en las ermitas y en los conventos y en cada lugar, **detienen la ira destructora de la justicia divina. El momento es terrible.** En razón de aquel día que viene, **las vírgenes y los vírgenes, quien sea que sirva a Dios en espíritu** y no según la carne, **cargan sobre ellos parte de las plagas que, pronto, descenderán a la Tierra,** dejando todavía **tiempo a los pecadores para que se arrepientan y pongan toda la vida bajo mi manto,** para ser salvados {...}".*

Ya el **15 de agosto de 1958,** al mensaje escrito por Bruno en el 47, agregaba lo siguiente:

*"**Habrá un fortísimo terremoto que sacudirá todo el globo terrestre.** Os advierto maternalmente: **no vayáis por ahí, no vayáis a dormir si estáis en pecado mortal,** sino que **confesaos y arrepentíos** de haberlo cometido, **y no lo hagáis más. ¡No pequéis, hijitos míos, no pequéis!** Porque **en un instante seréis llamados al juicio, y el juicio de Dios es infalible.** Sí, hijos míos, **el sol se oscurecerá, las estrellas caerán,** pero no lo entendáis solo materialmente, está la parte interpretativa espiritual, **y serán los soles de los soberbios y las estrellas de los orgullosos que caerán, como cayó Satanás".*

El cielo convalida la aparición y sus mensajes
En el lugar de las apariciones se han dado noticias de muchas conversiones prodigiosas, con retorno a la vida sacramental, y curaciones,

como también lo demuestran los muchos exvotos que todos pueden ver detrás de la gruta.

La tierra de la gruta actualmente es muy apreciada y solicitada. La Santísima Virgen lo había prometido: *"**Con esta tierra de pecado haré milagros poderosos** para la conversión de los incrédulos"*. Muchas curaciones, incluso milagrosas, se han obtenido en contacto con ella. De todo el mundo llegan solicitudes de algunos pedacitos de esta tierra bendecida. Se ha publicado un volumen titulado "La Grotta delle Tre Fontane", donde las curaciones más relevantes están expuestas al examen de la crítica científica, con un estudio médico riguroso de casos individuales. El autor es **Alberto Alliney** (antiguo miembro del "Bureau médical des constatations" de Lourdes). El prefacio es del profesor Nicola Pende. Al comienzo del volumen, el autor dice: "Muchas personas me preguntan, ya sea verbalmente o por carta, si realmente hay curaciones milagrosas en la gruta de Tre Fontane con esa tierra. Después de cuatro años de serenas observaciones y rigurosos controles, puedo decir que han tenido lugar muchas curaciones milagrosas, curaciones que han asombrado a todos los médicos, curaciones que superan lo conocido por la ciencia".

El **12 de abril de 1980**, exactamente treinta y tres años después de la primera aparición, más de tres mil personas, que se habían reunido cerca de la gruta, presenciaron **un prodigio solar**. Esto se lo había anticipado la Santísima Virgen a Bruno, hacia fines de 1979: *"Para ese día haré un gran portento en el sol, para llamar a los incrédulos a la fe viva"*.

En la tarde del 12 de abril de 1980, Cornacchiola guía el rezo del rosario intercalando meditaciones; mientras da su testimonio sobre los acontecimientos de 1947, el sol le ilumina el rostro. Relatará luego: *"Lo veo que está encima de los árboles, ¡brillante y majestuoso como nunca! Después de aproximadamente una hora y veinte minutos (de 15.20 a 16.40), noto que no se había movido: siempre estaba allí, sobre la parte superior de los árboles, ¡frente a mí!"*. A continuación la descripción se vuelve más acalorada: *"Veo que el sol se desdobla, permaneciendo fijo en su lugar el que había visto al principio; el otro sol va sobre la gruta y la ilumina toda, en dirección a la cruz —también esa toda iluminada, sin electricidad— y veo que el sol comienza a girar como un carrusel, avanzando y* *retrocediendo: estaba vivo y denso, parecía agua hirviendo, como un horno que funde el acero. Su luz era talmente fuerte que me recuerda a la luz que vi dentro de la cueva cuando la Virgen de la Revelación apareció por primera vez sobre una gran piedra de toba. Veía con distinción los tres colores que emanaban del Sol: verde afuera, rosa adentro y, en el centro, blanco: todo giraba vertiginosamente. Permanezco en silencioso recogimiento; luego veo que <u>el sol, desde arriba de la parte superior de los árboles, se une al otro sol que está sobre la gruta</u>"*. **A eso de las 5 de la tarde [...] comienza la misa. Durante el Padrenuestro, la misa es momentáneamente interrumpida, durante media hora,** hasta las 6.20; todos pueden asistir a la réplica del milagro del sol en Fátima, acontecido el 13 de octubre de 1917.

El informe oficial enviado por el **franciscano Alfonso Zincarini** <u>al ministro general de la Orden, el padre Vitale Bommarco</u>, contiene un resumen de los testimonios escritos recogidos en los días posteriores al prodigio:

"El astro parecía moverse unos pocos metros en el cielo hacia la cueva y acercarse a la Tierra; <u>se lo podía ver con absoluta tranquilidad</u> como una bola de fuego rotando sobre sí misma, girando <u>sin fastidio para los ojos.</u> Con un aspecto más grande de lo normal, mostró dentro de su corona iridiscente en diferentes colores (mayormente verde, rosa y negro), como un magma incandescente que se mueve rápidamente y tiende a formar diferentes figuras, identificadas de diversas maneras por los testigos: <u>una cruz, una M, un corazón rodeado de estrellas o sangre que gotea, el monograma de Cristo (ihs), dos manos juntas, la Sagrada Familia, la Virgen de la Revelación</u>... Algunos incluso afirman haber visto desaparecer la corona solar y recomponerse en tres círculos de varios colores; otros han notado que, a pesar del obstáculo de los numerosos árboles, <u>el Sol saltaba hasta sus ojos e iluminaba con una luz cálida y vívida, casi un fuego, a la capilla del convento (donde se guarda la Eucaristía)</u>, las hojas de los árboles, los rostros y las ropas de la gente".

El fenómeno se repitió incluso en los años siguientes coincidiendo con los aniversarios de las apariciones.

Algo sobre el lugar de las apariciones:

Según una antigua tradición referida a los primeros siglos del cristianismo, confirmada por documentos históricos de gran valor, el martirio del apóstol Pablo, ocurrido en el año 67 de nuestra era, por orden del emperador Nerón, se habría consumado en el lugar llamado Aquae Salviae, precisamente donde hoy se encuentra la abadía cisterciense de Tre Fontane (Tres Fuentes).

La decapitación del apóstol, siempre según la tradición, tuvo lugar bajo un pino, cerca de donde se colocó una piedra conmemorativa de mármol, que ahora se puede ver en un rincón de la iglesia. Se dice que la cabeza del apóstol, cortada de un golpe de espada, rebotó tres veces en el suelo y que un manantial de agua habría brotado a cada salto.

Resulta inmediato asociar lo acontecido al inicio del cristianismo con la aparición de la Santísima Virgen en ese lugar y la fulgurante conversión de Bruno. En tal sentido, resulta muy significativo que a las palabras del Señor al celoso fariseo, Saulo de Tarso —cuando se le aparece camino a Damasco— se le correspondan las de la aparición de la Madre del Señor, dirigidas al fanático Bruno en la cueva de Tre Fontane. En efecto, nuestro Señor —en medio de una gran luz— le dice a Saulo: *"Yo soy aquel a quien tú persigues"*. En Tre Fontane, la Virgen le dirá al vidente, cubriéndolo con su luz: *"¡Tú me persigues! ¡Ahora basta!"*. Y lo invita a entrar en la verdadera Iglesia que la Reina celestial llama *"santo rebaño, corte celestial en la tierra"*.

Después de la aparición, como ocurrió con el Apóstol de los gentiles, fulminante fue la conversión de Bruno Cornacchiola, por la que él también mucho tuvo que sufrir. Y cual émulo de Pablo de Tarso, de aquel encuentro celestial surgió en el vidente romano un gran amor por la Iglesia y una denodada obra evangelizadora.

Conclusiones y consecuencias:

Nos debería provocar gran admiración y profundo agradecimiento el saber cómo Dios se obliga a sus promesas: tal es el caso de Bruno Cornacchiola cuando muy lejos de Dios y solo para complacer a su mujer —es decir, sin total convicción— aceptó cumplir con la devoción de los nueve primeros viernes, dedicados al Sagrado Corazón de Jesús.

Porque, según se lo reveló la Santísima Virgen en su primera aparición, de allí partió para él la salvación. En palabras de la Madre de Dios: *"**El juramento de Dios permanece** y es **inmutable: los nueve viernes del Sagrado Corazón** que hiciste, amorosamente empujado por tu fiel esposa, antes de entrar en el camino de la mentira, ¡**te han salvado!**"*.

La promesa en cuestión se remonta al 16 de junio de 1685, cuando el Señor le dice a Santa Margarita María Alacoque: *"Yo te prometo, en la excesiva misericordia de mi Corazón, que su amor omnipotente <u>concederá a todos aquellos que comulguen nueve Primeros Viernes de mes seguidos, la gracia de la penitencia final</u>: No morirán en desgracia mía, ni sin recibir sus Sacramentos, y mi Corazón divino será su refugio en aquél último momento"*.

Para Bruno, la gracia de la penitencia final se le hacía manifiesta aquel primer día de la aparición de la Virgen en 1947 y se extendería durante cincuenta y cuatro años, hasta su muerte en 2001, ¡en el día del Sagrado Corazón! A lo largo de su verdadera vida en la fe, Cornacchiola recibió no solo una gran gracia sino gracia sobre gracia, a las que supo corresponder. Por eso, aparte de los mensajes explícitos de la Santísima Virgen de la Revelación, están los otros implícitos como este de la inconmensurable misericordia de Dios, que va más allá de nuestras imperfecciones, dudas, vida pecaminosa, y todo esto debería aumentar nuestro agradecimiento y nuestro temor de no ofender a un Dios tan bueno y tan grande y a la vez tan cercano.

Este ejemplo de la promesa divina ligada a una devoción del cielo nos lleva a hacer una analogía: la del caso del sacerdote que consagra sin convicción, con fe enferma, en pecado, y que, pese a todo eso, el Señor se hace presente. Acaso, por ejemplo, los milagros de Lanciano o de Bolsena —en los que, en ambos casos, los sacerdotes dudaban de la Presencia real del Señor en la Eucaristía— ¿no dan ejemplo de la fidelidad de Dios a pesar de la pobreza y fallas de los humanos instrumentos? Las herejías son graves errores reconducidos todos al desconocimiento de la verdad de Dios y que llevan al daño y hasta la perdición de las almas. Entre los siglos IV y V apareció en la Iglesia un movimiento cismático llamado donatismo, que sostenía la nulidad de los sacramentos administrados por pecadores. A estos rigoristas se opuso tenazmente San Agustín. El demonio es muy hábil en ocultarse tanto en los rígidos como en los relajados laxistas, para quienes, siendo Dios misericordioso, perdona a pesar de que no haya arrepentimiento y el infierno está vacío. Ambas son perniciosas herejías condenadas.

Tre Fontane se la puede considerar a pleno título <u>entre las apariciones marianas que anuncian los últimos tiempos</u>, ante todo por la advocación. En efecto, ya en la primera aparición se da a conocer como la **Virgen de la Revelación** y hace referencia a **la Palabra**. Recordemos qué le dice a Bruno el 12 de marzo de 1947, al final del encuentro: *"Yo soy la que está en la Trinidad divina. He aquí, antes de irme, te digo estas palabras:* **Revelación es la Palabra de Dios,** *esta Revelación* **habla de mí.** *Por eso di este título:* **Virgen de la Revelación".**

Si vamos precisamente al último libro de la Sagrada Escritura, el <u>Apocalipsis o Revelación</u>[46] <u>de las cosas que han de venir,</u> encontramos —en el capítulo doce— una gran señal en el cielo: **una Mujer** <u>vestida del sol, con la luna bajo sus pies y una corona de doce estrellas sobre su cabeza.</u> Esa Mujer <u>viene del cielo</u> y al mismo tiempo <u>el cielo nos da una señal en Ella.</u> Esa Mujer está <u>vestida del sol,</u> inmersa —por así decirlo— en la luz solar. Esa luz, en el lenguaje figurado, es <u>la luz divina, increada.</u> Significa que <u>está envuelta en la luz de Dios</u> o, como dice en el mensaje, está <u>en el seno de la Santísima Trinidad.</u> La <u>luna es imagen del cambio,</u> de lo que muta, y <u>Ella está por encima de todo cambio porque participa de la inmutable eternidad, de la verdad que no cambia y de la Palabra de Dios que no pasará.</u> Las <u>doce estrellas</u> de su corona indican que es <u>Reina de los doce Apóstoles</u> (sobre quienes se funda la Iglesia y de donde parte la Revelación) y de las <u>Doce Tribus de Israel,</u> es la <u>Reina del Antiguo y del Nuevo Testamento.</u> En el otro extremo, en el primer libro de la Palabra de Dios, <u>el Génesis,</u> en su tercer capítulo, también está **la mujer**, Eva. Sin embargo, en la sentencia de Dios a la Serpiente: *"Enemistad pondré entre ti y* **la Mujer,** *entre tu linaje y su linaje,* **Ella** *(en la versión latina Vulgata)*[47] *te pisará la*

---

46 Revelación es la traducción de la palabra griega Apocalipsis.

47 Puesto que en la Vulgata se lee *ipsa* (femenino) y no *ipsum* (neutro) o ipse (masculino) *Inimicitias- ponam inter te et mulierem, et sementuum et semenillius: ipsa conteret caput tuum, et tu insidia beris calca neoejus.*

cabeza mientras acechas tú su calcañar" (Gn 3, 15), la Iglesia ha identificado a la Mujer que aplasta la cabeza de la Serpiente con la **Santísima Virgen**. Como se vio, el mismo cielo corroboró esa interpretación en la medalla que Nuestra Señora mandó acuñar en 1830: la Medalla Milagrosa. Por tanto, es la Madre del Señor, la Santísima Virgen María, aparecida en Tre Fontane, la misma que da batalla a Satanás; la que brilla con la luz de Dios porque está en el seno de la Santísima Trinidad; la que aparece en toda la Revelación Divina, al inicio y al fin. Ella es la que se da a conocer como Virgen de la Revelación y viene a alertarnos, consolarnos, alentarnos y conducirnos en este tiempo final.

Además, **en los mensajes muchos son los elementos esjatológicos**, o sea que apuntan decididamente al final de los tiempos. Entre ellos, la mención de la <u>conmoción del universo</u> y que <u>el sol se oscurecerá</u>, con su doble <u>interpretación cósmica y mística</u> (alusión a la pérdida de fe en la Eucaristía); <u>enfriamiento de la caridad</u>; <u>oscuridad de las conciencias</u>; <u>mal en aumento</u> "signo que llegó la catástrofe final"; una <u>nueva devastadora guerra mundial</u>; la <u>inminencia de la justicia divina y la ira</u> sobre la Tierra; anuncio de la <u>persecución de la Iglesia</u>; profecía acerca del <u>falso ecumenismo</u> que solo es reunión de religiones, "amasijo de herejías y errores"; <u>seria advertencia acerca de cambios en la doctrina</u>; <u>conjura contra la religión</u>; anuncio de <u>futuras potentes manifestaciones divinas</u>; el <u>vínculo con Fátima</u>; mención de <u>un mundo que morirá</u>, interpretado no como fin del mundo sino fin de un mundo, y del <u>Reino que vendrá sobre la tierra</u>. Y por, sobre todo, la revelación de <u>quién es María,</u> concordante con la profecía de <u>San Luis María Grignion de Monfort</u> sobre los últimos tiempos, cuando Dios revelará realmente quién es la Virgen, **su misión protagonista al final de la historia de la salvación.**

Otro fuerte indicio esjatológico aparece en el pasaje del mensaje: *"las vírgenes y los vírgenes, **quien sea que sirva a Dios en espíritu y no según la carne, cargan sobre ellos parte de las plagas** que, pronto, descenderán a la Tierra, **dejando todavía tiempo a los pecadores para que se arrepientan {...}"**.* Esa parte del mensaje —los que cargan sobre ellos parte de las plagas— hace clara alusión sobre todo a las **almas víctimas** que, si no detienen, sí postergan el momento de la ira de Dios porque **absorben el mal desatado por Satanás y el gran caos**, la confusión en la que el mundo se ve sumido. Indicio esjatológico del final de los tiempos, porque está de acuerdo a la interpretación del pasaje del Apocalipsis donde dice que <u>el Dragón (Satanás) vomitó como un río para arrastrar a la Mujer, o sea que siembra el caos y esparce el mal en su guerra contra la Santísima Virgen y contra la Iglesia</u>, "*pero **la tierra vino en auxilio de la Mujer; abrió la tierra su boca y tragó el río vomitado de las fauces del Dragón**"* (Ap 12, 16). O sea, son las almas puras que rezan y hacen penitencia, en particular las almas víctimas, esparcidas por el mundo[48] que están absorbiendo con sus sufrimientos, generosamente unidos a la Pasión de Cristo, parte del mal que detiene temporalmente la mano de la Justicia de Dios dando tiempo a nuevas conversiones.

Por último, la **victoria del Cordero** que, al resumir el contenido de los mensajes, nos recuerda el pasaje del **Apocalipsis** del capítulo 17, en estrecha vinculación con el otro pasaje del capítulo 12. "Entonces, despechado (el Dragón, **la Serpiente** Antigua o Satanás) **contra la Mujer**, se fue a **hacer la guerra** al resto de sus hijos (**el linaje de la Mujer**), <u>los que guardan los mandamientos de Dios y mantienen el testimonio de Jesús</u>" (Ap 12, 17). "Estos (**el linaje de la Serpiente**) harán la **guerra al Cordero**, pero el Cordero, como es Señor de Señores y Rey de Reyes, **los vencerá en unión con los suyos**, los llamados y elegidos y fieles <u>(el mismo linaje de la Mujer)</u>" (Ap 17, 14).

Muy presumiblemente, si no todo al menos parte de lo anterior, llevó al santo papa Juan Pablo II a darle ese título de *Santa María **del Tercer Milenio** en Tre Fontane*.

En cuanto al nexo con la Eucaristía, advirtió severamente la Virgen de la Revelación: "***La Eucaristía un día será profanada** y ya **no será más creída la presencia real** de mi Hijo. ¡**Falsas ideologías y teologías!**"*. Lamentablemente, ese mensaje no se dirige a un impreciso, ni siquiera cercano, futuro porque es terriblemente actual, al irrumpir con fuerza el modernismo (*véase el capítulo de Garabandal*). Por otra

---

48 Eso lo estamos viviendo actualmente y quien esto escribe ha podido conocer tres almas víctimas en España, Portugal e Italia, respectivamente.

parte, este mensaje, que concretamente habla de la Eucaristía, es complementario de aquel original cuando dice: "Sacerdotes y fieles **serán expuestos a un peligroso cambio** en el que <u>el mundo de la perdición se lanzará al asalto</u> a través de todo tipo de medios: **falsas ideologías y teologías**". Es, por tanto, lógico pensar que el cambio con el que se degradará aún más la Eucaristía, hasta hacerla desaparecer como lo que realmente es, vendrá de una falsa teología modernista, que en el fondo no es teología sino ideología. Lo mismo habría que entender cuando en sentido real, pero también figurado, dice, en el mensaje del 15 de agosto de 1958, que "el sol se oscurecerá".

Otra **alusión a la Eucaristía** es el **milagro del sol** o de los dos soles, del 12 de abril de 1980. El milagro, según la Santísima Virgen, fue hecho para despertar a los incrédulos a la fe viva. Es **después de la consagración, en la misa de acción de gracias** por los treinta y tres años de la aparición, que deben todos detenerse durante casi una media hora porque en el cielo se está reproduciendo el milagro de Fátima. ¿Por qué en ese momento litúrgico, después de la consagración? Porque lo que acaba de acontecer sobre el altar, durante la consagración, es una gracia infinita oculta a los sentidos, es un misterio muchísimo mayor a la creación de millones de galaxias. <u>El luminoso y poderoso sol que no daña a la vista es la figura de la presencia de Dios ante la que se puede permanecer vivo porque la cubre el sutilísimo velo del pan eucarístico.</u>

Por fin, Tre Fontane nos muestra cómo el oscurecimiento de la verdad de la Presencia real del Señor en la Eucaristía, la sustitución de la verdadera y sana doctrina por falsas teologías, las profanaciones y sacrilegios cometidos contra la Eucaristía están íntimamente asociados como signos al final de los tiempos.

Nuestra Señora del Carmen aparecida en Garabandal

San Sebastián de Garabandal, la pequeña aldea cántabra que en tiempos de las apariciones cuenta con pocas casas y unos trescientos pobladores, en la diócesis de Santander, recibió la visita celestial del arcángel San Miguel, de la Virgen Santísima —a veces trayendo el Niño Divino—, y del mismo Jesús en la advocación del Sagrado Corazón **entre los años 1961 y 1965**, es decir, sugestivamente casi en paralelo al Concilio Vaticano II. Además, se sitúa temporalmente entre Ámsterdam y Akita y, según se está viendo ahora, es continuación de Fátima.

Adentrémonos en el pueblo, en medio de sus casas con techos sin chimeneas, entre callejuelas de piedras, en el verano que está por despuntar de 1961. Es por la tarde, todas las niñas están jugando.

En un grupito de cuatro niñas, a una de ellas se le ocurre una travesura: robar unas manzanas de un huerto. Cuando se las están comiendo, de pronto a cielo sereno, un trueno. Son pasadas las ocho de la tarde. Tres de las niñas tienen doce años —Conchita, Mari Loli y Jacinta— y una once —Mari Cruz—. Conchita se queda viendo algo, alguien: una figura muy luminosa. Las compañeras, al notar que su amiga está allí extasiada y no responde, se asustan. Están por ir a llamar a la madre de Conchita, cuando también las tres entran en éxtasis. Están viendo un ángel. Todo es silencio. Desaparece el ángel y ellas descienden a la común realidad.

Las cuatro niñas están como transformadas, bebiendo a sorbos lo que acaban de vivir. Van a la iglesia, pero no entran. Se meten en la parte de atrás y echan a llorar. Otras que estaban jugando por ahí las ven y así se enteran que lloraban conmovidas por haber visto un ángel.

Se entera la maestra que, ahora, las encuentra dentro de la iglesia. Las interroga y se convence que no mienten. La maestra les propone rezar una <u>estación a Jesús Sacramentado en acción de gracias</u>. Rezan todas y regresan a sus casas. Son las 9 pasadas.

Cuando Conchita se lo cuenta a su madre, Aniceta, no le cree. *"Pues es verdad —responde la niña— yo he visto al ángel"*.

Pasa un día sin novedades, y al tercero se les aparece el ángel y también en días sucesivos, y les habla y las prepara para la venida de la Virgen, que será el domingo 2 de julio. De todo esto rápidamente se entera la gente del pueblo y también el párroco de Cosío, el otro pueblo más importante que está abajo, a unos cinco quilómetros de Garabandal. Es el cura, don Valentín Marichalar, que les celebra las misas los domingos. Don Valentín las interroga a cada una por separado, se convence de la sinceridad de las cuatro niñas e informa a la diócesis sin emitir un juicio personal sobre lo acontecido.

El domingo 2 de julio muchos son los que acuden a San Sebastián de Garabandal porque han oído que la Virgen se aparecerá. Hay algunos sacerdotes y médicos también entre los asistentes. Cuenta Conchita en su diario: *"Nos fuimos para la Calleja a rezar el rosario; y sin llegar allí, se nos apareció la Virgen con un ángel a cada lado. Uno era San Miguel; el otro, no sabemos. Iba vestido igual que San Miguel: parecían mellizos"*. Con el tiempo sabrán que el otro es San Gabriel. La Virgen, según se los había anticipado el ángel el día anterior, se presentó como la antigua advocación de Nuestra Señora del Carmen. Continúa el relato de Conchita: *"Ese día hablamos con la Virgen mucho, y Ella con nosotras: le decíamos TODO... y Ella se reía porque le decíamos tantas cosas... Era como una madre a la que hace mucho que no la ve su hija, que esta le cuenta todo. ¡Y mucho más nosotras, que no la habíamos visto nunca, y que era nuestra Madre del cielo!"*.

¡Cuánta frescura la de esta narración y qué cercanía la de esta Madre nuestra!

La Santísima Virgen se les vuelve a aparecer los dos días siguientes. El 4 de julio les da un mensaje para que lo revelen tres meses después, exactamente el <u>18 de octubre</u>.

A partir de aquellos momentos, la vida cambiará para las niñas y para todo el pueblo drásticamente. Las videntes protagonizarán distintos fenómenos totalmente extraordinarios, contrarios a las leyes de la física, como carreras hacia atrás deteniéndose bruscamente, caídas en éxtasis manteniéndose en posiciones insostenibles, subir hasta los pinos arriba en la montaña con la cabeza alzada hacia lo alto. Éxtasis en las que son inmunes a los estímulos externos como fuertes luces, pinchazos. Volverse en éxtasis tan pesadas que hombres fuertes son incapaces de levantarlas mientras ellas se levantan unas a otras sin la mínima dificultad. Muchos son los signos extraordinarios de orden sobrenatural y los prodigios.

Los signos indican una realidad, en este caso la presencia celestial, predisponiendo los ánimos a la recepción de los mensajes, al mismo tiempo que se vuelven elementos de autenticidad de los mismos.

Si todas las apariciones marianas contienen el mensaje implícito de su presencia amorosa y maternal y su cercanía a cada uno de nosotros, en Garabandal esto es particularmente cierto. La Madre que conocieron las niñas —Madre de Dios y Madre nuestra, como pidió que se la llamara en cada Avemaría— y que transmitieron, es la de quien nos comprende, está pendiente de nuestras preocupaciones y sufrimientos, nos acompaña y sigue los mínimos detalles de nuestra vida.

Y por ser Madre que ama a sus hijos, la Santísima Virgen viene a decirnos cosas muy importantes y urgentes para nosotros, para nuestra salvación, para la salvación del mundo.

La época de los acontecimientos de Garabandal

Para una mejor comprensión conviene situarse en el tiempo de estas apariciones. Estamos al inicio de la década de los sesenta, cuando pocos meses después, el papa Juan XXIII convocaría un nuevo Concilio, el Vaticano II. Estos años son también los del comienzo del espíritu de protesta y rebelión que signarán toda la época y en los que se estaban dando los primeros pasos hacia —como la llamará el santo papa Juan Pablo II— la cultura de la muerte, la pérdida de valores fundamentales, la contestación a toda autoridad, el deterioro de la familia y la instrumentalización del sexo. La década de los sesenta es la del ateísmo, del hombre que se rebela autónomo, es decir, que dicta sus propias leyes prescindiendo de Dios y en abierta oposición a sus Mandamientos. Es la década del existencialismo y del apogeo comunista, de la construcción del muro de Berlín y de la guerra fría, de la crisis de misiles en Cuba y del asesinato del presidente Kennedy. También son los años de la píldora anticonceptiva, la contracultura del movimiento hippy, de Woodstock y de la predominancia de las ideologías.

Para la Iglesia se avecinan y se producen grandes cambios, y no precisamente los esperados. Se vaticinaba una nueva primavera, y en cambio azotaron los vientos gélidos del modernismo que logró introducirse bajo el pretexto de un ambiguo "espíritu del Concilio". Hubo conspicuos peritos teólogos modernistas que llegaron a influir en el Concilio. Y la Madre de Dios vino a hablarnos en ese tiempo, que es nuestro tiempo, y a alertarnos sobre los peligros en ciernes y la necesidad de regresar seriamente a Dios. Por eso, ante todo ese panorama destructor vino a resituar la Eucaristía en el centro de la vida de la Iglesia. Vino a advertirnos que los males se derivan de la pérdida en la fe eucarística, de no vivir acorde a esa fe y que recuperarla es esencial para la salvación.

La Eucaristía en el centro de Garabandal

En toda esta urdimbre tejida por nuestra Madre del cielo, con sus diferentes apariciones a través del tiempo y del espacio, **Garabandal** es muy especial.

La Santísima Virgen, que apareció en Garabandal como Nuestra Señora del Monte Carmelo o del Carmen, vino a llevarnos a su Hijo resaltando la presencia eucarística del Señor en medio de su Iglesia, no solo por medio de estos mensajes sino también por los gestos de adoración y reverencia que les hacía hacer a las niñas, por las comuniones místicas que recibían del ángel y por el milagro del 18 de julio de 1962 en el que la Sagrada Hostia, dada por el arcángel San Miguel a Conchita, se hace visible en su boca. Por fin en Garabandal se anuncia un futuro <u>gran milagro, que acontecerá en un día de un santo mártir de la Eucaristía</u>.

Garabandal eucarística y esjatológica

El ángel que se les aparece a las niñas es el **arcángel San Miguel**, quien viene a anticiparles la visita de la Santísima Virgen. Como en Fátima, antes, y en Akita, después, es un ángel quien prepara la aparición de la Madre de Dios. En Garabandal, sin embargo, el arcángel San Miguel no se limita a preludiar la venida de la Virgen, sino también a dar el último mensaje. <u>Este arcángel, Príncipe de las Milicias Celestiales, a quien se invoca particularmente en los exorcismos</u>, es el protector de la Iglesia[49] y quien <u>aparece en el Apocalipsis</u> en los combates finales. Por este moti-

---

49 También se dice que fue el Ángel Custodio de la Santísima Virgen.

vo y porque en los mensajes se alude a la Copa que se está llenando (1961) y, luego, que rebosa (1965) con el añadido de alertarnos "estáis en los últimos avisos", de Garabandal se puede decir que además de eucarístico es esjatológico, es decir, de anuncio del final de los tiempos.

Al respecto se suele recordar lo que Conchita dijo, a su madre y a su tía, cuando escuchando las campanas que tocaban a difuntos por el deceso del papa Juan XXIII, comentó que quedaban solo tres papas[50] antes del final de los tiempos. Si hacemos la cuenta, quitando el breve pontificado de Juan Pablo I, el primer papa que sucede al Pontífice fallecido es Pablo VI, luego sigue Juan Pablo II y el tercero es el papa Benedicto. Es decir, que estaríamos ya en el inicio de esos tiempos finales. Y tal impresión concuerda con el hecho objetivo de verificarse la apostasía, fuera y dentro de la Iglesia.

Muchos se preguntan, ¿qué es esto de "el final de los tiempos"? No es el fin del mundo, sino el del preludio a la Parusía[51] o segunda venida de Cristo. Debe entenderse como el final de los tiempos dados a los gentiles, o las llamadas naciones[52] para aceptar a Cristo. Es el tiempo en el que se da el Juicio a las Naciones, en el que la Iglesia ha debido ya anunciar el Evangelio a todo el mundo, haciendo prosélitos, como les manda el Señor a sus discípulos antes de ascender a los cielos: *Id y haced discípulos a todas las gentes, bautizándolas en el nombre del Padre y del Hijo y del Espíritu Santo; y enseñándoles a guardar todo lo que yo os he mandado* (Mt 28, 19). Porque Dios quiere que todos los hombres se salven, el Padre nos ofrece al Salvador, al único Salvador, Jesucristo, que es el único camino hacia Él. Para eso, el Hijo coeterno con el Padre y el Espíritu, asume nuestra humanidad para enseñarnos, para hablarnos no ya por medio de los profetas sino Él mismo, con palabras humanas, y a rescatarnos padeciendo y muriendo por nosotros. Jesucristo —que no conoció el pecado— se ofrece al Padre en sacrificio de expiación por los pecados de cada uno de nosotros y en las vísperas de su Pasión y muerte redentora funda la Iglesia en la última Cena,

---

50 Aclaró después que la Virgen le había dicho que uno no contaba porque su pontificado sería muy breve (Juan Pablo I).
51 Parusía significa presencia, por extensión: presencia triunfal.
52 Todos los pueblos que no son Israel.

dejándonos su presencia viva en la Eucaristía y la perpetuación de su sacrificio por el don del sacerdocio que consagra esa misma noche en sus comensales, los apóstoles, a quienes envía al mundo para continuar la obra de salvación. Deben ir a bautizar y a enseñar el camino de salvación. Es decir, quien ha de venir, en la Parusía, presencia en gloria, está ya presente en su Iglesia en la Eucaristía, o sea en el ocultamiento de su gloria.

Por el bautismo trinitario se hace efectiva la aceptación del Hijo de Dios y de la revelación hecha por el mismo Hijo, de Dios Trino y Uno. Es solo por el bautismo que se incorpora a la Iglesia, como miembro de su Cuerpo Místico, cuya Cabeza es Jesucristo. Es también solo por el bautismo que a la creatura humana se le confiere la dignidad inmensamente mayor de ser hijo de Dios.[53] Hijo de Dios en el único Hijo, el Unigénito de Dios, que es Jesucristo, Verbo eterno encarnado en la Inmaculada Virgen María. El bautizado es hijo por adopción, hijo en el Hijo. Precisamente, esta verdad de fe que hoy es oscurecida, sutilmente negada diciendo, por ejemplo, que "todos somos hijos de Dios" o que hay distintos caminos de salvación fuera de la Iglesia fundada por el Señor, y que todas las religiones llevan a la salvación y son queridas por Dios, o que la misión del sacerdote es sustituible y decir lo contrario es "clericalismo", constituyen evidencias de la gran apostasía imperante en la Iglesia.

Con el mandato de hacer discípulos a todas las gentes y de bautizarlas, comenzaba el tiempo de la Iglesia, con el envío no ya solo a los israelitas, sino a todas las naciones, misión que los apóstoles inician desde el mismo templo de Jerusalén y que se extenderá en relativamente poco tiempo a los pueblos conocidos.

Al respecto, evoco un hecho que dejó en muchos una fuerte impresión. Fue el 8 de abril de 2005, en la misa funeral por Juan Pablo II, cuando se podía ver por las pantallas que sobre el ataúd estaba colocado el Nuevo Testamento. Soplaba un fuerte viento sobre el Sagrado, tanto que las hojas del libro, que estaba abierto, fueron pasando hasta

---

53 "Pero a todos los que lo recibieron (al Verbo) les dio el poder de <u>hacerse hijos de Dios, a los que creen en su nombre</u>" (Jn 1, 12).

que el libro se cerró por completo. Hubo quienes lo interpretaron como signo profético: con el Santo Padre Juan Pablo II, terminaba el tiempo en el que el anuncio de salvación había alcanzado a todos los confines de la tierra. Porque, bueno y oportuno es recordar, los viajes del Santo Papa eran movidos por su celo apostólico para anunciar Cristo al mundo y para, como su vicario en la tierra, dar testimonio de Él.

En la culminación de los tiempos finales, <u>Dios juzgará a las naciones. Signos concomitantes de esos tiempos son la profusión de guerras; hambres, pestes y terremotos; la Apostasía general; la persecución de los cristianos; la aparición de falsos profetas y falsos maestros; la iluminación de Israel</u>[54] (Dios quita el velo y los judíos reconocen a Jesús como su Mesías); <u>el enfriamiento de la caridad; la corrupción y la perversión generalizadas —todos estos ya en acto—; la impostura de la verdad (cf. CEC 675), la abominable desolación (falsa misa, falsa Eucaristía); la manifestación del Anticristo, la caída de la Gran Ramera y la gran tribulación —nunca antes vista y que nunca más se verá— donde hasta el cosmos será convulsionado (Cf Mt 24; Lc 21; Rm 11).</u>

En este contexto del final de los tiempos, es en Garabandal donde están profetizados <u>el Aviso, el Milagro y el Castigo.</u>

Aunque ya no se lo recuerde, <u>Eucaristía y esjatología están íntimamente relacionadas. Hay textos en la Santa Misa que nos hablan de los tiempos finales que culminan con la Parusía.</u> Cuando, por ejemplo, como respuesta de la consagración, al "este es el Misterio de la fe"[55] que acaba de acontecer, los fieles aclaman: "Anunciamos tu muerte, Señor, proclamamos tu Resurrección, **ven Señor Jesús (o Maranathá)**". Con esa misma palabra, la invocación *Maranathá,* finaliza el último libro de la Sagrada Escritura, el Apocalipsis. Es la llamada al regreso de Cristo en la gloria.

---

54 En este sentido, signo premonitorio es el de los llamados "Judíos mesiánicos" o "Jews for Jesus", judíos que reconocen a Jesús de Nazaret como el Mesías de Israel. Mantienen, como los primeros cristianos judaizantes, todas las costumbres y fiestas judías a las que agregan la fe en Jesucristo, Yeshuah Ha Massiah, la mayoría en la fe trinitaria. Según parece, son alrededor de medio millón, la mayoría en EEUU. En Israel son unos 20.000 y creciendo.

55 La otra fórmula más común es "Este es el Sacramento de nuestra fe", Sacramentum y Mysterium son términos equivalentes.

En el ritual católico hispano-mozárabe aparece la fórmula: "<u>cuantas veces comáis este pan y bebáis este cáliz, anunciaréis la muerte del Señor</u> **hasta que venga glorioso** <u>desde el cielo</u>". Comparando las distintas anáforas (plegarias eucarísticas) de distintos ritos, siempre encontramos la misma mención parusíaca, e incluso, como en este último caso, hasta idénticas palabras al comparar con la anáfora egipcia de San Marcos.

Del mismo modo, después de la oración del Padrenuestro, el sacerdote, siempre dirigiéndose a Dios Padre, dice: "Líbranos de todos los males, Señor, y concédenos la paz en nuestros días, para que ayudados por tu misericordia vivamos siempre libres de pecado y protegidos de toda perturbación, **mientras esperamos la gloriosa venida de nuestro Salvador Jesucristo**". Y en el mismo Padrenuestro pedimos "**venga a nosotros tu Reino**". La plegaria eucarística IV incluye la mención esjatológica junto a la anamnesis: "Por eso, Padre, al celebrar ahora el memorial de nuestra redención, recordamos la muerte del Cristo y su descenso al lugar de los muertos, proclamamos su resurrección y ascensión a tu derecha; y **mientras esperamos su venida gloriosa**, te ofrecemos su Cuerpo y su Sangre, sacrificio agradable a ti y salvación para todo el mundo".

Lex orandi, lex credendi recita el adagio, significando que la liturgia es fiel reflejo de la fe de la Iglesia, y la Iglesia cree y expresa en sus símbolos (credos) que Jesucristo volverá en gloria para un juicio. Hemos perdido aquella expectación viva, esjatológica, en la Parusía, que provocaba estar vigilantes para la venida del Señor, y el resultado es no estar espiritualmente preparados. "El Señor tarda en venir [...]. Vendrá el Señor el día que no se espera y en el momento que no se sabe" (Cf Lc 12, 45).

En la liturgia oriental, en la anáfora de Santiago, está escrito: "celebramos la memoria de su pasión vivificadora, de su salvadora cruz, de su muerte y entierro, de su resurrección de entre los muertos después de tres días, de su ascensión, de su estar sentado a la diestra del Padre, <u>de su segunda vuelta gloriosa y terrible, cuando llegue con gloria a juzgar a los vivos y a los muertos y a dar a cada uno según obras</u>". En este caso está aludiendo a una segunda y última venida, que es la del final del mundo. Sea la última venida o una intermedia, el hecho era que en todas partes los cristianos esperaban la Parusía, el día del Señor, o esperaban los cielos nuevos y la tierra nueva, y esa espera era de esperanza.

Ciertamente, que algunos textos esjatológicos aluden al fin del mundo porque mencionan el juicio final, pero hay otros que parecen más bien apuntar a una venida intermedia (y no de la que habla San Bernardo, puramente espiritual) en que se manifieste la gloria del Señor, aunque no la gloria de la venida definitiva. Esta opinión se apoya en profecías como las de Isaías del tiempo mesiánico, que es sobre esta tierra y en textos de más de treinta peticiones de la liturgia de las horas, especialmente del tiempo de Adviento y de la festividad de Cristo Rey. Algunos ejemplos: "Prepara Señor, en nuestros corazones, un camino <u>para tu Palabra que ha de venir, así tu gloria se manifestará al mundo</u> por medio de nosotros" (Laudes del primer martes de Adviento). "Pastor del rebaño de Dios, <u>viene a reunir a todos los hombres en nuestra Iglesia</u>" (vísperas del primer viernes de Adviento). Estas peticiones no dan idea de venida definitiva y última con el juicio final. Y menos aún la siguiente: "Hijo Unigénito de Dios <u>que has de venir al mundo como mensajero</u> de la Alianza, <u>haz que el mundo te reciba y te reconozca</u>" (primeras vísperas del II Domingo de Adviento). Allí queda claro que viene como *mensajero,* no como *juez,* y se pide que "el mundo te reconozca", en la venida final no viene el Señor para que el mundo lo reciba o reconozca. Por tanto, es una venida distinta de la del final del mundo. Y esta otra es también muy explícita: "Tú que creaste al mundo y a los que en él habitan, <u>ven a restaurar</u> la obra de tus manos" (primera víspera del III Domingo de Adviento). No viene a *juzgar* sino a *restaurar*, después de la gran purificación, a restaurar al mundo a su belleza original, recapitulando en Él todas las cosas. Esto está presente en la carta de San Pablo a los efesios (Ef 1), en ese himno de alabanzas a Dios por Jesucristo. Es Cristo quien reúne en sí a toda la creación y en especial al hombre, creado a su imagen, a imagen del Verbo, que al encarnarse se hace visible. Es la recapitulación (es Cristo la cabeza) del hombre para destruir el pecado y dar origen a una nueva vida. <u>La creación debe volver,</u>

y es <u>por Cristo</u> que regresa, <u>al proyecto original de Dios Creador</u> en el que <u>todo es armonía</u>, por la reconciliación <u>entre el Creador y la humanidad, y entre esta y el resto de la naturaleza, porque ella también sufre hoy los dolores del parto y gime esperando la liberación de los hijos de Dios</u>, como dice el Apóstol en Rm 8, 21 ss. Pues esa recapitulación, que es restauración obrada por Jesucristo, comenzó, está en acto y <u>debe llegar a su total cumplimiento</u> en esta tierra, no en el más allá. Luego de San Pablo, el tema de la recapitulación lo retoma admirablemente San Ireneo de Lyon, Padre de la Iglesia del tercer siglo. Esto entonces resulta equivalente a la recreación del cielo nuevo y la tierra nueva. Y así lo expresa esta otra oración de la liturgia: "<u>Ven a crear la nueva tierra</u> que anhelamos, <u>en la que habiten la justicia y la paz</u>" (laudes del III lunes de Adviento).

Por tanto, hay un hecho incontrastable: las profecías mesiánicas de "un cielo nuevo y una tierra nueva" son promesas incumplidas, y esas se refieren a esta vida, no al otro mundo. Indican la restauración del Paraíso perdido, la recapitulación en Jesucristo de todas las cosas, el regreso de la amistad del hombre con Dios, la humanidad totalmente reconciliada en Cristo Jesús, el hombre que "escucha los pasos de Dios en el Jardín del Edén" (Cf Gn 3, 8), es decir de la intimidad de la que hoy gozan, incompleta y a ratos, unos pocos. Porque, indudablemente, el Reino de Dios aún no se muestra victorioso, el Señor no es Rey para la humanidad que hoy en su conjunto lo rechaza.

En su segunda carta, el apóstol San Pedro revela que el día del Señor, el llamado día de *la ira de Dios*, vendrá de improviso, irrumpirá y pasarán los cielos y la tierra con gran destrucción, y sugiere que, en la gran purificación del fuego, el cataclismo universal con el fuego en los cielos y en la tierra, no termina todo. Porque dice el Príncipe de los Apóstoles: "Pero, esperamos según (el Señor) nos lo tiene prometido, nuevos cielos y nueva tierra, en los que habite la justicia" (2 Pe 3, 13). ¿Sería esa la "venida intermedia" del Señor, la manifestación suya en gloria, no como lo imaginaban los milenaristas, pero probablemente en el develarse de la Eucaristía? No lo sabemos, no sabemos cómo será, pero sí sabemos que no viene el fin del mundo sino una gran purificación para restaurar y santificar a la humanidad, una recreación en la que debería la gloria oculta en el Santísimo Sacramento hacerse de algún modo manifiesta.

El tiempo litúrgico de Adviento es, o debería ser, sobre todo la espera junto a la esperanza de la venida definitiva de Cristo. Sin embargo, de eso nada se menciona convirtiéndose en simple espera de la Navidad. Es decir, Adviento terminó por estar referido al pasado y no al futuro, y con eso despojada nuestra esperanza y disminuida la fe de un artículo esencial.

El gran Leonardo Castellani[56] se quejaba de que habíamos olvidado la Parusía y <u>perdido la tensión de la espera esjatológica, y que esa era una de las causas principales de la descristianización.</u> El libro de la Revelación, o Apocalipsis, es de profecías que sirven a la virtud de la Esperanza, porque aún cuando se profetizan grandes calamidades, el consuelo viene de la victoria de Cristo con los suyos (Cf. Ap 17, 14), y de su venida en gloria para acabar con todos los males y fundar un cielo nuevo y una nueva tierra (Cf Ap 21, 1). Esa tierra nueva prometida, ese Reino mesiánico, debe aún realizarse. ¿Dónde está el Reino de Dios triunfante en el mundo? Sí, por cierto, en algunos corazones, pero no en el mundo, porque el "mundo entero yace en poder del Maligno" (1Jn 5, 19). No en vano el Señor lo llama "Príncipe de este mundo" (Cf. Jn 12, 31; 14, 30; 16, 11). No es posible negarlo cuando vemos delante de nuestros ojos cómo se desarrolla este combate y cómo ahora parece que el mal está triunfando en todas partes. Digámoslo una vez más: la Santísima Virgen es quien reúne al Ejército de Dios en la tierra, la que llama a sus apóstoles de estos tiempos últimos para entablar la batalla final. Esto surge de todas las últimas apariciones con gran dramaticidad. Esta es la clave del crescendo de las apariciones y de su larga permanencia entre nosotros en modo ostensible. Y también la clave de tantas imágenes, sobre todo de la Virgen, que

---

56 "La esjatología, o sea la noticia de lo último, la recorre toda, desde el último libro hasta el primero, el Génesis; donde está en las bendiciones de Jacob a sus hijos, e incluso en la maldición —y bendición— de Dios a Adán y Eva; pasando por los Salmos (46, 48, 76, 84, 87 y 122) y casi todos los Profetas, por no decir todos. La esjatología preside y termina la prédica de Cristo, resuena en los dos principales apóstoles, Pedro y Pablo, y Juan la hace tema total del último libro de la Escritura. Muchos exegetas dicen que el Apocalipsis es la clave de toda la Escritura; y no es difícil participar de esa opinión". De *El Apocalipsis de San Juan,* R.P. Leonardo Castellani.

lloran para manifestar el dolor de la pérdida de tantas almas, por aquellos que se han dejado marcar con el signo de la Bestia, en la frente y en la mano (en el pensamiento y en las obras del mal).

Los dolores no son agónicos del fin del mundo, sino dolores de parto de algo totalmente nuevo. Finalizará el ciclo adámico y vendrá el tiempo plenamente mesiánico profetizado desde antiguo. Por eso mismo, en un mismo contexto apocalíptico o esjatológico, dijo el Señor: *"Cuando empiecen a suceder estas cosas, cobrad ánimo y levantad la cabeza porque se acerca vuestra liberación"* (Lc 21, 28), y les añadió la parábola de la higuera y sus retoños que cuando brotan es signo de que el verano se acerca. Por ello mismo debemos —como nos exhorta la Santísima Virgen en Medjugorje— saber reconocer los signos de estos tiempos.

Los dos mensajes de Garabandal también como signo

Los signos y prodigios de Garabandal fueron dados como sello de autenticidad de los acontecimientos, y así se prestase atención a los mensajes; curiosamente, con el transcurso del tiempo se invirtieron los términos y vemos ahora que son los mismos mensajes el signo de autenticidad de lo acontecido en Garabandal.

De la secuencia final, Aviso, Milagro y Castigo, las mayores especulaciones fueron volcadas a la fecha del Milagro, y de allí se trató de deducir cuándo sería el Aviso que lo debe preceder. Se explica: en un tiempo como este de gran oscuridad, confusión y escepticismo, inseguridades, peligros inminentes de guerra y acciones terroristas de gran magnitud, cuando todo es fugaz, inconsistente, y cuando hombres de la Iglesia oscurecen su luz y se la niegan el mundo, esperar los signos extraordinarios, correctores de la marcha de la humanidad al abismo de la autodestrucción, es indicio de esperanza y a su vez alimento de la fe.

Muchos son quienes tienen la certidumbre de que solo una intervención divina puede revertir el mal que atenaza a la humanidad, con el peligro inminente de hacerla desaparecer, puesto que no existe solución humana capaz de hacerlo. De todos modos, profecías y signos futuros deberían llevarnos adonde apuntan: los mensajes y no a oscurecerlos. Por ello, es necesario salir de la curiosidad y el afán de adivinar fechas de eventos futuros para conocer en profundidad los dos mensajes y esforzarnos en vivirlos, porque estos son los que sí nos llevan por el camino de salvación.

Mensajes

El primer mensaje fue dado el 18 de octubre de 1961:

"Tenemos que hacer muchos sacrificios, mucha penitencia, visitar al Santísimo, pero antes tenemos que ser muy buenos y si no lo hacemos nos vendrá un castigo. Ya se está llenando la copa y si no cambiamos nos vendrá un castigo muy grande."

"Tenemos que hacer muchos sacrificios, mucha penitencia {...}"
Estas primeras palabras dan idea de la urgencia y la seriedad del mensaje.

Lo primero que llama la atención son los adverbios "muchos, mucha". Ya en Fátima, la Santísima Virgen pedía sacrificios y penitencia. ¿Por qué? Lo explicará luego en el mismo mensaje. La humanidad estaba yendo muy mal, apartándose de Dios. Lo que nosotros no veíamos, el cielo sí lo veía, y venía, en la persona de nuestra Madre, a advertirnos. Era una fuerte llamada de atención para volver a Dios.

Han transcurrido más de cincuenta años de Garabandal y vemos cómo las grietas que separaban el mundo de Dios se han vuelto abismos. Cómo la apostasía se ha convertido en un diluvio que envuelve la tierra y cómo los cristianos están o desapareciendo por enfriamiento de la fe o siendo brutalmente perseguidos y aniquilados.

Sin embargo, la tribulación más grande de la Iglesia no viene de afuera sino de dentro, de la gravedad de los pecados cometidos, donde la apostasía de la fe y los escándalos tienen un efecto devastador sobre la Iglesia de Cristo y socavan sus cimientos. El Santo Padre Benedicto XVI reclamaba penitencia y también lo hacía recordando el tercer secreto de Fátima, tal cual fue revelado. Pedía el Papa purificar la vida. Solo los sacrificios y la penitencia, junto a la oración y sobre todo a la adoración reparadora, han de detener o mitigar las consecuencias de este caminar hacia las tinieblas.

Sacrificio es hacer algo sagrado ofreciéndolo a Dios. Algo que nos pertenece y lo damos a Dios en reconocimiento de su divina majestad, de su gloria y también de su amor. En tal sentido el ayuno, por ejemplo, es un sacrificio en cuanto nos privamos de algo legítimo, como es la comida, para ofrecerlo amorosamente a nuestro Dios. Hay otras muchas maneras de sacrificarse además del ayuno.

La penitencia, en cambio, es la respuesta al mal cometido en reconocimiento de ese mal y como reparación o resarcimiento del mismo. En el Antiguo Testamento leemos cómo hasta reyes vestían de saco y echaban cenizas sobre sus cabezas en signo de penitencia.

Los sacrificios y las penitencias son movimientos contrarios al hedonismo de la sociedad, que solo busca el placer del individuo, y al egoísmo personal, y por eso son rechazados y ridiculizados. Mortificarse para la salvación de la propia alma y de otras almas es un acto de abnegada humildad que se contrapone a los efectos mortales de la búsqueda egoísta del propio placer al precio de quebrantar la ley de amor de Dios.

Esas palabras, *sacrificio* y *penitencia*, son impronunciables en este mundo. Nadie quiere oírlas. Sin embargo, la Santísima Virgen todavía busca hijos que la escuchen y respondan a su llamada. Empecemos por ofrecer, aunque sea pequeños sacrificios, y hacer alguna penitencia y luego ocupémonos de aumentarlos.

"(tenemos que) visitar al Santísimo [...]"
La presencia de Jesucristo en la Santa Eucaristía es presencia real, viva, localizable, plena, total. Es la presencia del Emmanuel eucarístico que cumple su promesa de no abandonarnos, permaneciendo con nosotros hasta el fin del mundo (Cfr. Mt 28, 20).

Visitamos al Santísimo porque reconocemos la presencia verdadera, real de nuestro Señor Jesucristo en este sacramento. La visita al Santísimo es la exposición de nosotros mismos, tal cual somos, ante el Señor expuesto en el Sacramento del altar. Lo visitamos para adorarlo, reconociendo su gloria oculta en su presencia absolutamente verdadera. Lo visitamos, además, para alabarlo, bendecirlo y darle gracias por el infinito don de su cercanía y de su permanencia entre nosotros. Lo visitamos para pedir por las propias necesidades e interceder por las de otros.

Es por la fe que nos acercamos a Quien decidió permanecer tan inimaginablemente cerca de nosotros. Es por la fe que nos ponemos al alcance del Señor —como hizo la hemorroísa— o presentamos a otro para su sanación —como ocurrió con los amigos del paralítico— y Él responde salvando y sanando. Lo visitamos por fin para reparar ante su presencia el mal cometido contra su divinidad y todo lo que es santo.

Visitar al Señor en el signo sacramental del Pan consagrado es dar al mundo testimonio de fe y de amor a Cristo en la Sagrada Eucaristía.

Visitar al Santísimo es responder al Señor abriéndole la puerta de nuestra intimidad y entrando en la suya. *"Mira que estoy a la puerta y llamo, si alguno escucha mi voz y me abre entraré a él y cenaré con él y él conmigo"* (Ap 3, 20). El que adora abre la puerta de su corazón a Dios y lo hace entrar en su vida, y Él le comparte el secreto de su ternura y la verdad de su misericordia.

"Venid a mí vosotros que estáis fatigados y agobiados, Yo os aliviaré" (Mt 11, 28), decía el Santo Padre Juan Pablo II que esas dulces palabras reciben plena confirmación delante del Santísimo Sacramento del altar. Es Jesucristo que nos llama desde su morada eucarística a su presencia que salva, sana y consuela.

Adorar es reposar en el Señor. Quien adora el Pan eucarístico lo hace movido por la gracia de la adoración para alcanzar la vida de la gracia. Quien adora llega a pregustar las delicias del cielo porque adora al Señor de la vida, de la vida en abundancia, de la vida eterna. Adora al Único con el poder de recrear la vida cuando se ha muerto a la gracia.

"… pero antes tenemos que ser muy buenos."
Esta frase es como una prueba de autenticidad del mensaje. La Virgen no ha pedido solo sacrificios, penitencia y visitar el Santísimo, sino que ha agregado algo muy importante: *antes hay que ser muy buenos*. Si hubiera hablado de un camino de conversión muchos no lo habrían entendido. Si hubiera dicho ser santos, muchos se habrían desalentado pensando que la santidad es para pocos; cuando en realidad es para todos, porque todos estamos llamados a colmar la capacidad de santidad que nos fue dada. No dijo nada de eso, sino *"ser muy buenos"*.

Todos entendemos qué quiere decir ser *"muy buenos"*. Todos, en el fuero interno, sabemos cuándo hacemos algo que no está bien, que no es precisamente bueno a los ojos de Dios. Aunque muchas veces lo ocultemos, lo sabemos o lo hemos sabido.

"Ser muy buenos" son palabras de gran alcance. No bastan las penitencias, los sacrificios, los actos de devoción, si antes no hay un corazón que se deje purificar por Dios. No se puede contemplar a Dios con los ojos contaminados por el mundo. No es posible alabar a Dios y hablar con Dios con los mismos labios que profieren improperios, que mienten, que murmuran, que difaman, que calumnian. No se puede escuchar a Dios con el oído que se complace en oír maledicencias, chismes, historias sucias, palabras que ofenden al Señor, que nuestra Madre reprueba y la hace entristecer.

Los ojos deben ser claros, reflejos de un alma límpida y de un corazón puro. Los labios deben bendecir aún a aquellos que nos maldicen. El oído debe estar atento a la Palabra y a la llamada del Rey y Señor nuestro.

Por ello, para *ser muy buenos*, debemos primero reconocer el mal en nosotros y erradicarlo implorando el perdón de Dios, y luego purificar nuestros ojos en la contemplación en adoración del Santísimo. La boca debe bendecir y no maldecir; debe huir de toda difamación y calumnia y de todo juicio temerario. Labios puros son los que alaban a Dios, oran y bendicen. El oído debe escuchar al Señor aún cuando el ruido del mundo quiera cancelar su voz. El corazón debe estar atento a las necesidades de los otros. Aún la vestimenta en su modestia, los gestos, las actitudes deben reflejar la pureza y bondad del corazón.

Entonces seremos *muy buenos* como para responder con prontitud a la llamada de Dios. El corazón será generoso, *humilde y manso* como el Corazón de Cristo, y haremos su voluntad y amaremos como el Señor quiere que se ame.

"... y si no lo hacemos nos vendrá un castigo. Ya se está llenando la copa, y si no cambiamos nos vendrá un castigo muy grande."
Pocas mentes lúcidas y corazones iluminados por la gracia podían advertir la gravedad de la situación en la Iglesia y en el mundo en

aquel inicio de la década de los sesenta, que justo entonces empezaban a agitarse. Las corrientes filosóficas existencialistas y nihilistas junto al avance del marxismo en el plano político y cultural dominaban el panorama. El alejamiento de la luz de la verdad, la renuncia a la trascendencia, la rebelión contra Dios, invadían los espíritus y la mancha negra se iba extendiendo por todo el Occidente.

El modernismo volvía por sus fueros en la corriente neomodernista en el interior de la Iglesia, y el marxismo estaba en pleno auge político y cultural.

Al final de la década escribirá Pablo VI, en la Exhortación Apostólica *Qui que mia manni,* de 1970: *"Muchos fieles se sienten turbados en su fe por un <u>cúmulo de ambigüedades, incertezas y dudas</u> que la tocan en aquello que esta tiene de esencial. Tales son los <u>dogmas trinitario y cristológico, el misterio de la Eucaristía y de la Presencia real, la Iglesia como institución de salvación, el ministerio sacerdotal en medio del pueblo de Dios, el valor de la oración y de los sacramentos, las exigencias morales referidas, por ejemplo, a la indisolubilidad del matrimonio o al respeto de la vida humana"*.

El modernismo —dicho por San Pío X— es el compendio de todas las herejías. Su variante más reciente, el neomodernismo, pone en duda las verdades de la fe y de la moral, corroe la sana doctrina de la Iglesia, profana la liturgia banalizando sobre todo la Eucaristía. Cuando se ataca a la Eucaristía se ataca a la vida espiritual y la misión de la Iglesia, se ataca a la Iglesia en su corazón. Y se la ataca primero en lo litúrgico, con la recepción de la comunión desprovista de todo gesto de reverencia y adoración, con la remoción de comulgatorios, para impedir arrodillarse, y de patenas, y con sagrarios alejados y ocultos. Se la ataca dudando para terminar negando la Presencia real, verdadera, substancial de nuestro Señor en la Eucaristía, y de la presencia eficaz del sacrificio redentor, expiatorio, propiciatorio de la misa. La devastación litúrgica es causante de pérdida de la fe y a su vez, la fe que se va perdiendo influye negativamente en el culto.

Debería llamarnos la atención que, apenas finalizadas las manifestaciones de Garabandal, comenzarán las mayores tropelías y herejías con la excusa de interpretar "el espíritu del Concilio", lo cual se ha agravado hasta llegar a nuestros días. No importa que la interpretación sea falsa y contraria a lo querido por los padres conciliares, porque eso no interesa a los espíritus pragmáticos que desprecian la doctrina, ya que para ellos el dogma no está fijo, sino que evoluciona y, como todo cambia, todo es entonces lícito con tal que concuerden con sus cometidos. La teología que aparece como dominante no está al servicio de la verdad, el espíritu no es el Santo Espíritu sino el del mundo.

Es posible identificar en aquellos años el nacimiento o al menos el recrudecimiento de la actual apostasía. La llamada a cambiar no admite dilaciones. La destrucción está en acto.

Ante la clausura de la Iglesia local de admitir la posibilidad de sobrenaturalidad de los hechos; ante el rechazo al mensaje, la Santísima Virgen —por mediación del arcángel San Miguel— cuatro años después da el siguiente mensaje:

Mensaje del 18 de junio de 1965

"Como no se ha cumplido y no se ha hecho conocer mi mensaje del 18 de octubre, os diré que este es el último. Antes, la Copa se estaba llenando, ahora está rebosando. Los sacerdotes, obispos y cardenales van muchos por el camino de la perdición y con ellos llevan muchas más almas. A la Eucaristía se le da cada vez menos importancia. Debemos evitar la ira de Dios con nuestros esfuerzos. Si le pedís perdón con vuestras almas sinceras, Él os perdonará. Yo, vuestra Madre, por intercesión (sic) del arcángel San Miguel, os quiero decir que estáis en los últimos avisos.
Os quiero mucho y no quiero vuestra condenación. Pedidnos sinceramente y Nosotros os lo daremos. Debéis sacrificaros más. Pensad en la Pasión de Jesús".

"Antes, la Copa se estaba llenando, ahora está rebosando."
Desde el primer mensaje la situación ha empeorado al punto que ha desbordado. Ya no hay esfuerzo humano que detenga el cauce del mal en el mundo, y sobre todo en la Iglesia. En efecto:

"Los sacerdotes, obispos y cardenales van muchos por el camino de la perdición y con ellos llevan muchas más almas {...}"

Esta parte del mensaje fue aún más difícil de aceptar por algunos miembros de la Iglesia, que eran los que debían dar un juicio sobre la autenticidad de los mensajes. ¿Cómo era posible —se decía— que la Santísima Virgen, Madre de la Iglesia, pudiese hablar en esos términos? No se quería ver el fondo de la verdad de lo que estaba ocurriendo. Los escándalos y los gravísimos errores en la doctrina se iban expandiendo y abarcando enteras Iglesias locales.

Por paradoja de la historia, hoy esta parte del mensaje es la que le da mayor credibilidad a las apariciones.

Apenas un par de años después de este mensaje, en Holanda se publicaba el muy herético catecismo, llamado el "catecismo holandés".

Algo después, el papa Pablo VI, en 1968, publica la encíclica *Humanae Vitae*, documento magisterial que es resistido hasta el presente. El Santo Padre no hace otra cosa que continuar con la doctrina católica tradicional en materia de moral sobre el matrimonio. Sin embargo, el mundo de afuera y el que penetró en la Iglesia la rechazan y hacen público tal rechazo.

Como consecuencia del neomodernismo, hace su aparición en la Iglesia el marxismo en gran parte de la teología de la liberación y el psicoanálisis. Desde hace unos años, un muy reputado monje benedictino, autor de libros de autoayuda, sustituye a Cristo por Freud (!!). Y mucho peor aún, desde el más alto nivel se le recomienda como lectura (!!). Muy altos prelados ridícula y trágicamente celebran hoy la Pacha Mama, cultos budistas e hinduistas. Solo falta que los masones hagan sus tenidas en iglesias (aunque quizás esto ya esté ocurriendo). Y todo se hace disfrazado y sazonado de ecumenismo y apertura al mundo. En verdad, hemos llegado a lo inimaginablemente aberrante.

En las famosas meditaciones del Vía Crucis del año 2005, el entonces cardenal Ratzinger advirtió acerca de la descomposición del interior de la Iglesia. En la novena estación dijo: *"¡Cuánta suciedad en la Iglesia y entre los que, por su sacerdocio, deberían estar completamente entregados a él! ¡Cuánta soberbia, cuánta autosuficiencia! {...} (Está presente en su Pasión) la traición de los discípulos, la recepción indigna de su Cuerpo y de su Sangre (comuniones sacrílegas, y también había mencionado las celebraciones eucarísticas indignas), es ciertamente el mayor dolor del Redentor, el que le traspasa el corazón. No nos queda más que gritarle desde lo profundo del alma: Kyrie, eleison. Señor, sálvanos...".*

En la oración, que siguió a la meditación, agregó: *{...} "Nosotros quienes te traicionamos, no obstante, los gestos ampulosos y las palabras altisonantes. Ten piedad de tu Iglesia {...}. Al caer, quedamos en tierra y Satanás se alegra, porque espera que ya nunca podremos levantarnos; espera que tú, siendo arrastrado en la caída de tu Iglesia, quedes abatido para siempre. Pero tú te levantarás. Tú te has reincorporado, has resucitado y puedes levantarnos. Salva y santifica a tu Iglesia. Sálvanos y santifícanos a todos".*

En 2009, Benedicto XVI estableció el Año Sacerdotal para reavivar en los sacerdotes de Cristo el amor por la misión y la fidelidad a los compromisos asumidos, incluyendo la castidad. Tomó como modelo de sacerdote al Santo Cura de Ars, un humilde cura rural en la Francia anticlerical del siglo XIX que supo acoger a los pecadores y llevarlos al perdón en el sacramento de la reconciliación. El modelo de sacerdote, para el Santo Padre, era el hombre de oración, adoración, amante de la Eucaristía, con amor que contagia a la parte del pueblo de Dios que le ha sido confiada y que pasa mucho tiempo en el confesionario.

El papa Benedicto era consciente de que los mayores peligros que debía y debe afrontar la Iglesia no vienen de afuera sino de dentro de esta, y no solo por los escándalos del arribismo, del dinero y del pecado contra el sexto mandamiento, en su forma más perversa y execrable, sino —sobre todo— por el mayor de todos los peligros: la pérdida de la fe. Ya desde hace tiempo que en muchas casas de estudio y de formación, la falsa teología continúa haciendo estragos provocando, en el mejor de los casos, confusión, cuando no abierto escepticismo en jóvenes píos y creyentes. En muchos seminarios se sustituye o subalterna la figura del director espiritual por la del psicólogo. En universidades católicas muchas son las cátedras que sirven a corroer la fe con incertezas. Dicen, ellos, que una fe madura no puede tener certezas, que debe haber siempre espacio para la incertidumbre. Por otra parte, siempre según estos herejes neomodernistas, el dogma no es fijo sino dinámico, y puede, más bien debe, cambiar de acuerdo al momento histórico. Por doquier hay "estudios" de la Biblia que tratan a la Palabra de Dios no como inspirada por el Espíritu Santo sino como un cadáver que hay que diseccionar. Hace poco escuchamos de un superior general de una orden, que no se puede asegurar qué dijo el Señor porque en aquella época no había grabadoras. La Palabra ya no es inmutable, ni siquiera vale para ellos aquello de *"cielo y tierra pasarán, pero mi palabra no pasará"*, afirmado por el Señor sugestivamente en un discurso esjatológico (Cf. Mt 24, 35).

Mientras se exponen meras conjeturas como si fuesen verdades inapelables porque sí, a los dogmas de la fe se los pone solapadamente o incluso abiertamente en duda. Por ejemplo, en esas universidades se cuestiona la verdad histórica de la Resurrección, y hasta se pone en duda la misma divinidad de Jesucristo. El llamado método histórico-crítico es, para esta teología, la única medida de la verdad y evidencia. Nada importa a los pretendidos "científicos" lo que puedan aportar otras disciplinas, y cuando contradicen sus conjeturas elevadas a la categoría de afirmaciones pues simplemente las ignoran.

Y sino, cuando se cae en el ridículo de negar la Palabra porque es clara y no deja lugar a dudas, se la busca relativizar diciendo que hay que "contextualizarla" (sic) o bien —aduciendo motivos pastorales— se pone la Ley de Dios como un ideal no por todos alcanzable (sic) con lo cual se desconoce la acción de la gracia. En eso son coherentes porque para ellos, los neomodernistas, lo sobrenatural, se llame gracia, se llame misterios, se llame milagros o signos, es de descartar de antemano. Lo propio es el naturalismo y el "humanismo" donde el hombre está en el centro, desnudo, sin la vestidura de la gracia y Dios ausente.

"A la Eucaristía se le da cada vez menos importancia."
La Eucaristía es el tesoro de la Iglesia, es el don infinito que el Señor hizo de sí mismo, es su legado, es la respuesta de Dios a la humanidad. La Iglesia nace realmente el Jueves Santo con la Eucaristía y el sacerdocio. Eucaristía y sacerdocio es un binomio inescindible. Es el sacerdocio que el Señor instituye en la noche antes de su Pasión que hará posible la perduración del sacrificio de la Santa Misa y su presencia sacramental, verdadera, en todos los tiempos y extendida a todo el mundo. La Eucaristía hace y nutre a la Iglesia. Sin Eucaristía no hay Iglesia. Toda la vida espiritual de la Iglesia reconoce su fuente y su

culmen en la Eucaristía. Por la Eucaristía, Dios en Cristo santifica al mundo. La Eucaristía celebrada es la cumbre del culto que en el Espíritu Santo los hombres dan a Cristo y por Él, con Él y en Él al Padre.

La Eucaristía es signo sacramental de la Presencia del Señor, de su Sacrificio y Comunión en el Banquete místico. Todas esas dimensiones están íntimamente unidas. La presencia alude a la presencia única, real, verdadera, substancial de la Persona divina de Cristo. En la Santa Misa se re-presenta el único sacrificio del Gólgota, es decir se vuelve a hacer presente: el cuerpo del Señor es entregado en sacrificio por nosotros y su sangre por nosotros derramada, para el perdón de nuestros pecados.

Por la Eucaristía nos unimos íntimamente, en comunión, con Dios y entre nosotros a través de Él.

Con bellísimas palabras, el entonces cardenal Ratzinger iluminaba el misterio diciendo: *"¿Qué sería de nosotros sin la Eucaristía? No habría Iglesia, no habría sacramento, no habría sacerdocio, no habría presencia, esa presencia única de la Persona de Cristo, no habría sacrificio redentor"*.

"{...} El sacerdote abre el cielo para que Cristo venga a la tierra. El sacerdote no obra por sí mismo, sino que se ha revestido de Cristo, y no solo por fuera sino también y sobre todo por dentro. El Señor ha tomado posesión de él y él no se pertenece, por eso el Señor actúa y obra por medio del sacerdote".

"El Señor está presente y pronuncia por boca del sacerdote las palabras santas que transforman cosas terrenas en un misterio divino".

"{...} La misa no es solo un banquete. El sacrificio se hace presente en la misa. Él se hace presente".

"El sacrificio del amor de Dios que rasgó el velo del templo, que partió en dos el muro que separaba a Dios y el mundo, eso es la misa. Este es el acontecimiento de la Eucaristía. Esta es su grandeza.

La redención se hace presente porque el amor crucificado se hace presente.

La lanza del soldado romano penetró en lo hondo del Corazón de Dios. Cristo ha rasgado el cielo en la hora de la cruz y siempre lo vuelve a rasgar en la hora de la santa Eucaristía".

El Señor nos dio la Eucaristía en la última Cena para que fuera celebrada y contemplada. Cabe preguntarnos: ¿qué ha estado ocurriendo desde el momento en que la Santísima Virgen nos dio este mensaje? Lamentablemente, la situación ha empeorado en estos más de cincuenta años. La devastación litúrgica de los setenta que perdura y en algunos casos se agrava —con la pérdida de comulgatorios y reclinatorios para impedir que las personas tengan un gesto de adoración arrodillándose en el momento de la Sagrada Comunión, el arrinconamiento de sagrarios, las calamitosas celebraciones sin reverencia alguna por el sacrificio eucarístico ni por la presencia sacramental del Señor, la comunión de pie y en la mano, la falta de todo gesto de reverencia, la eliminación de la acción de gracias luego de la comunión, el desprecio por el culto de adoración fuera de la misa— han provocado la destrucción de la misma fe. Por ello son muchísimas las personas que comulgan sin las debidas disposiciones, totalmente ignaras de la Presencia real y substancial del Hijo de Dios en la especie consagrada.

La banalización de la Eucaristía, la devastación litúrgica, es la principal razón —como lo advirtiera el papa Benedicto XVI— de la pérdida de la fe en la Iglesia. Incluso cuando era Prefecto para la Doctrina de la Fe había dicho: "En la crisis de la fe que estamos viviendo, el punto neurálgico resulta cada vez más la recta celebración y la recta comprensión de la Eucaristía".[57] Y en modo muy gráfico y cierto decía que sin la Eucaristía, la Iglesia se convierte en un museo.

Ya se lamentaba San Pablo VI en sus días cuando decía que "la Iglesia se ha protestantizado". Porque a la Eucaristía se la degradó a un mero banquete convival, a la manera protestante, negando el carácter sacrificial de la Santa Misa y así confundiendo lo que es —solo para nosotros y los ortodoxos que mantienen la sucesión apostólica y el sacerdocio— con lo que no es, puesto que las cenas protestantes son, estas sí, nada más que memoriales. La celebración eucarística se volvió no en el sacrificio del Hijo que se ofrece al Padre, sino en una cuestión puramente horizontal: un banquete festivo, un asunto entre el que preside la asamblea y la asamblea.

La Eucaristía y el sacerdocio, ambos don y misterio que nos dejó el Señor antes de su Pasión, se reclaman mutuamente. Nacieron juntos e íntimamente unidos permanecen, al punto que no hay sacerdocio

---

57 "Il Dio vicino", Edizioni San Paolo.

sin sacrificio eucarístico que ofrecer, ni Eucaristía sin sacerdocio ministerial que consagre y ofrezca. Por eso, también, a medida que se da menos importancia a la Eucaristía, se degrada el sacerdocio y recíprocamente. Se degrada por la mala práctica, consecuencia de la aludida mala teología y por la contaminación litúrgica que horizontalizó la celebración desplazando el centro, que es y debe ser siempre Dios, hacia el sacerdote y los fieles. Así se ha ido perdiendo toda dimensión de trascendencia, toda reverencia y asombro ante el misterio, llegándose, en muchas partes del mundo, a la anarquía del culto. El sacerdote se volvió protagonista, el sagrario se ocultó, los altares, de pasar a ser la parte más alta, fueron rebajados. Algunos templos parecen más un anfiteatro que una iglesia, y otras son esperpentos productos de febriles fantasías de arquitectos sin fe. Muy tristemente *las cosas sagradas fueron dadas a los perros, y las joyas echadas a los cerdos* (Mt 7, 6).

Por fin, con la excusa de que los términos metafísicos cayeron en desuso y que la gente no los entiende, se pretendió sustituir —siempre por motivos "pastorales" (habría que desconfiar cuando se apela a razones pastorales para promover cambios)— "transubstanciación" (la verdadera transformación del pan y el vino en el cuerpo y sangre del Señor) por "transfinalización" (lo que cambia es el fin, no la substancia, el pan es siempre pan, etc.) o "transignificación" (lo que cambia es el significado, o sea que sigue habiendo pan, pero con un significado distinto), con lo cual la presencia pasaba de ser real a simbólica o espiritual. Al enfrentarse con estos errores, tuvo que intervenir el papa Pablo VI escribiendo la encíclica *Mysterium Fidei*.

En definitiva, se perdió el asombro por el misterio, se perdió la dimensión contemplativa alegando que la Eucaristía fue dada para ser comida y no adorada, cuando la Santa Misa es en sí mismo el acto más sublime de adoración. Tanto el santo papa Juan Pablo II como Benedicto XVI recordaron reiteradamente las palabras de San Agustín: "Nadie come de esa carne (nadie comulga) sin antes adorarla [...] porque si no la adorásemos pecaríamos".

También es de advertir y seriamente acerca del ecumenismo falso. Todo ecumenismo que prescinda de la Eucaristía verdadera, del sacrificio real e incruento de la Santa Misa, de la Presencia real y substancial del Señor en el augusto sacramento, es falso y debemos rechazarlo. Estemos —como nos lo pide el Señor— muy atentos y vigilantes porque se está introduciendo, nuevamente con los sólitos motivos "pastorales" y de "unidad", la llamada *intercomunión*, es decir participación de católicos con protestantes en la celebración y comunión conjunta, y eso es otra trampa para la degradación de la Eucaristía. Si no hay comunión eclesial no puede haber comunión sacramental. Esto se suma al permiso de acceder a la comunión sacramental a quienes son contumaces en situaciones de pecado mortal.

Quienes están por esas reformas son los mismos que se burlan de quienes sostienen, con todo el peso de las Sagradas Escrituras y del Magisterio, que Dios es Justo y temible su justicia. "La ira de Dios", dicen, es un cuento para asustar almas crédulas y temerosas. Se ve lo diabólico de este plan que, por una parte, hace vano el misterio, quitándole a la Eucaristía su dimensión sacrificial y por tanto salvífica, y desconociendo la Presencia real del Señor, al mismo tiempo que degrada el ministerio sacerdotal volviendo la santa misa una mera mesa de comunión fraterna y, en la forma más aberrante, un show, y por el otro lado, por la falsa misericordia atribuida a Dios, se puede tranquilamente continuar pecando y cometiendo todo tipo de sacrilegios y aberraciones. De ese modo se ofende a Dios no rindiéndole el culto con la reverencia y unción debidos y, al mismo tiempo, desacredita la vía del arrepentimiento porque Dios, aseguran, no se puede ofender en razón de su impasibilidad, y porque además es misericordioso. Trágica falacia que conduce a la perdición eterna.

"Debemos evitar la ira de Dios con nuestros esfuerzos".
Esta es la versión original que aparece en la carta de Conchita al párroco de Garabandal por los cicuenta años del comienzo de las apariciones. En la versión apócrifa que por muchas partes circula y de la que también yo me hice eco, se lee: "Debéis evitar la ira de Dios con vuestros esfuerzos". Es de suponer que el cambio del "nosotros" (debemos) al "vosotros" (debéis) fue movido por la intención de poner en claro que la Virgen se dirige a nosotros sus hijos en tono admonitorio,

porque en el "nosotros" original se supone que quien se expresa es la vidente. Pero, ¿es verdaderamente Conchita o es nuestra Madre quien habla en la primera persona del plural?[58]

Porque si la Santísima Virgen se incluye Ella en el "nosotros", la frase cobra otro sentido. En ese caso, sería la Madre que nos dice: "vosotros y yo debemos evitar la ira de Dios y con vuestros esfuerzos de conversión (arrepentimiento, reconciliación con Dios, reparación, penitencia) y los míos de intercesión por vosotros se evitará el castigo o se mitigará". Por poderosa que sea su intercesión, si no ponemos de nuestra parte y la secundamos y obedecemos, ya no se podrá lograr caer bajo la justicia divina. Esta lectura tiene mucho sentido, no difiere de la versión, pretendidamente correctora, en cuanto a la llamada seria de conversión, pero sí en cuanto a la participación de la Madre de Dios. En el original se ve más claramente su maternidad y su ser <u>abogada</u> intercesora y también <u>medianera de gracias</u>. Por eso, a continuación dice:

"Si le pedís perdón con vuestras almas sinceras, Él os perdonará."
Sigue siendo Ella misma quien da el mensaje y que, por una parte, intercede por nosotros, y por la otra nos urge a arrepentirnos y reconciliarnos con Dios. En el fondo nos está diciendo que debemos iniciar o profundizar el camino de conversión. Si verdaderamente arrepentidos acudimos a Dios, Él que es justo y también misericordioso nos perdonará.

No tenemos derecho al perdón de Dios porque Él es misericordioso, sin más. No basta saberlo si no ponemos de nuestra parte. Es nuestro deber implorar el perdón, porque la misericordia se implora y el Señor nos la concede si reconocemos nuestro pecado y nos arrepentimos de él.

"Yo vuestra Madre, por intercesión (sic) del arcángel San Miguel os quiero decir que estáis en los últimos avisos. Os quiero mucho y no quiero vuestra condenación."
El tiempo que queda para que se manifiesten grandes acontecimientos es muy breve, brevísimo. En rigor de verdad, estos acontecimien-

---

58 En el primer mensaje, cuando dice "pero antes tenemos que ser muy buenos" ese (nosotros) "tenemos [...]" obviamente no incluye a la Santísima Virgen. Es la vidente quien habla.

tos ya han comenzado. Basta solo querer ver la apostasía general y por encima de todo la apostasía en la Iglesia, la rebelión de las naciones contra la Ley de Dios, la persecución a los cristianos que no es otra cosa que la guerra contra el Cordero, las tinieblas de la confusión en el seno de la Iglesia, la perversión institucionalizada a los más pequeños (ideología de género), la destrucción de la familia (homogamios, adopción de niños por homosexuales), el aborto que de delito pasa a ser derecho, todo esto y más es la gran oscuridad que se cierne sobre el mundo. Pero el Señor no nos deja solos. Él prometió que estará con nosotros hasta el fin del mundo y que las puertas del infierno no prevalecerán sobre su Iglesia (Cfr. Mt 28, 20 y Mt 16, 18).

Observando el mal que había penetrado en la Iglesia de Cristo, ya Pablo VI advertía que ese mal iría avanzando pero que quedaría siempre un pequeño resto fiel, y que este sería la verdadera Iglesia.[59] Iglesia que parecerá haber desaparecido como nos lo dice el Catecismo, sobre todo en los números 675 y 677. La verdadera Iglesia perseguida deberá ocultarse. Por eso, en este tiempo, el cielo se hace presente a través de estas apariciones marianas para advertirnos y también para consolarnos con la presencia maternal y tan cercana de la Madre de Dios. Este es el tiempo que quiere el Señor que el don inefable e infinito de la Eucaristía sea más conocido, amado, adorado y lo sea en adoración perpetua. La adoración que no termina, la adoración perpetua, es la gracia sobreabundante en momentos en que el pecado todo lo invade, la perversión se impone por leyes y las tinieblas envuelven la tierra.

La Santísima Virgen nos ofrece su protección especial. Recordamos que vino a Garabandal como Nuestra Señora del Carmen. Bajo idéntica advocación se había mostrado en Fátima, el 13 de octubre de 1917, cuando finalizó la serie de apariciones a los tres pastorcitos. Y ya anteriormente, en Lourdes, la última aparición fue un 16 de julio, día de la Virgen del Carmen. Estas no son meras coincidencias sino signos.

En esta antigua advocación, la del Monte Carmelo, la Santísima Virgen ofrece el escapulario[60] como señal de su protección y prenda

---

59 Véase, al comienzo, "La oportunidad de las apariciones marianas".
60 El escapulario de tela, por pequeño que sea, es el que evoca el hábito y por eso mismo el que deberá ser impuesto.

que nos asegura el Paraíso. El escapulario no es un talismán, sino el sello de un pacto de amor, de una consagración a María. Es necesario, hoy más que nunca, que sea impuesto el escapulario carmelita (se impone una sola vez).

Ella vino y viene a protegernos con la condición de que la escuchemos y hagamos lo que nos pide hacer.

Por eso, el escapulario es signo también de nuestra entrega, nuestra consagración a la Madre de Dios. Signo que estamos dispuestos a enmendarnos y cambiar de vida haciendo un camino de conversión cuya meta es el encuentro con Dios.

El escapulario que nos ofrece es acogido en la medida que lo son sus mensajes. Revestirnos de la protección y la guía de la Santísima Virgen y merecer su promesa implica comprometernos a vivir sus mensajes de sacrificio, penitencia y vida sacramental.

"Pedidnos sinceramente y Nosotros os lo daremos. Debéis sacrificaros más. Pensad en la pasión de Jesús."

Palabras estas de gran consolación. El Señor no rechaza un corazón sincero y humillado, un espíritu quebrantado no lo desprecia (Cfr. Sal 51). La Santísima Virgen habla en plural de la primera persona, pero esta vez desde la Trinidad, porque es Ella nuestra Abogada ante el Hijo y Medianera de todas las gracias que vienen de Él.

La contemplación profunda de la Pasión del Señor debe llevarnos a sacrificarnos más, a imitar su amor.

Contemplar, meditar, hacerlo como la Virgen que todo lo guardaba en su corazón (Cfr. Lc 2, 19, 51).

Contemplar es tocar el Corazón traspasado de Jesucristo, es tocar sus llagas con nuestra fe. Cuando nosotros meditamos y nos adentramos en la profundidad del misterio del Dios hecho hombre, muriendo en la cruz, y comenzamos a vislumbrar toda la anchura, la altura y la profundidad de este amor, somos transformados. Lo somos porque el Señor toca nuestras heridas, las que son producto del pecado, propio o de otros, y somos transformados de gracia en gracia.

Al fijar nuestra mirada contemplando al Crucificado conocemos a Dios: "Así es Dios. Este es Dios". Porque *"quien ha visto al Hijo ha visto al Padre"* (Cfr. Jn 14, 9). Y somos sanados. *"Por sus llagas somos sanados"* (Is 53, 5). Cristo nos muestra sus llagas gloriosas que nos hablan de su amor y nos enseña qué significa amar.

En la Eucaristía celebrada, en cuanto memorial de la Pasión del Señor, cuando participamos del sacrificio del altar conscientes del misterio que se celebra, recordando el precio de nuestra salvación y el amor infinito de Dios por cada uno de nosotros, recibimos los frutos de su Redención. Eucaristía es presencia del sacrificio y Presencia real, verdadera, total, única de Cristo que nos consuela, nos sana, nos llena de su paz y nos da la misma vida eterna en cada comunión sacramental. "El que come mi carne y bebe mi sangre tiene vida eterna y yo lo resucitaré el último día" (Jn 6, 54).

Meditando la Pasión del Señor recibimos la luz para reconocer nuestros pecados y encontrarnos en la confesión con el perdón del Señor en el sacramento de la reconciliación. Con el perdón que nos libera y nos vuelve capaces de recibir las gracias. Meditando su Pasión comprendemos el valor infinito del sacrificio de Cristo y la plena unión con el de su Madre Santísima en la cruz, y por qué Ella es verdadera Madre nuestra, que busca nuestra salvación llevándonos a su Hijo. Por medio de la meditación recibimos la fuerza para llevar Cristo, el único Salvador, al mundo y para resistir los ataques y persecuciones a los que seremos expuestos.

Como decía aquel gran pastor, adorador y predicador que fue monseñor Fulton Sheen: *"Tendrás que combatir muchas batallas, pero no te preocupes porque al final ganarás la guerra ante el Santísimo Sacramento".*

Nuestra Señora de Akita

En el entramado de apariciones marianas encontramos a **Akita** en Japón, aprobada por la Iglesia,[61] que **se vincula tanto a Fátima** como

---

61 El Domingo de la Pascua de Resurrección de 1984, monseñor Juan Shojiro Ito, obispo de Nigata, emitió una carta pastoral declarando que los acontecimientos de Akita eran sobrenaturales, y que los mensajes allí recibidos en nada se oponían a la fe cristiana y a la moral. Posteriormente Akita fue también aprobada por Roma. En su carta pastoral, monseñor Ito citó el caso de Teresa

también a otras dos apariciones, una aprobada, la de Nuestra Señora de Todos los Pueblos de **Ámsterdam**, y la de **Garabandal.**

El catolicismo en Japón

Japón es un país en el que el catolicismo ha penetrado escasamente. Los católicos nativos son medio millón de personas, o sea menos del 0.5% de la población. Si se cuentan los extranjeros, muchos de ellos de Filipinas, la cifra se duplica y llega al 1%.

Algunos años después de la llegada de los portugueses a Japón, en 1543, llegaron los jesuitas y después de ellos los franciscanos y los dominicos de España. San Francisco Javier llega a Japón el 15 de agosto de 1549 junto con dos compañeros y un intérprete. Es cuando comienza el llamado siglo cristiano del Japón, que llega hasta 1640. La misión resulta muy ardua. El santo jesuita trata de ver al emperador, pero no lo consigue. De todos modos, llega a crear una pequeña comunidad donde muchos de los convertidos son samuráis. Desde el comienzo tiene en contra a los bonzos, el clero budista. Su misión en Japón termina tres años más tarde, dejando la evangelización a cargo de sus otros dos compañeros jesuitas. Ellos, conociendo la estructura cerradamente jerárquica de la sociedad nipona, tratan de convertir a la clase alta consiguiendo bautizar a algunos de sus miembros. Treinta años después de la llegada de San Francisco Javier aparece otro jesuita, el italiano Alessandro Valignano que logra fundar dos seminarios en los que se enseña en latín y en japonés e insiste sobre la inculturación y, por ello, que los jesuitas adopten las costumbres japonesas. Hacia fines del siglo XVI se estima que había 300.000 católicos en Japón.

Para esa época también, finales de siglo, comienzan las persecuciones con un edicto a instancias de un bonzo. En 1597 es el martirio de Pablo Miki y compañeros, la mayoría jesuitas, veintiséis en total, quienes fueron crucificados en lo alto de una colina de Nagasaki y

---

Chun, una coreana que quedó en estado vegetativo debido a un tumor en el cerebro y fue curada milagrosamente durante una aparición de la Santísima Virgen en Akita. Otra curación milagrosa fue la de la misma sor Inés, que fue sanada de su sordera. La Santísima Virgen María había anticipado la curación de la monja durante la Bendición del Santísimo Sacramento.

luego atravesados por espadas parecidas a las lanzas. En las actas del martirio figuran las últimas palabras de Pablo Miki: *"Soy japonés y hermano jesuita y no he cometido ningún crimen, pero muero tan solo por haber predicado la religión de Jesucristo, Nuestro Señor. Siento gran regocijo de morir por esta causa. Para mí es una gran bendición. Puedo garantizar y afirmar que el único modo de salvación es a través del camino cristiano".*

En el siglo siguiente, el XVII, unos 5.500 cristianos mueren mártires, entre ellos los del gran martirio de Nagasaki.

Ante la recia persecución, los kakure kirishitan (cristiano oculto) constituyen un capítulo aparte. Eran japoneses que pasaban a la clandestinidad. A partir de dos campesinos amigos y cristianos se erigió una organización secreta que, ante la falta de sacerdotes que habían sido exterminados u obligados a irse, había un *mizukata*, que se dedicaba a bautizar a los niños, un *chokata* que mantenía el calendario litúrgico, y uno que era el jefe de la comunidad y que heredaba el hijo mayor de la familia. Lógicamente todos eran laicos. La veneración a la Virgen y a los santos era en los hogares y todo siempre en el mayor secreto. Las figuras tenían similitudes con las budistas, los cantos y plegarias parecidos a los budistas manteniendo palabras en latín, español y portugués. La Biblia se la pasaban oralmente. Simpático y emblemático de esa situación de clandestinidad es que a la Virgen María se la conocía como *nandogami*, o madre de la alacena, porque la imagen la colocaban en las alacenas de las casas. Impresionante cómo durante dos siglos mantuvieron estos cristianos japoneses la tradición. Dos hechos lo demuestran: un musicólogo japonés, Tatsuo Minagawa, investigó en archivos europeos y encontró muchas obras religiosas que aún cantan los kakure. En 1865, el sacerdote francés Bernard Petitjean erige un templo parroquial para extranjeros en las afueras de Nagasaki. Doscientos años antes los sacerdotes europeos les habían dado instrucciones a los japoneses, lo que sería señal que los que viniesen fueran sacerdotes católicos. Les decían que "la Iglesia retornará en Japón y lo sabrán por estos tres signos: los sacerdotes serán célibes, habrá una estatua de María y ellos obedecerán al Papasama en Roma". Pues, el padre Petitjean se encuentra, el 17 de marzo de 1865, con quince japoneses en la puerta de la parroquia. Se los veía asustados. Uno de ellos se presenta como catequista y le pregunta al sacerdote si era obediente al "gran jefe del Reino de Roma" y "si no tenía hijos". Ante las respuestas afirmativas del padre Petitjean, el hombre le dice que "en casa todos son como nosotros. Todos tienen nuestro mismo corazón". Visitó la villa que era toda secretamente católica y se enteró que de allí se habían allegado a la iglesia para ver si había una estatua de la Virgen María. Sin embargo, la libertad religiosa no llegó hasta 1889. En 1918 un católico, Hara Takashifue, es designado Primer Ministro de la nación y en 2008 fue elegido para el mismo cargo otro católico: Taro Aso.

La mayoría de los católicos viven en Nagasaki y alrededores. En la década de 1920 llega el padre Maximilian Kolbe, un gran evangelizador.

Actualmente, como en los países occidentales, el catolicismo en Japón también es víctima del proceso de secularización.

Akita. Hechos y mensajes

La pequeña localidad de Akita, diócesis de Niigata, se encuentra en el noroeste de Japón, a unos doscientos kilómetros al norte de Tokio. En el siglo XVII, también Akita tuvo sus mártires de la verdadera fe. Fue el 3 de junio de 1624, cuando durante una feroz persecución desatada contra los católicos, Masakage, hijo del señor feudal de la región, manda quemar vivos a treinta y dos cristianos.

Hoy, en la ciudad, hay un convento: el de las Siervas de la Sagrada Eucaristía, y en él una religiosa a quien se le manifestó la Santísima Virgen. Es la hermana Inés Katsuko Sasagawa. Nació en 1931.

Cuando comienzan los hechos de Akita la religiosa tiene algo más de cuarenta años. Desde muy chica, como efecto de una mala práctica en una operación de apendicitis, sufre enfermedades y tiene que someterse y soportar muchas operaciones e internaciones. Durante una década está paralítica. Cuando tiene veinticinco años, bebiendo agua de Lourdes sana de una de esas enfermedades. Se convierte al catolicismo e ingresa más tarde en la vida religiosa.

El 16 de mayo de 1973 pierde de improviso la audición y se le diagnostica sordera incurable.

Es en ese mismo año, **1973,** que sor Inés Sasagawa a pesar de la sordera escuchará la voz de la Santísima Madre. Sin embargo, <u>como había ocurrido en Fátima</u> y también en <u>Garabandal</u>, así también en Akita, <u>antes hubo una visita angélica que preparó la manifestación de la Virgen</u>.

Fue en <u>1969,</u> cuando aún novicia, mientras estaba en oración, se le aparece un ángel y le enseña la jaculatoria de Fátima para que la recite al final de cada decena del rosario: *"Oh Jesús mío, perdona nuestros pecados; sálvanos del fuego del infierno; guía a todas las almas al cielo, especialmente a aquellas más necesitadas"*. Oración esta totalmente desconocida en Japón.

El **12 de junio de 1973,** a las 8.30 de la mañana, entrando en la capilla conventual <u>para adorar al Santísimo</u> percibe una luz misteriosa que sale del sagrario. Escribe en su diario: *"De pronto una luz deslumbrante salió del Santísimo Sacramento. Como en una ocasión anterior, algo como niebla o humo empezó a juntarse alrededor del altar y de los rayos de luz. Entonces apareció una multitud de seres semejantes a ángeles que rodearon el altar en adoración a la Sagrada Hostia. El resplandor de la Hostia era tal que no podía mirarla directamente. Cerrando los ojos me postré instintivamente {...}"*. Un dato importante: junto al sagrario de la capilla hay una estatua de madera de la Santísima Virgen.[62]

La luz misteriosa que se irradia desde el sagrario se repite por dos días consecutivos y cada vez la hermana experimenta, además de asombro, paz y serenidad.

El día <u>28 de junio</u> aparece <u>sobre la palma de la mano izquierda de la hermana una herida cruciforme</u> y el <u>dolor que le produce es intenso</u>. <u>El 5 de julio comienza a manar sangre de la herida</u>.

En días posteriores, la estatua transpira y exhala perfume de lirios y rosas.

El 6 de julio <u>de 1973</u>, en medio de la noche —a las tres— se le aparece su ángel de la guarda[63] y le dice:

---

62 La estatua, de una sola pieza, fue esculpida a fines de la década de los sesenta por el artista japonés Saburo Wakasa, budista de religión, tomando como modelo una estampa de Nuestra Señora de Todos los Pueblos, de Ámsterdam, y añadiéndole rasgos orientales.

63 Episodio parecido al de Rue du Bac, el ángel custodio que despierta a la novicia sor Catalina Labouré.

"No temas. Soy el que está a tu lado y te guarda. Ven y sígueme. No reces únicamente por tus pecados, sino en reparación por los pecados de la humanidad. El mundo hoy hiere al Sacratísimo Corazón de nuestro Jesús con sus ingratitudes y sus ultrajes, la herida de María es más profunda que la tuya [...]".

El ángel la lleva a la capilla y desaparece. **Sor Inés se arrodilla frente al sagrario y permanece en profunda adoración.** Luego, ve transformarse la estatua de la Santísima Virgen (que representa a la imagen de Nuestra Señora de Todos los Pueblos) que está en la misma capilla, volviéndose viva y luminosa. Y escucha[64] una dulce voz que le dice:

"Hija mía, mi novicia, has sido muy obediente al desprenderte de todo. La enfermedad de tus oídos, ¿te hace sufrir mucho? Ten por cierto que sanarás de la sordera. Sé paciente. Esta es la última prueba. La herida en la mano, ¿te hace sufrir?[65] *{...} Ora en reparación por los pecados de los hombres {...} Cada miembro de esta comunidad es mi hija irreemplazable. ¿Recitas bien la oración de las Siervas de la Eucaristía? Recitémosla juntas {...}".*

"Ora mucho por el Papa, por los obispos y los sacerdotes. Continúa orando por ellos mucho, mucho. Relata a tu superior todo lo que te he dicho hoy, y obedécele en todo lo que te diga".

Por la mañana del día siguiente, **7 de julio**, las religiosas ven que **de la mano derecha de la estatua efunde sangre.** La herida es similar a la de sor Inés y el fenómeno permanece hasta el 29 de setiembre.

El **25 de julio**, el obispo de Niigata, **monseñor Juan Shojiro Ito,** se llega hasta el convento para verificar el sangrado de la estatua. El viernes 27 desaparece por completo la llaga de la mano de la hermana.

El obispo celebra una misa y la hermana recibe del ángel estas palabras: *"Tus dolores terminarán hoy. Atesora con mucho celo el recuerdo de la sangre de María*[66] y grábalo en tu corazón. *La herida de María*[67] *tiene un significado muy importante: ha sido hecha para obtener vuestra conversión,*

---

64 Escucha en forma misteriosa porque en aquel tiempo estaba sorda.
65 A sor Inés le había aparecido una herida en la mano.
66 La estatua había sangrado. En esto hay una conexión con la lacrimación de sangre de Civitavecchia.
67 El 6 de julio de 1973 había aparecido una herida en forma de cruz en la mano derecha de la estatua de la Virgen y comienza a sangrar.

para implorar la paz, para reparar las ingratitudes, ofensas, ultrajes e inju-rias que Dios recibe. Pide tú por conversión, paz y repara por los ultrajes que los hombres cometen contra Dios. Tened en gran estima la devoción a la pre-ciosísima Sangre de Cristo".

El **3 de agosto** de 1973, la religiosa recibe el segundo mensaje de la Virgen: *"¿Hija mía, mi novicia, amas tú al Señor? Si tú amas al Señor, escúchame bien {...}. Es muy importante que comuniques esto a tu superior: son muchos los hombres en el mundo que afligen al Señor. Yo deseo que haya almas que lo consuelen, para aplacar la ira del Padre de los cielos. Junto con mi Hijo, deseo almas que hagan reparación a través de sus sufrimientos y de su pobreza, por los pecadores y los ingratos {...}.* **Con mi Hijo he intervenido en muchas ocasiones, para aplacar la ira del Padre**, *para que no inflija el gran castigo sobre la humanidad. He prevenido calamidades* **ofre-ciéndole los sufrimientos del Hijo en la cruz, su preciosísima San-gre, e hijos amados que conforman un séquito de almas víctimas. Oración, penitencia, sacrificios** *pueden aplacar la ira del Padre. Esto también deseo de tu comunidad {...} que ame la pobreza, que se santifique y ore en reparación por la ingratitud y ultrajes de tantos hombres. Recita la oración de las "Siervas de la Eucaristía" siendo consciente de su significado; ponlo en práctica; ofrece reparación por los pecados.* Que **cada uno se esfuer-ce en ofrecerse completamente al Señor; según su capacidad y posi-ción.**

Aun en un instituto secular es necesaria la oración. Almas que desean orar están ya en camino de la unidad.

Sin prestar tanta atención a la forma, sé fiel y sé ferviente en la oración *para consolar al Señor".*

Luego, le dice la Virgen a Inés, que en esos momentos era novicia y a punto de profesar sus votos: *"¿Es verdad lo que sientes en tu corazón? ¿Estás realmente decidida a ser una piedra rechazada? Mi novicia, tú que deseas pertenecer sin reservas al Señor {...} haz tus votos sabiendo que estarás clavada en la cruz, sujeta de tres clavos. Ellos son la pobreza, la castidad y la obediencia. De los tres, es* **la obediencia el fundamento.** *En total aban-dono déjate guiar por tu superior. Él sabrá entenderte y dirigirte".*

El **29 de setiembre**, cuando desaparece la herida de la mano de la imagen, en la misma noche, durante el oficio de la comunidad, a la estatua se la ve envuelta en una luz brillante y <u>todo el cuerpo queda cubierto por una transpiración</u>. El ángel le dice a sor Inés: *"María está aún más triste que cuando derramó sangre. Enjugad el sudor".*

Las hermanas recogen la exudación en algodones que, durante quince *días, exhalan delicado perfume.*

El **13 de octubre de 1973** (en el aniversario de la última aparición de Fátima, día en que se produjo el Milagro del Sol), la Virgen le da el tercer mensaje a Sor Inés: *"Como ya te he anunciado: <u>si los hombres no se arrepienten y se convierten, el Padre enviará un terrible castigo a la humanidad.</u> Será un castigo <u>mayor que el Diluvio,</u> algo nunca antes visto. <u>Caerá fuego del cielo y aniquilará a una gran parte de la humanidad,</u> tanto a buenos como a malos, ni sacerdotes ni fieles se librarán. Los sobrevivientes estarán tan desolados que envidiarán a los muertos. <u>Las únicas armas que quedarán serán</u> **el rosario y el signo dejado por mi Hijo.** <u>Reza el rosario todos los días.</u> Con el rosario <u>pide por el papa, los obispos y sacerdotes.</u>*

La obra del **demonio se infiltrará hasta dentro de la Iglesia,** *de tal modo que se verá a* **cardenales contra cardenales, obispos contra obispos.** <u>Los sacerdotes que me veneren serán menospreciados y atacados por sus hermanos</u> *{...}* **iglesias y altares serán saqueados. La Iglesia estará llena de aquellos que acepten compromisos** <u>(con el mundo n.d.a.)</u> *y el* <u>demonio logrará que muchos sacerdotes y consagrados abandonen el servicio al Señor.</u> *El demonio será, sobre todo, implacable contra las almas consagradas a Dios.* **Pensar en la pérdida de tantas almas es el motivo de mi tristeza.** <u>Si los pecados aumentan en número y gravedad, no habrá más perdón para ellos.</u> *Con valor, transmite este mensaje a tu superior".*

"¿Quién es mi superior?", pregunta la novicia Inés a la Santísima Virgen. El ángel se interpone para reprenderla por la pregunta. La religiosa se explica: *"Es que además del obispo, tengo tres superiores y por eso creí importante aclararlo".* Responde dulcemente la Virgen: *"Es el obispo Ito, quien dirige vuestra comunidad".* Y añade en tono muy familiar: *"¿Deseas preguntarme algo más?* <u>Hoy es la última vez que te hablo de viva voz.</u> *De ahora en adelante obedecerás a aquel que te envíe y a tu superior".*

"Reza mucho el rosario. Solamente yo puedo aún salvarles de las calamidades que se acercan. Aquellos que ponen su confianza en mí serán salvados".

El día **13 de octubre de 1974**, <u>mientras saluda al Santísimo Sacramento</u>, sor Inés es <u>instantáneamente sanada</u> de su sordera. Esta recuperación del oído le dura seis meses, luego vuelve a estar sorda. Dios le pide que haga el ofrecimiento de ese sacrificio.

<u>Desde el</u> **4 de enero de 1975** <u>hasta el</u> **15 de setiembre de 1981** la estatua lagrima un total de **101** veces. Entre los numerosos testigos presentes se encuentran el obispo monseñor Juan lto y el alcalde budista de Akita.

Providencialmente, cuando la televisión japonesa estaba realizando un servicio sobre los eventos del convento de Akita, la estatua comenzó a lagrimar y así, al menos veinte millones de japoneses pudieron ver la lacrimación de la Virgen de Akita en la pantalla de televisión, y durante varios días más la televisión mandó en onda las imágenes, con lo cual muchos más espectadores pudieron verla.

Monseñor lto hace analizar la sangre y las lágrimas, por una reputada universidad de Japón, verificándose que <u>la sangre es humana, del grupo AB, y que también las lágrimas son del mismo origen humano y están mezcladas con sudor</u>. Además, nombra una comisión de teólogos y científicos para investigar la verdad acerca de los hechos de Akita. Por su parte, los médicos reconocen la salud mental y el equilibrio psíquico de Sor Inés.

En 1981, el cielo da una potente señal acerca de la autenticidad de los acontecimientos de Akita, donde —hay que también recordarlo— <u>se adora al Santísimo Sacramento</u> por parte de las Siervas de la Eucaristía y se <u>venera una imagen de María como Corredentora, Medianera y Abogada</u>, la de la estatua milagrosa. En ese año, la señora Chun, de Corea, enferma de un cáncer en el cerebro en fase terminal, mientras reza frente a la estatua de la Virgen de Akita, es sanada total e inmediatamente. <u>La curación instantánea, no explicable naturalmente, es confirmada</u> por el Dr Tong-Woo-Kim del Hospital de Seúl.

El **8 de setiembre de 1981**, día en que la Iglesia conmemora el nacimiento de María, la Santísima Virgen explica a la vidente el porqué de las 101 lacrimaciones: *"Así como el pecado vino al mundo a través de una mujer; del mismo modo es a través de una mujer que la*

Salvación ha venido al mundo. El "0" entre los dos "1" significa: <u>Dios es Eterno</u>. El primer 1 representa a Eva, el último me representa a mí".

Por la carne, nosotros —hijos de Eva— somos hijos del pecado; por María somos hijos de la gracia. **María es nuestra Madre de gracia y santidad.**

A su vez, las lágrimas y la sangre están vinculadas estrechamente con el sufrimiento de sor Inés y el pecado del mundo. Las palabras del 6 de julio de 1973, que había oído del ángel, eran: *"Reza para reparar por los pecados del mundo {...}".*

En **1982** <u>sor Inés sana definitivamente y para siempre de la sordera que era incurable y absoluta,</u> y es por un milagro de la Eucaristía. Aconteció el último domingo del mes de mayo de 1982, día de <u>Pentecostés</u>, <u>durante la bendición con el Santísimo Sacramento.</u>

En tanto, el obispo monseñor Juan Shojiro Ito, que sigue muy de cerca todas las manifestaciones y mensajes, después de un minucioso estudio, se convierte así en defensor de Akita, al punto de enfrentarse a la oposición de los otros obispos japoneses y a las reticencias de Roma.

Finalmente, antes de retirarse por haber alcanzado el límite de edad —después de largas investigaciones y prolongadas consultas con la Santa Sede— **monseñor Juan Shojiro Ito,** obispo de Niigata, formalmente declara en su carta pastoral del **22 de abril de 1984**: **"Estos hechos,** comprobados después de once años de estudios, los **declaro innegables {...}"** afirmando que **"el mensaje de Akita es la continuación del mensaje de Fátima. {...} En consecuencia, autorizo la veneración de Nuestra Señora de Akita".**

En junio de 1988, el Prefecto de la Congregación para la Doctrina de la Fe, **cardenal Joseph Ratzinger, emite un juicio definitivo sobre los hechos de Akita y sus mensajes como confiables y dignos de ser creídos.**

Reflexiones finales

Sor Inés recibe los mensajes por locuciones internas y las apariciones son de su ángel custodio y visión de otros ángeles. De la Virgen ve animarse su imagen, la misma de Nuestra Señora de Todos los Pueblos, pero en su talla en madera.

Akita es otra muy seria llamada universal al urgente arrepentimiento y a la conversión. En continuación con Garabandal, la Madre de Dios nos está diciendo que estamos ya en los últimos avisos.

Las manifestaciones se dan en un contexto eucarístico: la gloria oculta de Dios en el Santísimo Sacramento que se hace manifiesta con la multitud de ángeles adorando la luminosa Sagrada Forma; el gesto espontáneo de postración en adoración de la vidente que, además, pertenece a las siervas de la Sagrada Eucaristía; sus curaciones y la definitiva al recibir la bendición del Santísimo; la oración de las siervas a la que la Santísima da extrema importancia.

Particularmente dramático es el último mensaje que coincide en la fecha con el aniversario del milagro del sol y también último mensaje público dado en Portugal. Aquellas, las del mensaje del 13 de octubre de 1973, son palabras tremendas dichas con mucho dolor por nuestra Madre: *"la pérdida de muchas almas es la causa de mi dolor"*, *"Si los pecados continúan cometiéndose y desbordando la medida actual, aún el perdón de los pecados acabará por desaparecer"*.

¿Quién se atrevería a negar que el demonio se ha infiltrado en la Iglesia? La prueba no es solo la red de perversión sexual que se está destapando, ni los negocios infames de algunos, sino también la falsificación de la doctrina y de la moral. La famosa frase dicha por Pablo VI, que por alguna grieta de la Iglesia ha entrado "el humo de Satanás", se ha vuelto patética realidad. Más que el humo se ha infiltrado el mismo demonio, y somos testigos de la profecía dada más de cuarenta y cinco años atrás en Akita: *"cardenales contra cardenales"*, *"obispos contra obispos"* y de la persecución a los sacerdotes en medio de una gran confusión, así como también de los constantes sacrilegios cometidos en las iglesias de todo el mundo. También, desde la época de los mensajes hemos visto cómo sangra la Iglesia por el abandono del sacerdocio y de la vida consagrada, por el enfriamiento en la vocación y la pérdida de la oración en todas partes, causados por la acción demoníaca y siempre secundada por los hombres. Secundada por el demonio, tienta, seduce, confunde, pero quien consiente es el hombre. Es cierto que la acción demoníaca viene siendo muy potente (y de eso también nos advierte la Madre de Dios) pero, por ello mismo, más debemos resistir y combatir con la oración y las mortificaciones.

Tremendamente triste y actual, lo vemos ahora, es la advertencia que nos hace María Santísima de que en la Iglesia son muchos los que entran en compromiso, o sea que prefieren quedar bien con el mundo enemigo de Cristo que ser fieles a Dios, y por eso apostatan de la verdad, traicionan a Cristo, abandonan al rebaño.

Entre todas las cosas terribles nos dice algo consolador: Ella, la Santísima Virgen, tiene el poder, dado por Dios, de salvarnos si confiamos en Ella y hacemos lo que nos pide. Y nos pide rezar mucho el rosario, hacer penitencias y sacrificios e ir al signo de su Hijo. Ese signo lo entendemos como el signo sacramental de su presencia: la Eucaristía. No en vano el ámbito de la revelación es en torno al Santísimo Sacramento. Sin embargo, admitimos que podría alternativamente interpretarse el signo o señal como la cruz, cuando y donde no pueda haber acceso a la Eucaristía. Quizás este sea el motivo por el cual no explicita de qué signo o señal se trata. Si se tratase del crucifijo habría otro punto de contacto con Garabandal, ya que al final del segundo mensaje dado a las niñas, pide la Virgen que meditemos más la Pasión de Jesús.

Además, siempre en el ámbito de las manifestaciones, está la Virgen en su advocación de Corredentora, Medianera y Abogada porque la estatua es la de la imagen de Ámsterdam. La Virgen Santísima, en todas partes y allí también, nos pide el rezo del rosario, hacer penitencia, poner la cruz en el centro de nuestras vidas, ofrecer sacrificios. Y, sobre todo, en Akita como en Medjugorje, es insistente la llamada a la oración: orar para reparar, orar para interceder, orar, orar, orar. La Santísima Virgen busca almas que oren y que ofrezcan sus sufrimientos, hijos que hagan penitencia, sacrificios para aplacar la justa ira de Dios.

Akita ofrece señales proféticas como los estigmas en las manos de la Virgen y de la religiosa japonesa. En el caso de la Virgen es en la estatua, y aunque la sangre es realmente humana, el sangrado es de orden místico, indicando el íntimo y profundo dolor de la Madre de Dios, como dice Ella misma, por tantas almas de consagrados y también de otros hijos que se pierden. La sangre es sangre de corredención, es la sangre de Cristo de cuyo sacrificio participa la Madre. La Virgen sangra de la mano derecha, mientras que sor Inés de la izquierda. Ese hecho, evidentemente no casual, nos da la idea de complementariedad y al mismo tiempo de la participación de la religiosa en la corredención, que reclama a las palabras del apóstol cuando escribe: *"completo en mi carne lo que falta a los padecimientos de Cristo"* (Cf. Col 1, 24). Entendiéndose no que el sacrificio del Señor haya sido insuficiente para nuestra redención, sino que el mismo Dios ha querido que nosotros nos asociemos a la Pasión del Hijo con nuestros sufrimientos a Él ofrecidos, y así cooperemos en la redención de los demás, nos volvamos co-redentores. Porque, así como el pecado de Adán nos volvió pecadores a todos los hombres, de igual modo la salvación obrada por Cristo —en el ejercicio de nuestra libertad— nos puede volver salvadores con Él y por Él.

El llanto de la estatua de la Virgen en Akita, como lo fue en la década de los cincuenta el cuadro en Siracusa y lo será en Civitavecchia en la pequeña representación de la estatua de Medjugorje —en este último caso lágrimas de sangre— es el llanto de la Madre sobre el mundo, como lo fue el del Señor sobre Jerusalén. Lágrimas de amor, lágrimas de dolor por el rechazo y las dolorosas y terribles consecuencias que sobrevendrán.

El obispo menciona específicamente a Fátima y, según él mismo relató, en conversación privada el cardenal Ratzinger le dijo que el mensaje es esencialmente el mismo que el de Fátima.

En definitiva, la Santísima Virgen se desplaza, por así decirlo, en el tiempo y en el espacio, de Fátima a Akita, para volver a pedir insistentemente el rezo del rosario todos los días, aceptar de Dios los sufrimientos que puedan llegar y ofrecer las penas de cada día en reparación por los muchos pecados cometidos.

Implícitamente, por el lugar que tiene la Eucaristía en estas manifestaciones y su conexión con Fátima, debe tomarse como muy relevante la reparación ante el Santísimo Sacramento.

Nuestra respuesta debe ser de confianza en la Madre del cielo; de adoración al Señor en el Santísimo Sacramento en reparación por los pecados, ultrajes, sacrilegios e ingratitudes que se cometen; de participación con devoción y reverencia a las misas; junto a hacer lo demás que también nos pide.

Por la importancia dada por la Madre de Dios a esta oración, aquí se transcribe:

Oración de las siervas de la Eucaristía

"Sacratísimo Corazón de Jesús, verdaderamente presente en la Sagrada Eucaristía, yo consagro mi cuerpo y mi alma para ser enteramente una con tu Corazón, que es sacrificado en todo momento en todos los altares de la tierra y que alaba al Padre, rogando por la venida de su Reino. Por favor, recíbeme como humilde ofrenda. Haz de mí como Tú quieras para la Gloria del Padre y la salvación de las almas. Santísima Madre de Dios, nunca dejes que me separe de tu Divino Hijo. Utilízame como tú desees para la gloria del Padre y la salvación de las almas. Bienaventurada Madre de Dios, no permitas nunca que me separe de tu Divino Hijo. Por favor, defiéndeme y protégeme como hija tuya. Amén".

Kibeho

Como en otras apariciones ya tratadas en este libro, es importante enmarcar estas manifestaciones, que serán las primeras en África en ser aprobadas, deteniéndonos en los antecedentes y circunstancias en las que se dieron.

Kibeho está en **Ruanda,** y este país se encuentra en el corazón de África. Por la particularidad de su terreno se le conoce como el país de "las mil colinas". Hoy Ruanda debería haber tenido unos ocho millones de habitantes. El tiempo subjuntivo es de rigor, porque, desgraciadamente, un millón fueron los muertos en el genocidio de los años 1994 y 1995, y enorme el número de exiliados, como consecuencia de la guerra étnica, que emigraron a países limítrofes como Congo, Uganda y Tanzania. La mayoría de sus habitantes son jóvenes y están distribuidos por un territorio de unos 30.000 quilómetros cuadrados, es decir, del tamaño de Guinea Ecuatorial o de Bélgica.

Al comienzo de su historia, Ruanda estaba habitada por los **hutu**, que se dedicaban a la agricultura. Luego llegaron los **tutsi**, pastores y guerreros. Los tutsi no tardaron en dominar e imponer una monarquía que gobernó hasta el siglo XIX. Hacia fines de ese siglo, las potencias europeas se repartieron el continente africano, y en **1885** Ruanda pasó a dominio alemán. Cuando Alemania fue derrotada en la Primera Guerra Mundial pasó, en **1919**, a estar bajo tutela belga. Los belgas tuvieron grandes misioneros y la intensa predicación cristiana fue dirigida a aplacar las ancestrales discordias étnicas. Fue parecido a lo que pasó con Francia en el siglo V, cuando Clodoveo fue convertido al cristianismo. En el caso africano, el rey tutsi se hizo bautizar y sus súbditos hicieron lo mismo. El poder belga apoyó a los tutsi y de allí se afirmó aún más el dominio de esta etnia.

En la segunda mitad de la década de 1950, la revolución social preparó el terreno a la independencia de la colonia belga, y en **1962** se constituyó la **República de Ruanda**. Para los hutu fue el momento de valerse de la democracia para quedar en parejas condiciones con los tutsi. A los tutsi solo les importaba la independencia de Bélgica.

Desde el momento en que los belgas dejaron el territorio, crecieron las tensiones entre unos y otros, hasta que en **1973** los hutu, por medio de un golpe de estado, tomaron el poder, inaugurando la **Segunda República** que duraría hasta 1994. Mientras tanto, a partir de 1990, los tutsis, que habían dejado el país después del golpe, intentaron regresar y se desencadenó una guerra civil que llegaría hasta el terrible **genocidio de 1994-1995**.

El 6 de abril de 1994, con el atentado aéreo en el que muere el Presidente de la República, de etnia hutu, se pone fin a la Segunda República y se desata la revuelta hutu tanto contra los tutsi como contra los hutu moderados. Ya en la misma noche del día 6 comienzan las masacres en **Kigali**, la capital, en cuanto la ONU retira los cascos azules. Millares de tutsi son asesinados, hasta en Kibeho. Allí pierde la vida una de las videntes, **Marie Claire**, junto a cuatro sacerdotes miembros de la Comisión Teológica encargada de investigar los hechos de Kibeho. La Iglesia católica de Ruanda fue particularmente alcanzada por los genocidios. De 1994 al 2000, tres obispos, 124 sacerdotes, 42 religiosos y 73 hermanas fueron asesinados.

El 4 de julio de 1994, el Frente Patriótico Ruandés, guiado por un tutsi, ocupó Kigali designando un hutu como Presidente y a un tutsi como vicepresidente. En aquel momento, entre víctimas y prófugos, cuatro millones de habitantes había perdido el país. Nuevos genocidios son perpetrados en 1995 por parte de los tutsis, provocando muchísimas víctimas, **también esta vez en Kibeho**. Desde el año 2000 impera la supremacía tutsi del FPR.

Esta breve reseña permite entender la venida de la Madre de Dios en tierra africana que, pocos años después de las apariciones, conocería ese terrible derramamiento de sangre, por otra parte anunciado por la Santísima Virgen a sus videntes y por ello, entre otros, motivo de prueba de autenticidad de las apariciones.

En Ruanda, la mitad son católicos y la otra mitad se reparte entre animistas, protestantes, ateos, y una minoría musulmana.

Kibeho y sus mensajeras. Advocación de la Virgen

En la época de las apariciones, Ruanda es una nación paupérrima pero discretamente tranquila. Nadie podría haber imaginado la tragedia en la que se vería envuelta en algo más de un decenio. En cambio, lo sabía la Santísima Virgen, quien vino a despertar a sus hijos a una realidad que no veían y a hablarle al mundo, que tampoco se daba cuenta hacia qué precipicio está marchando.

Corre el año 1981. Kibeho es una pequeña ciudad de unos 50.000 habitantes, a unos treinta quilómetros de Butare, que es la sede de la diócesis. La parroquia está dedicada a la Madre de Dios. El nombre ha sido dado por la Divina Providencia, porque con ese título se dará a conocer a las videntes.

En Kibeho hay un colegio que dirigen las Hijas de la Virgen María. Son tres hermanas que también son profesoras y unas 120 alumnas internas, hutu y tutsi, que concurren a las aulas para llegar a ser maestras de escuela primaria o secretarias de empresas. En el colegio, escaso de recursos, utilizan el comedor para las oraciones, pues no tienen capilla; el clima no es particularmente religioso.

El sábado 28 de noviembre de 1981,[68] a eso del mediodía, la alumna Alphonsine Mumuereke, de dieciséis años, se encuentra en el refectorio, sirviendo la mesa a sus compañeras, cuando de pronto escucha una voz que la llama: "Hija mía". Con temor, responde: "Aquí estoy". De pronto se ve en otro sitio, lleno de luz y de donde emerge de una nube una bellísima mujer, con un vestido blanco sin costuras y también blanco el velo. Los pies están descalzos y juntas las manos a la altura del pecho. Impreciso es el color de su piel. Alphonsine, instintivamente, se hace la señal de la cruz y le pregunta a la mujer: ¿Quién eres? Ella le responde: "Ndi Nyina Wa Jambo. Soy la Madre del Verbo". En ese momento, las compañeras, allí presentes en la sala, escuchan la voz de Alphonsine, pero no la respuesta de la Virgen. Pero como la vidente repite las palabras de la Virgen —y esta será una particularidad de Kibeho, que permitirá seguir los diálogos con la Madre de Dios— las otras alumnas pueden seguir el coloquio. También, sus compañeras llegan a decir que Alphonsine habla distintas lenguas. Le pregunta la Virgen: "En tu vida cristiana, ¿qué es lo más importante para ti?", y la vidente responde: "Amo a Dios y a su Madre, que nos trajo al Redentor". "Si es así, yo vengo a consolarte porque he escuchado tus plegarias. Quiero que tus compañeras tengan fe, porque no tienen la suficiente". Después, Alphonsine reza tres Avemarías y "Ven Espíritu Santo", y termina la aparición. Relata la vidente: "La vi después subir al cielo, como Jesús". Después de la aparición, Alphonsine queda paralizada durante quince minutos, y vanos son los esfuerzos para hacerla salir del éxtasis.

Al día siguiente, 29 de noviembre, el encuentro con la Virgen es en el dormitorio, hacia la misma hora, junto al lecho de Alphonsine. Sor Blandine está presente. La vidente le cuenta a la religiosa que ella, sor Blandine, había sido vista por la Virgen esa mañana, cuando apenas salir volvió sobre sus pasos para buscar un jersey porque había sentido frío. Esa pequeña anécdota hizo que sor Blandine

68 Cinco meses después de la primera aparición en Medjugorje.

creyese inmediatamente en la veracidad de las apariciones. Esto nos recuerda el episodio del encuentro del Señor con Natanael cuando creyó en Jesús porque le había dicho: "Ayer te vi cuando estabas bajo la higuera" (Jn 1, 48).

Desde aquel segundo día, las apariciones son ya en el dormitorio entre las horas 20 y 21, cuando las alumnas recitan las oraciones vespertinas y se prolongan durante no menos de hora y media. Esta es otra peculiaridad de Kibeho: la amplia duración de las apariciones, así como el concluir con fuertes caídas del vidente, quien necesita tiempo para bajar a esta realidad nuestra y recién entonces poder relatar lo vivido.

Juzgando por el contenido de los mensajes, vemos que de a poco la Santísima Virgen asume un tono cada vez más confidencial con Alphonsine. La vidente transmite el mensaje de amar más a María, como nuestra Madre.

Mientras tanto, muchas de las muchachas piensan que Alphonsine es víctima de alucinaciones o de histeria. Se burlan de ella y esto la hace sufrir. Reza a la Virgen para que se les aparezca a otras chicas y así puedan creer. Aunque la Virgen le dice que no pida señales para que crean, no tardará en contentarla. Es, además, a Alphonsine a quien la Santísima Virgen le confiará secretos.

Desde enero de 1982, las apariciones no son tan frecuentes sino cada dos o tres semanas, y se tienen en el patio del mismo colegio por ser públicas y grande la afluencia de peregrinos.

El 16 de enero de 1982, la Santísima Virgen le pide a Alphonsine que construyan una capilla en el lugar de las apariciones.[69]

Pocos días después de esa aparición, el obispo Gahamanyi llega hasta Kibeho y mantiene el primer coloquio con Alphonsine.

Entre tanto, las opiniones de las alumnas y también de las religiosas y de los fieles siguen divididas. De una parte, se encuentran los manifiestamente escépticos, y de la otra quienes, aún creyendo, piden signos que prueben la autenticidad de las apariciones.

---

69 Será el futuro santuario inaugurado en el año 2003, después del reconocimiento oficial de las apariciones en 2001.

La señal no tarda en llegar: en la noche del 12 de enero de 1982, otra alumna, Nathalie Mukamazimpaka, de dieciocho años, escucha la voz celestial. Está en el dormitorio y recibe este mensaje: "Hija, ¡estoy triste! Y lo que me aflige es que he dado un mensaje y vosotras no lo habéis acogido como yo deseo". Nathalie se pone a llorar. Sigue la voz: "Si tú lloras así es porque te he amonestado. Eso, sin embargo, no quiere decir que tú seas pecadora más que las otras, sino que es un ejemplo para mostrar a los otros que puedo igualmente hacerles una represión". Es una voz la que Nathalie oye, pero nada ve.

Es al día siguiente, 13 de enero, cuando Nathalie tiene la visión de la Señora que le dice: "Yo soy la Madre del Verbo", mostrándose con los brazos abiertos y con el vestido blanco. Pero, justo después de mes y medio, el 2 de marzo de 1982, llega Nathalie a hablar con la Madre de Dios. Lo hará hasta su última aparición del 3 de diciembre de 1983.

Es de observar que mientras la Santísima Virgen se presenta a Alphonsine con las manos juntas, a Nathalie se muestra con los brazos abiertos, como la imagen de la Medalla Milagrosa y también como se la ve en el cuadro de Ámsterdam. Esas dos posiciones o gestos son los propios de la aparición a Santa Catalina Labouré: el primero, las manos juntas, es el de súplica a Dios pidiendo las gracias y, ya obtenidas, el segundo gesto es el de dispensarlas a los hijos.

Ese 2 de marzo, Nathalie le pregunta a la Madre del Verbo cómo defenderse del demonio. Le responde la Virgen: "Es necesario ser fervientes en oración sincera y perseverantes en el camino de conversión interior. Satanás no ataca sino al verdadero cristiano y al que ama. Se enfurece contra vosotras porque se da cuenta que en la comunidad hay muchas que me aman. Pero no temáis porque estoy con vosotras para protegeros". Una vez más, la Santísima Virgen asegura su maternal protección, la de madre, sí, pero ¡Madre de Dios!

Y este tema del ataque del demonio nos lleva a la tercer vidente, que completa el conjunto de las consideradas por la Iglesia dignas de crédito. Se trata de Marie-Claire Mukangango, la mayor, de veintiún años. Al inicio no quiere ni oír hablar de las apariciones, se indigna porque piensa que todo es una ficción ultrajante hacia la Virgen Santísima y, por su edad, en su actitud de oposición influye sobre las demás.

Un cierto día, Marie-Claire siente que una fuerza misteriosa la aferra en pleno día, y el 1 de marzo de 1982 experimenta episodios de vejación diabólica[70] y ve dos figuras negras que quieren hacerle mal. Sor Blandine la asperje con agua bendita y hace que esa noche duerma con el rosario al cuello y en la mano una de esas estatuillas de la Virgen de Lourdes conteniendo agua bendita. El conocimiento de esos fenómenos diabólicos, hace que alguno quiera reducir la realidad de las apariciones de Kibeho a la sola acción demoníaca. De todos modos, los ataques terminan cuando, el 2 de marzo, Marie Claire entra en éxtasis, en el momento en que Nathalie tiene la visión. La Virgen le dice que no tenga miedo, "esas cosas que tanto te hacen temblar nunca más volverán". Y le recomienda el uso de agua bendita[71] para protegerse del diablo.

Cuando Marie-Claire cuenta haber visto a la Virgen, todas se rinden a la evidencia, y desde ese momento el colegio comienza a prestar seria atención a lo que allí está aconteciendo.

Mientras tanto, los peregrinos perciben a Nathalie como la más mística de todas. Su mensaje específico es el de la humildad, la disponibilidad, el ofrecimiento de sí mismo, el amor, la profundización de la oración y —sobre todo— el significado cristiano del sufrimiento. En tal sentido, el 15 de mayo, la Virgen le dice que "el camino que conduce al cielo pasa siempre a través del sufrimiento. Nadie llega al cielo sin haber sufrido". Le habla del valor salvífico del sufrimiento y también de la necesidad de siempre apuntar al destino final de nuestra vida, que es el cielo.

La Madre de Dios le pide a Nathalie dejar los estudios para dedicarse por entero a la misión que le confía: la oración de expiación por la salvación y la paz del mundo. El 24 de junio de 1982 recibe la visión del infierno, del purgatorio y del paraíso, y luego la Virgen le da la tarea de rezar "ininterrumpidamente". "Esta es la tarea que te confío

---

70 Esto nos recuerda a lo sucedido a Ida Peerdeman en Ámsterdam.
71 También la Virgen recomienda en Medjugorje el uso de sacramentales con la debida disposición.

en tu condición de sufrimiento. Mientras estás aún en esta tierra debes contribuir a la salvación de muchos hombres caídos en el abismo. Te encargo sacarlos de allí, colaborando conmigo".

Nathalie, llamada a una vocación expiatoria, dice que la Virgen le ha enseñado que en el sufrimiento se encuentra el amor. El sufrimiento que viene del Señor es pleno de amor. El verdadero camino es el sufrimiento. Todos sufren en este mundo, lo importante es que el dolor tenga valor de redención. Cuando no es aceptado ni ofrecido a Dios, resulta estéril.

La vidente soporta pruebas severas, y desde el 5 de mayo de 1982 pasa mucho tiempo enferma y postrada. Durante un tiempo se queda ciega. En algún momento cunde en ella el desánimo por haber sido elegida para sufrir, pero luego, pensando en Jesús, se repone.[72] También Él sufrió para ser glorificado. Entonces dice: quiero confiar totalmente en ti porque en mi sufrimiento estoy contigo.

En una entrevista relativamente reciente que Nathalie concedió a Radio María de Ruanda, dijo la vidente que la Santísima Virgen en sus mensajes a menudo hablaba del valor del dolor en la vida de las personas y en la vida cristiana en particular, diciendo que nuestros dolores no deben ser privados de significado, sino más bien, cuando estamos tristes, debemos recordarnos de los dolores de Jesús y de María, y así dar a nuestros dolores un mayor valor a los ojos de Dios, y por esto debemos orar por nosotros mismos, orar porque quien sufre pueda volver a recuperar la salud.

El 5 de agosto, la Madre de Dios se le aparece para decirle: "Yo os hablo, pero vosotros no escucháis. Quiero levantaros, pero permanecéis en tierra [...]. Permanecéis indiferentes a todos las llamadas. Doy muchos signos, pero permanecéis incrédulos. ¿Hasta cuándo seréis sordos a mis llamadas? Vengo a sacudir a los que están distraídos y a apartar de las cosas de este mundo a los que están aferrados a ellas, para que pueda cumplir bien con el deber de orar sin interrupción ni distracción [...]. Quien pide algo debe hacerlo con disponibilidad y humildad y también con todo el corazón".

---

72 Lo mismo aconteció con la vidente Vicka en Medjugorje.

Nathalie pasa por experiencias de salidas nocturnas de oraciones de expiación y penitencia, algo que nos recuerda ciertamente a Garabandal cuando las niñas, sobre todo Conchita, salían en éxtasis en medio de la fría noche de invierno y a veces bajo la nieve.

En septiembre de 1982, para la segunda vidente de Kibeho, las apariciones son largas y frecuentes. Al siguiente año, el 29 de octubre de 1983, en su mensaje dice la Virgen a Nathalie: "¿Os levantáis? Quiero decir, ¿queréis separaros de las cosas de este mundo que os impiden seguirme? ¿Os laváis? O sea, ¿recibís el sacramento de la penitencia? ¿Tenéis los ojos abiertos? Esto es, estad atentos. Porque os muestro muchas cosas, pero vosotros nada veis". La Madre de Dios no deja de llamar a la conversión y hace evidente su reclamo apelando a figuras de la vida cotidiana como el levantarse de la cama y lavarse.

La última aparición a Nathalie será el 3 de diciembre de 1983.

Marie-Claire, quien, hasta el 2 de marzo de 1982, era una ferviente opositora a las apariciones, por su experiencia con la Madre de Dios hace que a partir de entonces ella misma se convierta en otra prueba de la veracidad de las manifestaciones de Kibeho.

Desde el 2 de marzo de 1982 tres son las videntes —las únicas oficialmente— reconocidas de Kibeho, todas alumnas del mismo colegio: Alphonsine (con apariciones desde el 28 de noviembre de 1981 hasta el 28 de noviembre de 1989); Nathalie (desde el 12 de enero de 1982 hasta el 3 de diciembre de 1983), y Marie-Claire (desde el 2 de marzo de 1982 hasta el 15 de septiembre de 1982).

El 3 de marzo Marie Claire tiene su segunda aparición, y en ella la Virgen le pregunta si conoce el Rosario de los siete Dolores. Ante la respuesta negativa de la vidente, le dice: "Lo verás y sabrás cómo recitarlo". En días sucesivos la Virgen se le aparece con un rosario negro entre las manos y le explica cómo rezarlo, diciendo siete veces un Pater, siete Avemarías y la jaculatoria: "Oh Madre llena de misericordia, mantén siempre presentes en nuestro corazón los sufrimientos de Jesús en su Pasión".

La Virgen le confía a Marie Claire la misión de difundir la devoción de esa corona de los Siete Dolores, pidiendo que sea recitado los mismos días que lo son los misterios dolorosos del rosario: martes y viernes. Desde entonces, la vidente no deja de repetir a quien quiera oírla sobre la necesidad de meditar la Pasión de Jesús y el profundo dolor de su Madre. Es importante, dice, rezar la corona de los siete Dolores. La importancia que la Santísima Virgen le da al rosario o corona de los Dolores es porque —dijo Ella— nos ayudará a cambiar nuestra actitud volviéndola positiva, a confesar nuestros pecados a Dios y para la obtención de la salvación. Podremos tener mayor capacidad de flexibilidad con respecto a nuestros problemas y penas de cada día. Justamente, es esta corona, más que el rosario, la que se asocia a Kibeho. Excepto esa peculiaridad, la meditación de la Pasión y la centralidad de la cruz y el valor del sufrimiento, ubican a Kibeho junto a Garabandal, Ámsterdam y Fátima.

La corona de los Siete Dolores no viene a sustituir al rosario de siempre, sino a colocarse junto a él para meditar también los sufrimientos de María, que participó de los sufrimientos y de la Pasión de su Hijo. Se trata de meditar la corredención obrada por la Santísima Virgen, o sea su participación en la obra salvífica cumplida por el Hijo.

Marie-Claire no le pregunta el nombre ni Ella se lo revela, como lo hizo con las otras dos videntes. Sin embargo, por la devoción al rosario de los Dolores y por el hecho que la última aparición a esta tercer vidente fue el 15 de septiembre, día de la Virgen Dolorosa, se puede pensar que a Marie-Claire se le manifiesta como Nuestra Madre o Señora de los Dolores. Los dolores de la Santísima Virgen, misterio de amor divino, deben entenderse no únicamente como el dolor de la Pasión del Hijo, ni tampoco como la tragedia de los genocidios de Ruanda —a los que vino a impedir— sino, sobre todo, al dolor que siente por los pecados del mundo. Así se lo dice a Marie-Claire el 27 de marzo: "Si ahora vengo a Kibeho, no significa que venga solo por Kibeho, o por la diócesis de Butare, o bien por Ruanda o por África. Yo me dirijo a todo el mundo". Y cuando, el 24 de abril, la vidente le pregunta a la Señora porqué había elegido Ruanda, Ella dice que vino porque "aquí hay aún personas humildes, que no están apegadas a la riqueza y al dinero".

Urgencia de la llamada

El 15 de agosto de 1982, las tres videntes entran en éxtasis una después de otra, desde las cuatro de la tarde hasta casi las once y media de la noche. Las apariciones nunca son simultáneas, en común, sino que cada una ve a la Virgen separadamente. Esta es otra de las características de Kibeho, como lo son el derrumbarse al terminar la visión o la larga recuperación después de esta. Ese día de su Asunción al cielo, a la Virgen no se la ve alegre, como era de esperar, sino muy triste y llorosa. Le dice a Alphonsine: "Si lloro es porque los hombres estáis en un estado tan tremendo que no puedo más contener las lágrimas por vosotros. Hija mía, he abierto las puertas, pero ellos no han querido entrar. He visto que el mundo era casi moribundo y cuando vine en su auxilio me habéis rechazado. Desearán escuchar lo que te encargo decirles cuando sea demasiado tarde y no haya nada para salvar. Y todos aquellos a quienes no les importa escuchar el mensaje que vosotras les transmitís, ¿qué es lo que esperan? ¿Qué esperan? ¿No se dan cuenta que el tiempo es corto?". ¡Tremendo mensaje! Y más tremendo cuando sabemos qué pasó en Ruanda doce años después. ¿Cómo no aplicarlo a la situación del mundo actual? Después Alphonsine tiene una visión impresionante: ríos de sangre, incendios, homicidios, cuerpos despedazados, decapitados, horriblemente mutilados y abandonados sin sepultura.

Ese mismo día, Nathalie recibe este otro mensaje: "Estoy afligida también viendo cómo los pecados no dejan de aumentar, cuando día tras día deberían disminuir. El mundo va muy mal, y si no hacéis nada por arrepentiros y renunciar a vuestros pecados, entonces ¡ay de vosotros! Es justamente esto lo que continúa haciéndome mal. Quiero liberaros del precipicio para que no caigáis, pero vosotros lo rechazáis. Estáis al borde de una catástrofe. ¿Cómo podría estar contenta cuando veo a mis hijos burlarse de mí y estar a punto de caer en un abismo y de perderse? [...]. Vine hasta vosotros para daros un mensaje que os recuerda todo lo que habéis olvidado, pero no queréis aceptarlo. Desde entonces mucho sufro. Pero sé soportar todo con paciencia".

Como le había dicho a Alphonsine, pero con estas otras palabras, le repite a Nathalie: "Vendrá un tiempo en el que desearéis rezar, arrepentiros y obedecer, pero ya no tendréis la posibilidad de lograrlo, a menos que no lo hagáis ya ahora, comenzando a arrepentiros y a hacer todo lo que espero de vosotros". En ese momento Nathalie, como Alphonsine, tuvo ella también una horrible visión de sangre y un abismo en el que los hombres caían sin poder salvarse. La Madre de Dios le dice: "Los pecados son más numerosos que las gotas de agua del mar. El mundo corre hacia la ruina. El mundo está cada vez peor [...]".

Recordando aquellas terribles impresiones, ha dicho últimamente Nathalie: "Ese día —el 15 de agosto— vino llorando y mucho. Estaba triste, mucho más triste que en anteriores apariciones. Mostró cosas espantosas: personas que se mataban entre ellas, ríos de sangre, personas que caían en fosas, cuerpos decapitados, pilas de cabezas humanas, incendios sobre las colinas, montañas que luchaban unas contra otras, piedras que se golpeaban entre ellas produciendo fuego. Nos preguntó: "¿Por qué os matáis unos a otros?". En la Iglesia había una gran fiesta (el día de la Asunción, n.d.a.) y nos preguntábamos por qué había venido a hablarnos de estas cosas espantosas. Cuando le sugerimos comenzar a cantar, dijo simplemente: "Estoy muy triste". Ese día Nuestra Señora nos mostró muchísimas cosas muy tristes y nos dijo que no teníamos fe.

Meditamos sobre lo que nos había mostrado, pero en nuestro país reinaba la paz. Mirando bien, parecía que no hubiese guerras en nuestro país, pero en la aparición lo estábamos viendo en un estado de guerra".

Siempre en aquel 15 de agosto de 1982, Marie Claire cae siete veces a tierra. La sensación para ella es que cae en medio de las zarzas espinosas. Le dice la Virgen: "Has caído siete veces entre espinas para que pueda yo deshacer su corazón endurecido. El mundo va mal, hijos míos, es necesario mortificarse para ayudar a Jesús a salvar al mundo".

Aún cuando las videntes tienen separadamente sus encuentros y visiones con la Madre del Verbo, el mensaje es uno y el mismo. Si a cada vidente le da la Virgen un mensaje particular, la totalidad es armónica y cada mensaje integra un mensaje único.

Marie-Claire tiene su última aparición el 15 de septiembre de 1982. Se casa en 1987, no tiene hijos. Es de etnia hutu y muere víctima del genocidio en 1994, cuando protestando por el arresto de su marido es brutalmente asesinada.

Alphonsine, la primera en tener visiones de la Virgen y también la última, tendrá apariciones muy de tanto en tanto. El 15 de agosto de 1983, le pide la Virgen que ore por la Iglesia de Ruanda y de África, que habrá de conocer nuevos mártires.

Los encuentros públicos con la Madre de Dios, desde 1984 hasta 1989, para Alphonsine serán cada 28 de noviembre. El 28 de noviembre de 1989 la Santísima Virgen se le aparece por última vez.

Kibeho está muy vinculado al dolor, al sufrimiento de la Madre de Dios por el pecado del mundo, al dolor profetizado y a la necesidad de expiación. Por eso, durante el periodo cuaresmal, en las visiones se presentan escenas de la Pasión del Señor que las videntes transmiten con total patetismo a los presentes.

La Madre de Dios pide también rezar por la Iglesia. Le dice a Alphonsine: "ora mucho por la Iglesia, porque en estos tiempos atravesará un periodo difícil". Dice también "orad por los religiosos, para que puedan permanecer fieles al voto que hicieron". A los religiosos les pide que oren mucho, orad por aquellos que rezan por ellos, y a enseñar a otros a orar. A los videntes les dice lo mismo. A través de Alphonsine nos advierte: "estad atentos porque el escepticismo vendrá bajo pretexto de fe".

Oración

A causa de que las videntes repiten lo que la Madre de Dios les dice, es posible registrar los diálogos, y así se graban oraciones muy ricas como la de Alphonsine, del 6 de febrero de 1982.

"Madre llena de bondad, escucha lo que te pido. No te pido la riqueza del mundo; no te pido placeres mundanos; te pido el amor para los hombres que habitan la tierra. Te pido la paz, la amabilidad, la bondad. Disminuye los desórdenes que hay en nuestro país para que formemos una sola familia, la familia de Cristo Jesús y nos volvamos apóstoles que proclamen en todas partes la Palabra; que tengamos un solo corazón y que seamos un solo hombre. Te ruego para que los jóvenes no sean más tibios, que conozcan a Dios y se aferren a Él".

"Te ruego por <u>todas las congregaciones religiosas</u>. Protégelas para que las personas consagradas a Dios se acuerden del ideal que se han propuesto al inicio. Dales la <u>fuerza de perseverar</u> con valentía en sus vidas consagradas, recordando que la paz de la que gozan les viene de Dios [...]. <u>Danos la fe, danos la esperanza, danos una vida decente y caritativa.</u> Que <u>no nos preocupemos de los bienes de la tierra, sino que sepamos buscar los del cielo</u> [...] <u>Arranca de nuestros corazones los celos, la envidia, el odio y todo otro espíritu mundano</u> [...]. Madre de misericordia, dadora de las gracias, Tú el camino que conduce al cielo, te pedimos <u>que protejas y veles por cada uno</u> y que <u>nos enseñes a hacer el bien y nos abstengamos de hacer el mal</u> [...] enséñanos <u>a arrepentimos y a no guardar el mal</u> en nuestros corazones".

"Virgen María, nuestra Madre y Mediadora, <u>intercede por nosotros ante Dios</u>, porque la vida cristiana se nos hace difícil, la fe disminuye, la esperanza se vuelve rara y ya no existe el arrepentimiento."

Nos repite la Virgen Santísima que el mundo está enfermo, que el mundo es malo, que debemos arrepentirnos, debemos convertirnos. La Madre del Señor <u>ha venido a realzar lo que está caído, a reunir lo que está disperso, a volver a juntar lo que está separado.</u> En una palabra, a restaurar y restaurar en Cristo.

Nos enseña <u>el valor del perdón</u>. No podemos rezar el Padrenuestro sin haber perdonado seriamente. <u>Dios nos pide la voluntad, no el sentimiento.</u> No podemos conservar odio en el fondo del corazón. Cuando decimos "perdónanos nuestras ofensas como nosotros perdonamos a quienes nos ofenden" y lo recitamos con odio o resentimiento nos estamos condenando a nosotros mismos.

Es a Marie-Claire que la Santísima Virgen le dice: *"Os pido el arrepentimiento. Si recitáis esta corona (la de los Siete Dolores) meditando, entonces tendréis la fuerza para arrepentiros. Hoy, muchos ya no saben pedir perdón. Esos colocan nuevamente a mi Hijo en la cruz. Por ello, he querido venir a recordaros, sobre todo aquí en Ruanda, porque aquí hay aún personas humildes que no están aferradas al dinero y a las riquezas".*

Recomienda, asimismo, que se rece el rosario, especialmente los misterios dolorosos, y se medite en ellos. <u>La cruz de Cristo debe ocu-</u>

par un lugar especial en la oración del cristiano, dada la situación en que vivimos.[73]

Marie-Claire hace la siguiente oración, antes de la corona de los Siete Dolores: "Dios mío, te la ofrezco para tu mayor gloria, en honor de tu Santa Madre. Meditaré y participaré de su sufrimiento. Te ruego por las lágrimas que has vertido en aquellos momentos, concédenos, a mí y a todos los pecadores, el arrepentimiento de nuestras culpas".

Señales y prodigios

Kibeho es riquísimo en señales, en hechos sobrenaturales y también en anécdotas. Una de estas parece una réplica de lo ocurrido a Ivanka en Medjugorje: un día, durante un éxtasis de Alphonsine, otra alumna, de nombre Médiatrice Nyaminani, le acerca una cerilla encendida a un brazo. Alphonsine ni se mueve. La Virgen le dice: *"¿Sabes que te están quemando?"*. "No, ¿pero dónde?", responde la vidente, y retrae el brazo de inmediato. Pero, como ocurrió con la vidente de Medjugorje, el movimiento de reacción a las palabras de la Virgen es con el otro brazo, ¡no con el que le están quemando!

Durante los éxtasis, los videntes son totalmente insensibles a cualquier agente externo sea de dolor, de calor, de luz intensa. Parpadean normalmente pero no exhiben contracción o dilatación de las pupilas por causa de la luz.

Como en Garabandal, las videntes reciben también rosarios y medallas para que la Santísima Virgen los bendiga. Los objetos religiosos están tan mezclados que es imposible reconocer a quiénes pertenecen. En ocasiones ocurre que cuando los alzan hasta la Madre, para que los bendiga, algunos, inexplicablemente, se vuelven extremadamente pesados, tanto que no llegan a alcanzárselos. Esos son justamente los objetos de aquellos que no creen en la autenticidad de las apariciones o que las critican.

También, al igual que en Garabandal, los videntes caminan en éxtasis con la cabeza echada hacia atrás, mirando y comunicándose con la Aparición, sin jamás tropezar ni caer.

---

73 ¡Cómo nos recuerda todo esto a Ámsterdam!

Uno de los testigos calificados de hechos extraordinarios es el misionero belga, el padre Gabriel Maindron,[74] y él los relata en su libro sobre los acontecimientos de Kibeho. En una ocasión el propio padre y otros miles de personas ven señales en el cielo: girar el sol y agrandarse enormemente, cambiar de color, partirse. Ven también dividirse el cielo en dos: de un lado una gran luminosidad y del otro una tenebrosa oscuridad, y una sucesión de imágenes.

En las apariciones públicas, que son además multitudinarias, cuando la Madre de Dios aparece los videntes entran en éxtasis y dejan de ver a las personas. Tienen la impresión de estar en un campo de flores. Las flores son de todo tipo; las hay frescas, floridas, en tanto que otras están mustias y secas. Aparece y les pide: *"traed agua"*. Ellos van por el valle a buscar agua porque en la escuela carecen de ella. Van a todas las fuentes de agua natural y la llevan en botellas o en bidones. Bendice la Virgen el agua y les manda: "id a aquel campo de flores y regadlo". Ella, que está en el aire, por encima de ellos, se mueve, y ellos la van siguiendo y "regando las flores", bendiciendo con el agua bendecida por la Madre de Dios.

Nathalie le había pedido varias veces la señal de una fuente milagrosa, como en Lourdes. La Santísima Virgen no se lo concede, pero, en cambio, hace descender la bendición de una intensa lluvia en plena estación seca. Todos comprenden que es una gran señal.

En una ocasión en que había acudido una gran multitud, los videntes le ruegan a la Virgen que los ayude. Todos oyen los ruegos y ven de pronto descender una fina llovizna de un cielo totalmente despejado.

Durante las aspersiones, se constata que los videntes —que solo ven flores— se detienen especialmente ante algunas personas, conocidas por sus vidas licenciosas, y sobre esas derraman abundante agua bendita.

Explicará la Virgen: "Las flores que os muestro son personas, personas que tienen mucha necesidad de oración, de los sacramentos y de obras

---

74 Gabriel Maindron, autor de "Apparizioni a Kibeho. Annuncio di Marian el cuore dell'Africa", Queriniana Edizioni, 1985.

de caridad". También dice: "en la tierra hay tres tipos de personas: las bellas flores representan a las personas que sienten amor y que deben crecer en el amor de Dios y de sus prójimos. Las flores que están marchitándose y son débiles representan a las personas débiles, cuya fe no es fuerte, personas con poca energía, mutables, que cambian todo el tiempo. Las flores secas son las que se oponen a Dios, personas sacrílegas". La Madre de Dios, comenta Nathalie, "nos pide a todos regarlas sin omitir a nadie, y esto significa que debemos siempre orar unos por otros para poder salvarnos recíprocamente".

Otro fenómeno que muchas veces se verifica en las apariciones públicas es que terminadas estas, los videntes experimentaban una sed insaciable, tanta como para beber cubos de agua.

Kibeho, como Fátima y Tre Fontane, tuvo también su milagro del sol y en una fecha emblemática: la inauguración del santuario, el 31 de mayo de 2003. Quien lo relata es el padre Gianni Sgreva,[75] pasionista y autor de un documentado libro sobre Kibeho. Dice el sacerdote, refiriéndose a la consagración del santuario: "fue una ceremonia bellísima (presidida por el cardenal Crescenzio Sepe, prefecto para la Evangelización de los Pueblos). Estaban presentes todos los obispos de Ruanda, el nuncio apostólico, doscientos sacerdotes y muchos, muchos peregrinos. Alguien dijo que había cien mil personas. Fui testigo entonces de un hecho extraordinario, una especie de prodigio. Eran las diez de la mañana. Había apenas comenzado la procesión para dirigirnos al nuevo santuario que se debía consagrar. Hacía mucho calor. De repente alguien empezó a gritar diciendo que mirásemos el sol. En un instante, todos teníamos la mirada fija en el cielo y la procesión se detuvo. Ante nuestra vista se presentaba un espectáculo asombroso. El sol, fortísimo en Ruanda a esa hora de la mañana, se dejaba mirar sin provocar ninguna molestia a los ojos. Y junto al sol se veía otro astro, menor, con las dimensiones de la luna, luminosísimo, que danzaba, girando en torno al sol, entre un destello de mil colores. Era una escena fantástica, de una belleza indescriptible. El

---

75 Padre Gianni Sgreva teólogo, pasionista, fundador de la Comunidad Oasis de la Paz, autor de "Le apparizione della Madonna in Africa. Kibeho", Ed. Shalom, 2002.

fenómeno fue visto por todos y también fotografiado y filmado. Duró exactamente ocho minutos. Un tiempo más que suficiente no solo para excluir cualquier tipo de sugestión, sino para poder recoger detalles esenciales para una evaluación ponderada. Se trató, ciertamente, de un "signo" del cielo, como ocurrió en Fátima el 13 de octubre de 1917. La Virgen quiso hacernos saber que estaba junto a nosotros en aquel día de fiesta".

Fenómenos místicos

Entre los fenómenos extraordinarios están los **"viajes místicos"**, en los que el espíritu del vidente está ausente. Guiados por la Virgen, visitan el más allá. Aunque usan términos más poéticos, se pueden reconocer en esos "lugares" el Paraíso, el purgatorio y el infierno. Experimentan durante muchísimas horas y hasta días, un estado de inmovilidad e inconsciencia similar al coma. Los médicos constatan rigidez como cadavérica, y falta total de reacción a los estímulos. Antes que esto ocurriera por vez primera, Alphonsine lo anticipa advirtiendo y pidiendo que no la sepulten porque no estará muerta.

Alphonsine estuvo en tres "sitios" o estados, a los que llama el de "los fieles a Dios", el de "los que esperan" y el de "los desesperados". **Nathalie también experimentó viajes místicos**, del 4 de septiembre al 30 de octubre del 1982, y dice haber percibido cuatro estados, el del "encuentro" o de "los siete ángeles"; el de "la plenitud de la felicidad" donde están los beatos o amados por Dios; el lugar "de la purificación" donde están los pacientes o perseverantes, y el "del castigo" habitado por los incorregibles u obstinados. El primer lugar era de gran belleza y pleno de luz. También el segundo era bello. En el llamado de la "purificación" hacía calor, pero no era exagerado. No era tan bello como el segundo. El del castigo era realmente espantoso, un lugar horrible, y las personas que ahí se encontraban eran llamadas "personas obstinadas o incorregibles". Nathalie sacó la conclusión que de ese modo la Santísima Virgen mostraba que esta vida es efímera y debemos tender a las cosas del cielo.

Alphonsine cuenta que, en el lugar de los fieles a Dios, escuchó un grito juvenil que le dijo: *"¿Eres tú, Alphonsine de Kibeho, quien ha*

visto a la Virgen? Confía siempre en Ella. Serás perseguida como lo fui yo".
La vidente sentía voces que cantaban en medio de una gran luz y una gran felicidad, pero no veía a nadie. Le fue explicado que mientras esté aquí abajo, en la tierra, no le es permitido ver nada.

Otro de los hechos absolutamente inexplicables es lo que acontece en los severísimos ayunos. Durante una Cuaresma, tres de los videntes ayunan severamente, sin alimento ni bebida en los primeros días, y lo hacen después tomando solo la Eucaristía. La suma de los días del ayuno de cada da el total de cuarenta días, que evoca los cuarenta días de ayuno del Señor en el desierto.

Nathalie tuvo al undécimo día una aparición de la Virgen y estuvo postrada durante una hora y cuarenta y cinco minutos bajo un sol ardiente. A la vidente le pide la Virgen ayunar del 16 de febrero al 2 de marzo de 1983. En los primeros ocho días está bajo control escrupuloso de las religiosas y los médicos, y su único alimento es la Sagrada Forma, sin beber ni comer nada más. A partir del 24 de febrero bebe algún líquido porque así se lo permite el Señor, que se le presenta en una visión. El ayuno así estricto es en sacrificio de expiación.

Posición de la Iglesia

La Iglesia mostró desde el comienzo gran prudencia. El obispo monseñor **Jean Baptiste Gahamanyi**, desde 1983 escribió <u>tres cartas pastorales referidas a los acontecimientos de Kibeho,</u> y finalmente el **15 de agosto de 1988 autorizó el culto**. Fue el obispo de la diócesis a la que pasó Kibeho en 1992, monseñor **Augustin Misago,** quien sostuvo el culto ya reconocido cuatro años antes. Monseñor Misago conocía bien los hechos de Kibeho porque había participado de las comisiones encargadas de estudiar los acontecimientos. El **29 de junio de 2001 reconoce oficialmente las apariciones.**

Es conocido y reconocido que sobre la aprobación mucho contaron las tremendas visiones proféticas del 15 de agosto de 1982, cuando nada hacía presagiar una tragedia como la que doce años más tarde se iría a desencadenar. Hubo además otra profecía, esta no muy conocida y que también se cumplió, y fue la del sida.

La Santísima Virgen dijo a los videntes: *"Decidle (a la gente) que no arruinen su futuro con el mal modo de vivir, el que pesará muchísimo sobre su futuro"*. Se refería concretamente a las promiscuidades sexuales y a otros pecados que se cometían en Ruanda. *"Ora, ora, ora... Debemos ser siempre puros en nuestras almas"*. No fue escuchada y comenzó la epidemia de sida que devastó aldeas enteras. Uno de los videntes, en visión profética, vio aldeas abandonadas, desoladas.

Es pertinente comentar que de los siete jóvenes que alegaban ver a la Madre de Dios y recibir mensajes, solo a las tres alumnas del colegio católico del lugar se las consideró dignas de crédito. Por eso, en el documento aprobatorio se lee: "Sí, la Virgen María se apareció en Kibeho en la jornada del 28 de noviembre de 1981 y en el curso de los meses sucesivos. Hay más buenas razones para creer que para negarlo. A este respecto, <u>solo las tres videntes del comienzo merecen ser consideradas auténticas</u>. Se trata de <u>Alphonsine Mumureke, Nathalie Mukamazimpaka y Marie-Claire Mukangango</u>. La Virgen se les ha manifestado bajo el nombre de 'Madre del Verbo', que es sinónimo de 'Madre de Dios', como Ella ha explicado". ¿Quiénes eran los otros que se decían videntes? Otras tres jóvenes: Stephanie Mukamurenzi, Agnes Kamagaju y Vestine Salima, y un muchacho, Emmanuel Segatashya. Vestine era musulmana y Emmanuel pagano en el momento del inicio de las apariciones. Aunque a veces algún dicho de estos otros pudo provocar perplejidad, en general los mensajes y las enseñanzas que transmitían no eran privas de riqueza. El hecho de que las apariciones a estos cuatro no hayan sido aprobadas no significa necesariamente que el obispo las haya valorado como falsas, sino que la comisión diocesana no encontró elementos suficientes como para calificarlas como seguramente fiables.

Sin embargo, por considerarlos en gran parte confiables, el padre Mandrion los incluyó en su libro. Por supuesto, esto fue bastante antes del dictamen oficial de la Iglesia. Al respecto, hay que decir que la Iglesia siempre debe ser muy prudente antes de dar un dictamen y recordar, al mismo tiempo, que en el tema de las revelaciones privadas no cuenta con el carisma de infalibilidad que sí ostenta en el caso de la Revelación bíblica y el depósito de la fe custodiado por el Magisterio.

El reconocimiento fue hecho después de una ponderada labor de discernimiento, y es por eso que la prudencia determinó que solo en esos tres casos no cabían dudas de autenticidad. Al reconocimiento oficial, difundido a todo el mundo por la sala de prensa del Vaticano, siguió **la consagración del nuevo santuario mariano de Kibeho, dedicado a Nuestra Señora de los Dolores**, llevada a cabo el 31 de mayo de 2003.

El fondo del mensaje

Después de este recorrido, tan agraciado y al mismo tiempo accidentado, por Kibeho, llegamos al final, cuando la Santísima Virgen, la Madre del Verbo, se despide en la aparición a Alphonsine del 28 de noviembre de 1989. Se transcriben algunos de sus pasajes: *"Hijos míos, el hecho que ahora os diga adiós no significa que desde ahora en adelante me olvido de África y del mundo {...}. Hijos míos, ¡orad, orad, orad!*[76] *Seguid el Evangelio de mi Hijo y ponedlo en práctica. Haciéndolo seréis ciertamente felices en vuestra alma {...}. Estoy contenta con los frutos que ya estáis poco a poco produciendo, desde cuando he venido a Ruanda. En cuanto a las desgracias que se abaten sobre vosotros, no os perturbéis, porque nada es más fuerte que Dios. Hijos míos, estoy para deciros hasta pronto: ¡Os amo! ¡Tanto os amo! Pero, ay a quien será indiferente a este amor que ahora os prometo y expreso. Vine por vosotros, ¡vine por vosotros! Porque veía que lo necesitabais"*.

El mensaje de Kibeho es para todo el mundo. Urgente, apasionado y de gran preocupación de parte de la Santísima Virgen, porque el mundo ignora todo valor espiritual. Ella viene a consolar a sus hijos, a invitarlos a la unidad y a la paz por medio de la conversión, la oración, la penitencia y sobre todo la participación de la Pasión del Señor presentándose como Madre del Verbo y como Virgen de los Dolores.

Así como algunas apariciones tienen un fuerte contenido eucarístico, otras el acento está puesto en lo esjatológico, y Kibeho responde a esta última característica. Aunque no haya menciones especiales en los mensajes acerca de la Eucaristía, hay una implícita referencia,

---

76 ¿Cómo no tener presente la recurrente triple llamada a la oración de la Reina de la Paz en Medjugorje?

ya que la Santísima Virgen pide que se erija una capilla en el lugar en que aparece, y una enseñanza, porque insiste en el valor del sacrificio personal, que va unido al único sacrificio redentor de Cristo en la cruz. El sacrificio del Señor al que apela la Madre del Verbo es el mismo que incruentamente se hace presente en cada Eucaristía que se celebra. Por tanto, actualizar el valor del dolor y meditar la Pasión del Señor junto al sufrimiento de su Madre y Madre nuestra, es también exaltar el valor de la misa donde no solo están presentes la Pasión de Cristo y místicamente el dolor de María, sino también donde debe concentrarse nuestra participación activa que es, sobre todo, la del ofrecimiento de nuestras penas y de nosotros mismos. En otras palabras ¿dónde mejor participar de la Pasión de Cristo que en la misa? Como pocos tenían o pueden llegar a tener acceso a capillas donde esté el Santísimo, a todos —en cambio— les es posible rezar la corona de los Siete Dolores o el Santo Rosario. Claro está que donde sea posible visitar al Santísimo Sacramento, para simplemente estar en su presencia o meditar el misterio de su Pasión o rezar delante suyo la corona, será de muchísimo fruto y muy recomendable.

En cuanto al final de los tiempos, la llamada es no solo a despertar del letargo de muerte que es la vida de pecado y a considerar esta vida como efímera poniendo nuestra meta en el cielo, sino a prepararnos por los grandes acontecimientos universales que vendrán y a la venida del Señor. A Nathalie, la Virgen le dice: *"El mundo tiene dientes {...}. Los pecados son más numerosos que las gotas de agua del mar {...}. El mundo corre hacia su ruina"*. Y Alphonsine asegura que **<u>María ha venido a Kibeho para anunciar y preparar la venida de su Hijo.</u>**[77] No se debe entender como la última venida, sino como la del triunfo del Reino, el tiempo del triunfo del Corazón Inmaculado después de la gran purificación, cuando la Iglesia resurgirá más resplandeciente que nunca, revestida como Esposa de Cristo de sus virtudes y de su vida divina.

Dijo también la Madre del Verbo: ***"El mundo va muy mal, y si no hacéis nada por arrepentiros y renunciar a vuestros pecados, enton-***

---

77 Lo mismo habría dicho Vicka en Medjugorje.

ces ¡ay de vosotros! Es justamente esto lo que continúa haciéndome mal. Quiero liberaros del precipicio, para que no caigáis, pero vosotros lo rechazáis. El mundo está al borde de una catástrofe" (15 de agosto 1982, mensaje dado a Nathalie).

Hace treinta años se nos advertía que el mundo estaba al borde de la ruina, y por ello era necesario orar mucho para aplacar la justa ira de Dios. Orar y arrepentirse, hacer penitencia, aceptar el sufrimiento. ¿Quiénes han cumplido y hecho caso al mensaje? La mayoría en la Iglesia calla cuando deberían estar anunciando al Salvador, proclamando la única Palabra de Vida, recordar los novísimos, avivar la esperanza en la Parusía, tener horas santas de reparación, llamar a la penitencia. En cambio, hace ya mucho tiempo que se sustituyó el diálogo al anuncio del Evangelio y que evangelizar es dar "mudo testimonio respetando las demás creencias", o mucho peor aún, diciendo que todas las religiones son caminos diversos de salvación. Esta traición al mandato del Señor tiene un nombre: apostasía.

Reina de la Paz. Medjugorje

Aún cuando sea posible resumir todas las apariciones marianas en llamadas a la conversión a Dios, de donde surgen los mensajes de la necesidad de oración y penitencia, al adentrarnos en cada una en particular notamos que se distinguen unas de otras por el momento histórico en que acontecen y por otras peculiaridades que las hacen únicas. Así, por ejemplo, la Santísima Virgen llega a tierras americanas a los albores de la evangelización y lo hace en <u>México</u>, precisamente en el lugar donde se cometían horrendos sacrificios humanos, demostrando que Ella es la Mujer que viene a aplastar la cabeza de aquel a quien el Señor llama homicida desde el principio,[78] al ángel caído, la Serpiente antigua, el Dragón o Satanás. Porque eso es el temido Quetzalcóatl, "serpiente emplumada", traducción del náhuatl, que exige sangre humana para ser aplacado.

78 Jn 8, 44.

Cuando en el siglo XX el mundo está sumido en la Gran Guerra, se aparece en <u>Fátima</u>, Portugal, para anunciar que si la humanidad no se convierte habrá otra guerra peor y —anticipando la venida del comunismo— que Rusia será la que "esparcirá sus errores por el mundo, promoviendo guerras y persecuciones a la Iglesia". Para evitarlo, pedirá que el Santo Padre solemnemente consagre a Rusia a su Corazón Inmaculado.

La Santísima Virgen no fue escuchada y el comunismo se esparció, como la mancha de aceite en el agua, por todo el mundo.

Primeras apariciones

En ese orden de cosas, esta vez la Santísima Virgen elige <u>un país comunista, Yugoslavia</u> —y en él una ínfima localidad de etnia croata, que en aquel momento no figuraba en los mapas— para aparecerse a seis jóvenes adolescentes. Aparece en la provincia de Herzegovina, en una fracción (Bijakovici) de un pueblo llamado Medjugorje. Medjugorje significa "entre montañas". Aldea pobre —cuyo terreno está lleno de piedras que emergen entre la tierra por todas partes— que a duras penas vive del cultivo de la vid y del tabaco.

La religiosidad es grande. En 1933, en conmemoración de los 1900 años de la muerte de Cristo en la cruz, habían erigido una gran cruz en la cima del monte Sipovac, que por ese motivo cambia el nombre por Kricevac (*kriz* significa "cruz").

Según cuentan, tanto la cruz como la iglesia parroquial, inusitadamente grande para los pocos habitantes, estaban ya en el plan de Dios. A cargo de la parroquia están los frailes franciscanos.

La Virgen se aparece en **1981**, el **24 de junio**, cuando la Iglesia celebra el nacimiento de San Juan Bautista. Dos jóvenes amigas, Mirjana Dragicevic e Ivanka Ivankovic, se pasean en la calurosa tarde por Bijakovici, cuando Ivanka mira hacia atrás y ve a la Gospa, que es como llaman ellos a la Madre de Dios, un poco lejos, sobre la pendiente del Podbrdo. Ivanka se lo comenta a Mirjana, quien no le da crédito y por eso no se gira. "¡La Gospa! ¡A nosotras se nos va a aparecer!". Se separan y Mirjana luego se encuentra con Milka Pavlovic que está llevando unas cabras a pastar, y a poco aparece Vicka Ivankovic que se une a las dos.

Mirjana comenta lo que había dicho ver Ivanka e intrigadas las tres deciden ir de nuevo a la falda del Podbrdo donde habría sido la visión. Allí alcanzan a ver, siempre a distancia, a una figura femenina que parece tener en sus brazos un niño envuelto en un manto, al que destapa.

Dos muchachos, ambos de nombre Ivan, de apellidos Dragicevic e Ivankovic, son los últimos en llegar, traen con ellos unas manzanas. Ahora los seis la están viendo. La aparición los llama y ellos, asustados, salen todos corriendo. Ese primer día hay visión, pero no encuentro.

Al siguiente día serán nuevamente seis los que vayan al mismo lugar y la vean, pero no los mismos ya que en lugar de uno de los Ivan y de Milka, acuden un niño de diez años, primo de Mirjana, de nombre Jakov —quien al haberse enterado de la aparición de la Virgen desea fervientemente verla— y en lugar de Milka acude su hermana Marija. No van solos: parientes y vecinos se unen a ellos, porque la voz ha corrido velozmente por el poblado. Acuden a la misma hora del día anterior y, cuando están al pie de la colina, algunas personas observan una especie de relámpagos mientras los chicos ven a la figura, pero sin el Niño. Los jóvenes y el pequeño Jakov salen todos disparados hacia donde está la figura, quien todos intuyen que es la Gospa. Los otros no pueden seguirlos. Los chicos parece que vuelan por encima de las matas con espinas.

Al llegar hasta la aparición caen los seis de rodillas, sobre las piedras, sin lastimarse. Rezan. Los que, jadeantes, han podido finalmente acercarse a los jóvenes, no pueden moverlos, no los escuchan, solo ven que mueven los labios.[79] Están en éxtasis viendo lo que las otras personas no pueden ver.

El único diálogo es el de Ivanka. Ella le pregunta por su madre —que hacía dos meses había fallecido— y la Santísima Virgen la consuela diciéndole que está bien, que está con Ella.[80] Descienden todos muy felices y emocionados hasta las lágrimas.

---

79 Esta es otra de las peculiaridades de Medjugorje: cuando los videntes entran en éxtasis cesa el sonido de sus bocas y solo se ve que mueven los labios.

80 Poco después, para el día de su cumpleaños, la Virgen le hará el regalo a Ivanka de ver a su madre Jagoda y de comunicarse con ella, y esto en total cinco veces. Y cada vez Ivanka veía más bella a su madre. El cielo no es estático, los santos están cada vez más inmersos en el infinito amor de Dios, y el amor vuelve bella a la persona.

A partir de aquel 25 de junio, estos serán los seis videntes de Medjugorje —cinco adolescentes coetáneos y un niño— quienes recibirán la visita celestial todos los días; al comienzo, la mayoría de las veces todos juntos; luego también separadamente.

Persecución y guerra

La Virgen, que se presentará como Reina de la Paz, da su primer mensaje el **26 de junio de 1981**: "Paz, paz y solo paz. Debe reinar la paz entre el hombre y Dios, y entre los hombres. Debéis reconciliaros con Dios y entre vosotros. ¡Convertíos!". Los mensajes van dirigidos a los parroquianos y también al mundo.

La gente del lugar se sorprende que hable de paz cuando, objetivamente, ellos no están en guerra. Yugoslavia es un país comunista que está bajo la rígida mano del dictador Tito. La paz que viene a traer y pedir la Madre de Dios no es la paz del mundo sino la paz de Cristo, y cuando el hombre no está reconciliado con Dios, no lo está con el otro ni consigo mismo, y la guerra entonces estalla primero en su corazón. De todos modos, en lo que respecta al lugar, lo entenderán después, cuando, exactamente al décimo aniversario de aquel primer mensaje, estalle la guerra en los Balcanes y se desintegre Yugoslavia.

Pronto comenzaron a llegar multitudes y los primeros peregrinos, sobre todo de Italia. La gente se arreglaba como podía porque no había comodidades de ninguna especie, y las muchedumbres eran, a su modo, un elemento de presión para videntes y sacerdotes.

Interviene, entonces, la policía, prohibiendo el acceso a la colina. A partir del 30 de junio los videntes se ocultan de la policía y las apariciones son en la iglesia, antes de la misa, en una pequeña habitación junto a la sacristía.

El 25 de marzo de 1985, el obispo, al principio favorable, se vuelve contrario a las apariciones prohibiéndolas en el templo. Los franciscanos, siempre del lado de los videntes, dejan que sean en la casa parroquial.

En agosto de 1987, el obispo Zanic prohíbe que sea en canónica. A partir de entonces, las apariciones son mayormente en casas de los videntes, en la colina de las apariciones y eventualmente otros espacios.

Especialmente en los primeros días y años, los videntes y los frailes fueron sometidos a fuerte hostigamiento, ante todo del régimen comunista, tanto de la policía como del mismo gobierno, y a la oposición del obispo.

Pese a todas las vicisitudes, los videntes y también los franciscanos resistieron, no negaron los acontecimientos, no se desdijeron. El padre Jozo Zovko, primer párroco en la historia de las apariciones, al comienzo desconfiado y duro con los chicos, terminó siendo acérrimo defensor de lo que allí estaba ocurriendo.

El tema de la desconfianza inicial del padre Jozo merece una explicación. Hacía muy poco que había sido nombrado párroco en ese lugar remoto de Herzegovina porque estaba resultando molesto para el régimen y habían presionado para sacárselo de encima, porque en su anterior destino tenía mucha prédica ante la juventud. El padre Jozo había estado en un retiro, fuera de Medjugorje, en el momento de las apariciones, y se entera cuando de regreso pasa por la ciudad de Mostar para visitar a una parroquiana internada en el hospital. Allí le dicen que la Virgen se está apareciendo en su parroquia. Antes nadie le había dicho nada porque las comunicaciones estuvieron cortadas a causa de una tormenta. La información lo llena de inquietud porque no era la primera vez que los comunistas urdían algo para luego desprestigiar a la fe y burlarse de la religión. Ni bien pone pie en el territorio parroquial empieza con los interrogatorios a los chicos. El párroco se preguntaba: "¿Cómo puede ser que aparezca la Virgen y la gente esté toda en el Podbrdo en lugar de venir a la iglesia?". Finalmente decide convocar a todos a la iglesia para rezar por lo que estaba allí sucediendo. Y ese fue para el padre Zovko el punto de inflexión, cuando, con la iglesia repleta, él mismo ve a la Virgen. A partir de entonces su tenaz defensa y sostén de los jóvenes videntes le valió padecer la cárcel, pasando año y medio de dura prisión.

La guerra comenzó el **25 de junio de 1991**, <u>exactamente a los diez años del primer encuentro de los chicos con la Gospa en la colina de las apariciones.</u> Los pueblos vecinos recibieron el impacto de los combates bélicos; la capital de Herzegovina, Mostar, a menos de treinta quilómetros del lugar de las apariciones, fue destruida, y la catedral y el palacio episcopal arrasados. Medjugorje, en cambio, no sufrió daño alguno a excepción de los provocados por una bomba que mató a algunos animales. A lo largo de los cuatro años de guerra, siempre dejó la Gospa un camino para llegar hasta el lugar bendecido y protegido por su especial presencia, y los peregrinos que se atrevían llegaban sin problemas. También las ayudas humanitarias fueron continuas.

Status de Medjugorje en la Iglesia

Hasta el momento presente (febrero de 2019) las apariciones siguen en curso. Existen **secretos** que se proyectan al futuro.

Pocos meses antes de comenzar la cruenta guerra y desmembrarse Yugoslavia en distintos países, la Conferencia Episcopal Yugoslava emitió la **Declaración de Zadar** en la que decía *"no consta la sobrenaturalidad de los hechos"*, con lo cual —al no condenar desaprobando ni aprobar dando la constancia de sobrenaturalidad— dejaba abierto el asunto a ulteriores investigaciones y desarrollo.

Desde el **31 de mayo de 2018**, el arzobispo polaco **monseñor Henryk Hoser,** es visitador apostólico para la parroquia franciscana de Medjugorje, por tiempo indefinido *ad nutum Sanctae Sedis*. El arzobispo posee una larga experiencia como misionero y como médico en África, además de haber sido enviado a Kibeho (en Ruanda, donde la Santísima Virgen se apareció) para la evaluación de los hechos. Su nombramiento en cargos eminentemente pastorales es debido a que ya desde sus inicios, el acontecimiento de Medjugorje trascendió largamente las fronteras y ha sido y es constante la afluencia de peregrinos de muchísimos países de todos los continentes. Por igual motivo, el juicio de los acontecimientos fue trasladado por Roma de la jurisdicción diocesana, en un primer momento, a la Conferencia Episcopal Yugoslava, y una vez esta desaparecida, se llega al presente status con la intervención del enviado por la Santa Sede.

Aún antes de la venida de monseñor Hoser, Roma decide intervenir, nombrándose **en 2010** una comisión de estudio de los acontecimientos. La comisión —promovida por el papa Benedicto, bajo la presidencia del Cardenal Camillo Ruini— dictaminó <u>dignas de cré-</u>

dito las primeras siete apariciones.[81] De su parte, el visitador apostólico, monseñor Henryk Hoser, ha hecho pública en más de una ocasión su opinión altamente positiva acerca de los frutos de Medjugorje.

En cuanto a la diócesis, el obispo monseñor Zanic fue muy favorable a las apariciones en su comienzo. Las versiones sobre el cambio radical de opinión son diversas y contradictorias. Es verosímil que se haya debido, al menos en parte, a un conflicto con los franciscanos —conflicto que venía ya desde el siglo anterior, cuando fue creada la diócesis y debieron trasladar parroquias, que estaban bajo la orden franciscana, al clero diocesano— y en ese contexto a mensajes atribuidos a la Santísima Virgen, que en un caso concreto no habría dado la razón al prelado. Según otras fuentes, la actitud contraria se debió a otras razones, el hecho es que el obispo <u>cambió drásticamente y su opinión fue de condena de las apariciones.</u>

Tanto es así que, en <u>abril de 1987</u>, monseñor Zanic va a Roma para <u>exponer su juicio negativo</u> ante la Congregación para la Doctrina de la Fe. Es también cuando el prefecto, **cardenal Ratzinger** le ruega <u>disuelva la comisión investigadora y transfiere la evaluación y juicio de la diócesis a la conferencia episcopal yugoslava.</u> El actual obispo de Mostar, **monseñor Ratko Peric**, que fuera vicario general de Zanic, es también <u>abiertamente contrario a las apariciones.</u> En febrero de este año, 2019, monseñor Peric cumple con la edad límite y presentará la renuncia como obispo, por lo que es probable que brevemente deje el cargo.

Según confirma un libro de Slawomir Oder, quien fuera postulador de la causa de beatificación de Juan Pablo II, titulado: "Por qué es santo", el Papa dijo: "Si no fuese Papa, estaría confesando en Medju-

---

81 NR: En el momento en que esto se escribe, el arzobispo monseñor Henryk Hoser ha sido nombrado visitador apostólico por tiempo indeterminado y a disposición de la Santa Sede. El encargo es exclusivamente pastoral. El comunicado emitido por la Sala de Prensa del Vaticano aclara que "la misión del visitador apostólico tiene la finalidad de asegurar un acompañamiento estable y continuo de la comunidad parroquial de Medjugorje y de los fieles que se acercan en peregrinación, cuyas exigencias requieren una peculiar atención". Luego, verbalmente, el director de la sala de prensa, subrayó "el carácter pastoral, no doctrinal" de la misión del arzobispo polaco. Por tanto, la decisión no significa entrar en cuestiones doctrinales relativas a la autenticidad de las apariciones.

gorje". También, hace constancia que afirmó: "<u>Medjugorje es el centro espiritual del mundo</u>" y "la <u>continuación de Fátima</u>".

Por supuesto, estos no son juicios definitivos de la Iglesia ni es posible pretender que no haya habido motivos para que el obispo se resista a reconocer las manifestaciones. Sin embargo, abundantísimos y óptimos son los frutos que hace imposible negar la evidencia del buen árbol. Lo que sí es imposible de imaginar a unos niños y un par de franciscanos, en un lugar remoto de un país comunista, hostigados por todos lados, amenazados con prisión, encarcelado el párroco, mantener un fraude y por tanto tiempo. Es imposible imaginar que tantas conversiones e incluso curaciones como las extraordinarias de Diana Basile o de Damir Coric,[82] o de tantos otros, verdaderos milagros, no lleven impresos el sello de Dios.

En síntesis, tal es el contexto geográfico e histórico de estas apariciones.

Algo sobre los mensajes

Medjugorje posee peculiaridades que la diferencian de las demás apariciones, y son su <u>extensión en el tiempo</u>, solo menor a las de Laus; las <u>visitas diarias</u> de la Virgen, <u>ininterrumpidas, desde hace más de treinta y siete años</u>; la <u>profusión de mensajes dados, muchos de ellos repetidos</u>, aunque en distintos momentos y circunstancias; la llamada a <u>la lectura de la Biblia,</u> y sobre todo la constante <u>invitación al ayuno</u> y el persistente pedido a la <u>oración</u>. Especifica que pide oración y ayuno, pero <u>del corazón</u>. En verdad, lo que la Santísima Virgen busca es el <u>cambio de corazón</u> para que la conversión sea auténtica y profunda. A medida del paso de los años, la Santísima Virgen <u>ha ido formando</u>

---

82 **Damir Coric**, nacido el 23 de julio de 1960, enfermo de hidrocefalia interna, con hematoma subdural desde marzo de 1980, operado cinco veces y postrado en cama, incapacitado para hablar, andar, alimentarse y controlar sus necesidades. En julio de 1981, habiendo Vicka orado sobre él, ha recobrado, en pocos meses, la palabra, el movimiento y una salud perfecta. Tras un examen médico se lo encontró apto para trabajar y retomó su trabajo anterior en Mostar. El TAC de 1980, anterior al milagro, mostraba importante destrucción del encéfalo.

    Diana Basile, desde 1972 con esclerosis de placas con ceguera del ojo derecho, perturbaciones motrices graves de las cuatro extremidades, incontinencia urinaria total. Al presenciar una aparición sintió calor interior y vio pasar toda su vida como en un film. Curación inmediata. Al día siguiente hizo diez quilómetros de caminata a Medjugorje y luego subió por el Podbrdo.

hijos a los que ahora, en estos últimos tiempos, llama "apóstoles míos", porque <u>los envía a que la ayuden en el rescate de los que no creen o son indiferentes a Dios</u>.

Otra particularidad es que las manifestaciones han <u>implicado a la parroquia</u> desde el comienzo, y que la Santísima Virgen ha querido hacer de <u>Medjugorje modelo de parroquia</u>.

Por fin, también es peculiar de estas manifestaciones que <u>la Virgen se les aparece a los videntes donde ellos estén, en o fuera de Medjugorje</u>.

Medjugorje es <u>escuela de oración</u>. Entre los miles de mensajes dados hay uno que se repite: *"orad, orad, orad"*. Es la insistencia que llama a la <u>perseverancia de la oración</u>. No solo a aumentar la oración en cantidad sino también en profundidad. Aumentarla, como ha dicho la Reina de la Paz en varias ocasiones, hasta que la oración se vuelva alegría.

<u>No son las palabras repetidas las que son oídas, sino la disposición con la que nos dirigimos a Dios</u>, por eso la oración debe ser del corazón y no meramente de los labios. En este sentido, tremenda fue la amonestación que el Señor les dirigió a los profesionales de la oración, los fariseos: "[...] Este pueblo me honra con los labios, pero su corazón está lejos de mí" (Mc 7, 6b).

Cuando hay un deseo continuo de Dios, la oración llena el tiempo de la vida, la boca habla de la plenitud de ese corazón orante y las palabras pronunciadas o pensadas son agradables a Dios y constructivas para los hombres.

En esta escuela de oración que es Medjugorje, la Santísima Virgen llama a mantener un deseo continuo de Dios, a dejar las oraciones esporádicas para encontrarse verdadera y diariamente con el Señor.

La insistencia —"orad, orad, orad"— debe interpretarse como el *"llamad, insistid hasta que se os abra"*. La apertura no es la del corazón de Dios sino la de nuestro corazón, que se debe abrir a Dios y al otro. ¿De qué sirve recitar muchas oraciones si el corazón es soberbio y la persona se la pasa señalando defectos de los otros y habla mal de ellos? Un corazón así debe ser purificado para que la oración sea escuchada. En cambio, la oración del humilde, dice la Palabra, horada las nubes y no desiste hasta que no llega hasta el Altísimo (Cf Eclo 35, 17-18). Así es la oración persistente y que es por Dios escuchada.

La oración del corazón es aquella en la que el corazón goza cuando percibe espiritualmente el encuentro y que, sufriendo cuando Dios decide ocultarse, persevera en el combate de la fe y no pierde la paz. Oración del corazón es perseverar en el amor: amar orando y orar amando.

Cuando la oración es de intercesión, el corazón se agranda porque el otro deja de ser un extraño, un anónimo o hasta en ciertas circunstancias alguien hostil, para comenzar a ser el prójimo, el que está cerca por la voluntad del amor.

Hace varios años ya, la Gospa dijo en Medjugorje que con **la oración y el ayuno** —siempre ambos del corazón— se podían **detener las guerras y hasta las leyes naturales**. Esto último traducido quiere decir "es posible hacer milagros".[83]

Dios hace milagros cuando nos abandonamos en Él y no nos quejamos por nuestros dolores y contrariedades, sino que en la oración unimos el sufrimiento nuestro a su Pasión.

Todo lo que nos enseña la Santísima Virgen sobre la oración también lo aplicamos a los momentos de adoración, donde la cercanía con el Señor es mayor y donde dice: "estoy yo presente" (Cf. mensaje del 15/3/84).

Como en todas[84] las otras apariciones, la oración preferida es el **Santo Rosario**. Los videntes suelen decir que quien nunca rezó comience con una corona (de cinco misterios) y vaya luego aumentando. A propósito de cómo hizo con la parroquia, cuenta Vicka: "Al inicio de las apariciones rezábamos los siete Padrenuestros, Avemarías y Glorias, y Ella dijo que *"estaba bien"* [...]. Luego agregó los misterios gozosos del rosario [...]. Medio año después nos pidió los misterios dolorosos [...] y otro medio año más tarde los gloriosos [...]. No fue de golpe que nos pidió los tres misterios. Ella no quiere meternos presión, no quiere abrumarnos, preocuparnos, ponernos obligaciones que después nos aplasten... No, poco a poco [...] nos hace ir avanzando en la oración, que es la que luego nos va haciendo crecer".

---

83 Queda claro que los milagros los hace siempre Dios, pero en general por la intermediación humana, como lo demuestra la vida de los santos.

84 En Kibeho pidió especialmente la Corona de los siete Dolores.

La condición para rezar con el corazón es que esté purificado. Por eso, la Santísima Virgen pide la **confesión frecuente**. Al menos una vez al mes y toda vez que se la requiera. A los consagrados les pide confesión semanal. La confesión frecuente, además de purificar tiene el efecto de despertar cada vez más la conciencia de pecado.

Corazón purificado es el de quien reconoce sus miserias ante el Señor, y arrepentido pide la absolución de sus pecados en el sacramento de la confesión. ¿Acaso sería posible rezar con el corazón cuando este ha cometido el mal, no ha hecho el bien que podía y debía hacerse, es soberbio o se alberga resentimientos, ánimo de venganza, odio, envidias, celos, pensamientos y deseos impuros?

Mensajes sobre Jesús Eucaristía

Medjugorje está vinculada en sus mensajes y, por sobre todo, en el programa diario de la parroquia, pedido por la Virgen, de modo muy evidente y directo a la Eucaristía.

En efecto, el programa parroquial se lleva a cabo desde hace más de tres décadas por solicitud directa de nuestra Señora. El manifiesto propósito es hacer de la iglesia parroquial de Santiago Apóstol modelo de oración y adoración para otras parroquias en el mundo. Medjugorje está efectiva y primariamente centrada en la Eucaristía y subsidiariamente en el sacramento penitencial. Se atribuye al santo papa Juan Pablo II la frase *"Medjugorje es el confesionario del mundo"*. Confesión y Eucaristía son sacramentos íntimamente vinculados, ya que la reconciliación obtenida por el perdón de los pecados es la puerta de acceso a la comunión con Dios mediante la recepción del Cuerpo de Cristo.

Los misterios gozosos y dolorosos del Santo Rosario son recitados por fieles parroquianos y peregrinos diariamente en preparación a la celebración eucarística, le sigue la invocación al Espíritu Santo para prepararse a participar de los sagrados misterios, y después de la Santa Misa se reza un tercer Rosario. En el programa semanal tres son los días de adoración al Santísimo Sacramento, y diariamente horas de la mañana y de la tarde están también dedicadas a la adoración en la capilla.[85] El centro de Medjugorje es el Señor, el Emmanuel eucarístico, puesto de manifiesto en las cuidadas celebraciones y en las adoraciones al Santísimo Sacramento. Es, desde luego, también Dios misericordioso en el Jesucristo de los confesionarios, donde millares de personas se reconcilian con Dios después de toda una vida de alejamiento. Y lo hacen, indudablemente, atraídas por la gracia y por el influjo del ambiente eucarístico que allí se respira.

Tan eucarística es Medjugorje que a menos de tres años de iniciadas las apariciones, el 15 de marzo de 1984, la Reina de la Paz exhorta vivamente a adorar al Señor en adoración perpetua. La mayoría de los peregrinos regresan a sus lugares fascinados por las adoraciones y se hacen ellos mismos promotores de la adoración eucarística en sus parroquias. Son millares los grupos parroquiales de adoración en todo el mundo que han nacido en Medjugorje.

En el ámbito de lo anecdótico, el siempre recordado Padre Slavko Barbaric —incansable sacerdote franciscano al servicio de los peregrinos— solía decir jocosamente que la prueba de autenticidad de las apariciones la constituía el exigente programa que a diario se lleva a cabo, puesto que a ninguno de los franciscanos jamás se le hubiera ocurrido tarea tan ardua.

David Du Plessis, fundador de las Asambleas de Dios, pentecostales, en visita a Medjugorje, declaró que siendo aquel un santuario mariano esperaba escuchar "María, María", y en cambio todo era "Cristo, Cristo", con ello significaba que el centro de Medjugorje era el Señor, aludiendo al programa de la parroquia centrado en la Eucaristía.

A continuación, se ofrecen algunos mensajes referidos a la adoración precedidos de un muy breve comentario introductorio:

En el siguiente mensaje pidió taxativamente la adoración perpetua.

"También esta tarde, queridos hijos, os estoy agradecida por haber venido aquí. Adorad ininterrumpidamente al Santísimo Sacramento del Altar. Yo

---

85 Según declaraciones de monseñor Hoser y en diálogo con el autor, el compromiso es que habrá finalmente Adoración Eucarística Perpetua en Medjugorje una vez que se lleven a cabo las construcciones pertinentes. Esta gracia está pendiente desde 1984, cuando la Madre de Dios la pidió.

estoy siempre presente cuando los fieles están en adoración. En ese momento se obtienen gracias particulares" (15 de marzo de 1984).

Invitación al acercamiento y por ello al conocimiento y unión con nuestro Señor por medio de la adoración y a volverse testigos de su amor.

"¡Queridos hijos!, hoy os invito a enamoraros del Santísimo Sacramento del altar. Hijitos, ¡adoradlo en vuestras parroquias! Así estaréis unidos al mundo entero, Jesús será vuestro amigo y vosotros no hablaréis de Él como de alguien a quien escasamente conocéis. La unión con Él será alegría para vosotros y os convertiréis en testigos del amor que Jesús tiene por cada criatura. Hijitos, cuando vosotros adoráis a Jesús estáis también cerca de mí. Gracias por haber respondido a mi llamada" (25 de setiembre de 1995).

Exhortación a prolongar el tiempo de adoración como camino de conversión, porque en los momentos de permanencia ante el Santísimo, el Señor transforma los corazones y los acerca a sí.

"¡Queridos hijos! Os invito a trabajar en vuestra conversión personal. Estáis aún lejos del encuentro con Dios en vuestro corazón. Por eso, transcurrid el mayor tiempo posible en oración y adoración a Jesús en el Santísimo Sacramento del altar, para que Él os cambie y ponga en vuestros corazones fe viva y el deseo de la vida eterna. Todo pasa, hijitos, solo Dios permanece. Estoy con vosotros y os aliento con amor. ¡Gracias por haber respondido a mi llamada!" (25 de marzo de 2008).

La Santísima Virgen llama a sus apóstoles de amor y esa secuela exige adorar[86] al Señor, pero antes a dar el perdón a quien nos ha ofendido. Es la exhortación evangélica del Señor: "Si al presentar tu ofrenda en el altar (y el tiempo de la adoración es ofrenda hecha a Dios) te acuerdas entonces de que un hermano tuyo tiene algo contra ti, deja tu ofrenda allí, delante del altar,

---

86 En el mensaje utiliza el muy elocuente imperativo de postrarse.

y vete primero a reconciliarte con tu hermano; luego vuelves y presentas tu ofrenda" (Mt 5, 24).

El apóstol del amor siempre busca la reconciliación y perdonar, y luego adora, intercede, repara, y se sacrifica.

*"¡Queridos hijos! Yo os llamo porque os necesito. Necesito corazones preparados para un amor inmenso. Corazones que no estén apesadumbrados con lo vano. Corazones que estén prontos a amar como ha amado mi Hijo, que estén dispuestos a sacrificarse como se ha sacrificado mi Hijo. Os necesito. Para poder venir conmigo **perdonaos vosotros mismos, perdonad a los demás y postraos en adoración ante mi Hijo. Adoradlo por los que no lo han conocido, por los que no lo aman.** <u>Por eso os necesito, por eso os llamo.</u> Os doy las gracias"* (2 de julio de 2009).

Fuerte exhortación a despojarse de las cosas del mundo que apartan de Dios y a adorar al único Dios[87] revelado por Jesucristo.

"¡Queridos hijos!, con todo mi corazón y con el alma plena de fe y de amor en el Padre celestial, os he dado a mi Hijo y nuevamente os lo doy. Mi Hijo os hizo conocer a vosotros —pueblos del mundo entero— al único Dios verdadero y a su Amor. Os condujo por el camino de la verdad y os ha hecho hermanos y hermanas. Por ello, hijos míos, <u>no vayáis sin rumbo inútilmente, no cerréis el corazón frente a la verdad, a la esperanza y al amor.</u> Todo lo que os rodea es pasajero y todo se derrumba, solo permanece la gloria de Dios. Por ello, renunciad a todo aquello que os aleja del Señor. Adoradlo solo a Él, porque Él es el único verdadero Dios. Estoy con vosotros y permaneceré junto a vosotros. Oro especialmente por los pastores, para que sean dignos representantes de mi Hijo y para que os conduzcan con amor en el camino de la verdad. ¡Gracias!" (2 de setiembre de 2011).

Urgente apelación a aceptar a Jesucristo como único Salvador, a unirse a Él y adorarlo para poder ser instrumentos de la Santísima Virgen para la salvación de

---

87 La adoración eucarística es siempre adoración trinitaria, porque al adorar al Hijo presente en el Santísimo Sacramento también se adora al Padre y al Espíritu Santo, puesto que Dios es inescindible. Tres Personas y un único Dios.

186

quienes están alejados. Implícitamente está diciendo que la adoración es vehículo y manifestación auténtica de unión con el Señor.

"¡Queridos hijos!, con amor materno os ruego: dadme vuestras manos, permitidme que os guíe. Yo, como Madre, deseo salvaros de la inquietud, de la desesperación y del exilio eterno. Mi Hijo, con su muerte en la cruz, ha demostrado cuánto os ama, dándose a sí mismo en sacrificio por vosotros y por vuestros pecados. No rechacéis su sacrificio y no renovéis sus sufrimientos con vuestros pecados. No os cerréis a vosotros mismos la puerta del Paraíso. Hijos míos, <u>no perdáis tiempo</u>. Nada es más importante que la unidad en mi Hijo. Yo os ayudaré, porque el Padre celestial me envía para que juntos podamos mostrar el camino de la gracia y de la salvación a cuantos no lo conocen. No seáis duros de corazón. Confiad en mí y adorad a mi Hijo. Hijos míos, no podéis avanzar sin pastores. Que cada día estén ellos en vuestras oraciones. ¡Gracias!" (2 de mayo de 2012).

En la gran mayoría de los mensajes llama a la oración y al ayuno. Es una constante característica de Medjugorje. Oración y ayuno para caminar en la santidad y combatir a Satanás. En el siguiente mensaje reitera la importancia de la adoración. Desde su presencia eucarística el Señor irradia paz y amor.

"¡Queridos hijos! Hoy os invito a orar por mis intenciones. <u>Renovad el ayuno y la oración</u>, porque Satanás es astuto y atrae muchos corazones al pecado y a la perdición. Yo os invito, hijitos, a la santidad y a vivir en la gracia. Adorad a mi Hijo para que Él os colme con su paz y su amor, que vosotros anheláis. Gracias por haber respondido a mi llamada" (25 de octubre de 2012).

Apelación renovada a quienes siguen los mensajes para que se vuelvan instrumentos de salvación de aquellos que están lejos de Dios. La ayuda suplicada por la Santísima Virgen requiere crecimiento espiritual que necesariamente pasa por la adoración.

"¡Queridos hijos!, estoy con vosotros con la bendición de mi Hijo, con vosotros que me amáis y que buscáis seguirme. Deseo estar también con vosotros, que no me acogéis. A todos vosotros os abro mi Corazón lleno de amor y os bendigo con mis manos maternas. Soy una Madre que os comprende: viví vuestra vida y probé vuestros sufrimientos y alegrías. Vosotros, que vivís el dolor, comprended mi dolor y mi sufrimiento por aquellos hijos míos que no permiten que la luz de mi Hijo los ilumine, por aquellos hijos míos que viven en las tinieblas. Por esto tengo necesidad de vosotros, de vosotros que habéis sido iluminados por la luz y que habéis comprendido la verdad. Os invito a adorar a mi Hijo, para que vuestra alma crezca y alcance una verdadera espiritualidad. Apóstoles míos, podréis entonces ayudarme. Ayudarme significa rezar por aquellos que no han conocido el amor de mi Hijo. Orando por ellos, vosotros le mostráis a mi Hijo que lo amáis y que lo seguís. Mi Hijo me ha prometido que jamás vencerá el mal porque estáis vosotros, almas de los justos; vosotros que buscáis rezar la oración del corazón; vosotros que ofrecéis vuestros dolores y sufrimientos a mi Hijo; vosotros, que comprendéis que la vida es solo un parpadeo; vosotros que anheláis el Reino de los cielos. Todo eso os hace apóstoles míos y os conduce al triunfo de mi Corazón. Por ello, hijitos míos, purificad vuestros corazones y adorad a mi Hijo. ¡Os doy mis gracias!" (2 de noviembre de 2014).

En el mensaje siguiente, en el que exhorta a la oración y a la fe firme —uniendo implícitamente los dos primeros mandamientos de "amar a Dios sobre todas las cosas" y el otro, semejante al primero, "amar al prójimo como a sí mismo"— dice que <u>la adoración es testimonio del servicio a Dios,</u> como lo es también la ayuda al prójimo en necesidad.

"¡Queridos hijos! También hoy oro al Espíritu Santo para que llene vuestros corazones con una fe firme. La oración y la fe llenarán vuestro corazón de amor y de alegría, y vosotros seréis una señal para aquellos que están lejos de Dios. Hijitos, exhortaos unos a otros a la oración con el corazón, para que la oración llene vuestra vida y, sobre todo vosotros, hijitos, seréis cada día testigos del servicio a Dios en la adoración y al prójimo en la necesidad. Yo estoy con vosotros e intercedo por todos vosotros. Gracias por haber respondido a mi llamada" (25 de septiembre de 2015).

La Reina de la Paz llama a la liberación de las ataduras a las cosas terrenales —de las que se sirve el Enemigo para acosarnos— y lo hace por medio de la adoración y de la oración con el corazón.

"¡Queridos hijos! Hoy quiero compartir con vosotros la alegría del cielo. Vosotros, hijitos, abrid la puerta del corazón a fin de que en vuestro corazón crezca la esperanza, la paz y el amor que solo Dios da. Hijitos, <u>estáis demasiado apegados a la tierra y a las cosas terrenales, por eso Satanás os agita, como el viento lo hace con las olas del mar</u>. Por lo tanto, que la cadena de vuestra vida sea la oración con el corazón y la adoración a mi Hijo Jesús. Entregadle a Él vuestro futuro para que en Él seáis alegría y ejemplo para los demás con vuestras vidas. Gracias por haber respondido a mi llamada" (25 de agosto de 2016).

Potente llamada al amor, a ser apóstoles del amor y, para ello, para ser colmados de amor, acudir a la Eucaristía, que es el Señor, que es el corazón mismo de la fe y la fuente del amor. Eucaristía que nos nutre y fortalece, nos da amor desbordante para poder darlo a los demás.

"¡Queridos hijos! Mi Hijo que es Luz del Amor, todo lo que hizo y hace, lo ha hecho y lo hace por amor. También vosotros, hijos míos, cuando vivís en el amor y amáis a vuestro prójimo, hacéis la voluntad de mi Hijo. ¡Apóstoles de mi amor, haceos pequeños! Abrid vuestros corazones puros a mi Hijo, para que pueda obrar a través de vosotros. Con la ayuda de la fe, colmaos de amor. Pero, hijos míos, no olvidéis que la Eucaristía es el corazón de la fe: es mi Hijo que os nutre con su Cuerpo y os fortifica con su Sangre. Ella es el prodigio del amor: mi Hijo que siempre viene de nuevo vivo para vivificar las almas. Hijos míos, viviendo en el amor hacéis la voluntad de mi Hijo y Él vive en vosotros. Hijos míos, mi deseo maternal es que lo améis siempre más, porque Él os llama con su amor. Os da amor, para que vosotros lo difundáis a todos en torno a vosotros. Por medio de su amor, como Madre estoy con vosotros para deciros palabras de amor y de esperanza, para deciros palabras eternas y victoriosas sobre el tiempo y sobre la muerte, para invitaros a ser mis apóstoles de amor. ¡Os doy las gracias!" (2 de mayo de 2018).

Los secretos

La mención del *final de los tiempos* es casi carente en los mensajes. Para eso hay que remitirse a los secretos, porque se sabe que los últimos son castigos. También fue dicho que es posible atenuarlos por medio de las conversiones, los ofrecimientos de sacrificios, las oraciones y los ayunos. Son diez en total, y el séptimo, precisamente por las oraciones y sacrificios, fue atenuado, pero no cancelado. Los últimos son los más fuertes. Los primeros, advertencias. Según se ha dicho, el primero es un aviso para Medjugorje, seguiría otro de alcance mundial —y este es fácil asociarlo al Gran Aviso de Garabandal—, el tercero una señal que dejará Dios en el Podbrdo, donde apareció la Santísima Virgen por vez primera —y donde hoy hay una estatua de la Reina de la Paz donada por los coreanos— y que será signo indiscutible de la autenticidad de las apariciones. Como Garabandal con la señal en los pinos, aquí también se podrá filmar y, a diferencia de España, se podría tocar. Jakov la vio anticipadamente. Advierten los videntes no esperar a esa señal para convertirse porque luego no habrá más tiempo y los acontecimientos se sucederán rápidamente, uno tras otro.

A todos los videntes la Santísima Virgen les dio secretos. Diez a tres de ellos: Mirjana, Ivanka y Jakov. Desde ese momento dejaron de tener apariciones diarias. A Ivanka se le aparece cada 25 de junio, a Jakov cada Navidad y a Mirjana, anualmente, los 18 de marzo, y a partir de 1987 los días 2 de cada mes. Los otros tres —Ivan, Vicka y Marija— conocen nueve secretos. No se sabe si los secretos son todos los mismos, ya que los videntes nunca han hablado sobre esto entre ellos.

A este punto debo hacer un aporte personal. En 1990, poco antes del inicio de la guerra, estuve alojado en casa de **Ivanka**, la vidente, y al desayuno le pregunté sobre los secretos. Antes de que se cerrase en una rotunda negativa, porque sabía que nada podía contarme, me apresuré a decirle: "No te pregunto sobre el contenido sino sobre el tiempo, si falta mucho o poco para que comiencen a darse". Me respondió con un gesto, significándome más o menos, ahí, ahí. Puede parecer anecdótico, pero después de casi treinta años cabría ya pensar en inminencia, especialmente cuando a ese gesto se integra todo lo que ahora estamos viviendo, impensable en aquel tiempo.

En 1995 entrevisté a **Mirjana** y a **Vicka** para un libro sobre testimonios y frutos de Medjugorje. Las siguientes son partes transcritas que interesan al tema esjatológico.

De la entrevista a Mirjana

Pregunta: Cuando, en tu caso, terminaron las apariciones diarias —sabemos que para otros videntes aún continúan—, hecho que se vincula al conocimiento de los diez secretos, hubo un periodo, más bien largo, en que tenías una aparición al año, pero ahora están estas otras apariciones del día 2 de cada mes. ¿Hay alguna razón para este cambio?

Responde Mirjana: *Si, porque cuando dejó de venir en el 82, la Virgen me dijo que vendría solo una vez al año, cada 18 de marzo,[88] mientras viva. Así vino siendo hasta el 2 de agosto de 1987. Desde entonces ha comenzado a venir también los 2 de cada mes {...}; solo que no sé hasta cuándo durarán. Podrían terminar el 2 del próximo mes. ¡No lo sé! Pero estas apariciones son muy diferentes de las que tienen los otros videntes y de las que tengo los 18 de marzo. Y lo son porque no sé a que hora ha de llegar. Debo estar todo el día en oración, esperando. Comienzo a las 5 de la mañana* (actualmente la aparición es alrededor de las 9 de la mañana o algo antes, n.d.a.) *{...}. Por otra parte, son diferentes por su duración. Ahora son más largas. Un cuarto o hasta media hora* (actualmente no se prolongan por tanto tiempo, n.d.a.). *Estos encuentros están dedicados a la oración por los no creyentes. La Gospa no dice 'no creyentes', sino 'aquellos que aún no han conocido el amor de Dios'. Luego, <u>todos verán por qué eran aquellas apariciones.</u> También nosotros, que oramos y que igualmente nos preguntamos por qué, por qué aparece todos los meses por los no creyentes. Yo pienso que cada uno de nosotros puede llegar a entender que <u>estos son tiempos muy importantes</u>, tiempos <u>de gracia</u>. Y no se precisa tener mucha inteligencia para comprender el porqué de la oración por esos hermanos que no sienten el verdadero amor de Dios, que están alejados.* **Por ahora no puedo decir nada más. Pero cada uno puede entenderlo.**[89]

---

88 Aunque esa fecha es la del cumpleaños de Mirjana, la vidente dice que no es por esa razón sino por otra que se sabrá después. Presumiblemente tiene que ver con algún secreto.

89 En otra oportunidad Mirjana dijo que a aquellos que no creen en Dios no sabe lo que les espera.

A este punto, fuera por un momento de la entrevista, cabe una reflexión: todos en un primer momento pensamos en acontecimientos que sacudirán no solo las conciencias sino la misma tierra, sucesos tremendos y por eso están secretos. Y seguramente no estamos errados. Lo que, en cambio, cuesta que nos demos cuenta es que las calamidades están <u>ya</u> ocurriendo, pero no se perciben y ello porque nos hemos ido acostumbrando a esta debacle. No que la aceptemos, pero la mayoría no se escandaliza ni aterra como debiera hacerlo. La pérdida de la fe de un continente, el rechazo de la salvación de más de medio mundo, la abismal caída de la moral con las mayores aberraciones hacia los más pequeños, son realidades aterradoras que no se ven o no se quieren ver o se dejaron de ver.

En otra parte de la entrevista insistió: *"Siento decirles que oren por los no creyentes. Esto lo pide la Virgen. Y <u>'no creyentes' son todos los que no sienten a la Iglesia como a su casa ni a Dios como a su Padre</u>. Recuerdo una vez, en Medjugorje, cuando la Iglesia estaba repleta de peregrinos y durante la aparición le preguntamos: '¿Estás ahora contenta viendo a todos los que rezan?'. Y entonces Ella nos dijo: '¿Cuántos dedos tenéis vosotros en las manos? Así es el número de los que rezan'. 'Por eso, os digo, orad por los no creyentes, porque hay muchísimo por hacer. Porque nosotros que hemos recibido la fe, que es don de Dios* —verdaderamente un regalo de Dios— *tenemos una gran responsabilidad. Debemos ser nosotros luz para los hermanos que están en las tinieblas, que no sienten, que no ven. Por esto, a todos os pido que abráis vuestros corazones y rezad por ellos. La Virgen no quiere el juicio en nuestros corazones. Ella quiere amor para ellos. Que los sintamos como nuestros prójimos, nuestros hermanos, y que oremos por ellos. Ellos son hermanos nuestros que tienen necesidad de nosotros, por lo que debemos abrir nuestros corazones y darles nuestra oración y nuestro ejemplo. Y <u>cada oración nuestra por ellos enjuga una lágrima que la Virgen vierte por su causa</u>. Si vosotros vierais, solo una vez, las lágrimas de la Virgen por los no creyentes, estoy segura que oraríais con todo el corazón"*.

Jakov, que vio la señal sobre el Podbrdo, el tercer secreto, y no puede decir cómo era, veía a los ateos corriendo hasta ella golpeándose el pecho en signo de arrepentimiento y pidiendo perdón. Mensaje del 25 de agosto de 1997: "Hijos queridos, ahora vosotros no comprendéis (que este es un periodo de gracia) pero pronto añoraréis estos mensajes".

• Las lágrimas de la Virgen

P.: Después de algunas apariciones se te ha visto llorar y se han preguntado cuál era la causa de tu llanto. Como, últimamente, la Virgen te recuerda los secretos, se ha creído que esa era la causa.

R.: *Antes que nada debo decir que soy una persona que suele llorar, que siempre lloro. ¡Tantas veces lloro durante o después de las apariciones! Pero no porque Ella haya dicho algo grave. Mi llanto se debía a que estaba con Ella, a la emoción profunda de sentir todo su amor. Siento esa paz que transmite. Cuando estoy con Ella siento todo eso: la paz, el amor, me siento protegida, amada y después... en un segundo..., ¡ya no está! {...}. Y entonces, quizás... yo no sea como los otros videntes. Siento muy fuerte su ausencia. Me cuesta mucho más reponerme de su alejamiento. Me toca en lo profundo del corazón y debo estar (después de la aparición) una o dos horas recuperándome. Sola..., en oración..., para entender que yo debo quedarme aquí y que Ella debe irse. Mira, yo soy madre de dos hijas, y como todas las madres normales, si fuera necesario daría mi vida por mis hijas; pero cuando estoy con la Virgen ni aún mis hijas cuentan..., no existen. Lo digo así para explicar cómo siento al amor de la Virgen, que grande es su amor. Es cierto que también <u>he llorado cuando Ella habla de los no creyentes, porque cuando habla de ellos, la Virgen misma llora.</u>*

P.: Recuerdo que en uno de sus mensajes dijo "**mi corazón llora lágrimas de sangre**".

R.: *Sí. Porque todos nosotros somos "hijos de Dios",*[90] *creyentes y no creyentes. Y a la Gospa le duele el corazón por aquellos hijos que no van por el justo camino.*

¿Ves? Hay que recordar también ese otro mensaje: "Yo quiero ofrecerle a Jesús todos mis hijos como ramillete de flores". Por eso, entonces, esta Madre sufre en el corazón, llora, está dolida.

---

90 Solamente en modo figurado se puede decir que todos somos hijos de Dios, pero no es así. No todos somos hijos de Dios. Hijo hay uno solo: Jesucristo, el Unigénito, el único engendrado desde la eternidad por el Padre, no creado sino engendrado. Nos volvemos hijos de Dios, hijos de adopción, hijos en el Hijo, solo por el bautismo. Recibir el bautismo significa acoger al Hijo eterno y, por eso, que Dios nos vuelva sus hijos, según Jn 1, 12: "Pero a todos los que lo recibieron les dio poder de hacerse hijos de Dios, a los que creen en su nombre".

Por otra parte, la Virgen viene a decirnos que los que no son hijos de Dios acepten a su Hijo para poder volverse hijos de Dios. Toda su misión es llevar todos a su Hijo.

Y por eso mismo, tampoco yo puedo reír porque veo y siento las lágrimas de la Virgen... ¡Y veo cuánto nos ama! ¡Cuánto es capaz de hacer por nosotros! Y por nuestra salvación. [...] Yo creo en el amor de la Virgen, creo en Ella, en el gran amor que Ella tiene por todos nosotros, por cada uno de nosotros. Cuando pienso en todo esto <u>estoy segura que Ella vencerá</u>. Porque al tener un amor tan grande, [...] que está lista a hacer tanto por sus hijos, <u>debe vencer</u>.

Nuevo paréntesis: Mirjana está hablando implícitamente de la guerra entablada entre la Santísima Virgen y Satanás, a quien ha mencionado en varios mensajes, alertándonos sobre su acción destructora. Es la guerra esjatológica de la Mujer contra el Dragón Rojo del Apocalipsis la que se presenta a través de todos los acontecimientos y mensajes de esta aparición. Continúa la entrevista:

• Los secretos

P.: Tanto nos quiere a todos que en estos tiempos la Virgen está más en la tierra que en el cielo (a Mirjana le causa gracia el comentario). Hay algo que no parece del todo claro cuando se habla de los secretos, específicamente del tercero. Por una parte, hay un mensaje que dice que no esperemos que se verifique el tercer secreto para convertirnos, porque luego no habrá ya más tiempo. Por la otra, se dice que en ese momento muchos de los que no creían, a raíz de la señal que habrá en el Podbrdo —que en esto consistiría ese tercer secreto— se convertirán. Además, sabemos que este es tiempo de misericordia y que luego habrá de venir el tiempo de la justicia. ¿Cómo se explica todo esto? ¿Cómo será?

R.: *Lo único que puedo decir es que, como sabes, conozco diez secretos. He debido elegir al sacerdote que debe manifestarlos al mundo. Es el <u>padre Petar</u>. A él debo decirle, diez días antes, qué ocurrirá y dónde. Debemos, él y yo, pasar siete días en ayuno, a pan y agua, y en oración. Y tres días antes <u>él debe decirlo</u> a todos. No es, como se ha malinterpretado, que él tenga la opción de decirlo o no. ¡No es así! Él debe decirlo tres días antes. La Virgen siempre dice: "No habléis de los secretos. ¡Orad! Quien me siente a mí como Madre y a Dios como Padre nada debe temer". Ella dice que solo temen aquellos que esperan la purificación. Es por esto que yo siempre digo que debemos* *estar confiados en la Virgen y esperar. Porque quien en su corazón está abierto a Jesús, a Dios, y a la Virgen no debe preocuparse. Ciertamente, la Virgen dejará una señal sobre la colina donde ha venido. Después se verá que es algo que no se puede hacer con manos humanas, que es algo que viene de Dios. Una Madre siempre dejará un camino abierto para sus hijos* (esta frase la dijo con mucha convicción y dulzura). *Siempre dejará un camino donde tú puedas venir a pedir perdón. Pienso que mientras estemos vivos hay tiempo, hay esperanza.*

P.: ¿Habrá el Señor de darnos alguna luz a nuestras conciencias? ¿Una luz especial para que conozcamos el estado de nuestras almas? Porque ocurre que se ha perdido la noción de pecado. Se piensa que no se tienen pecados, que son simplemente experiencias, que no es tan grave lo que hicimos. No mato, no robo, de qué tengo que confesarme, es la opinión corriente. Hay una sombra muy grande que se proyecta sobre las conciencias. ¿Nos dará el Señor esa luz como acto de su misericordia?

R.: *<u>Según mi opinión, todos aquellos que dicen que no tienen pecados por confesar son no creyentes</u>. Confesarse no es tan solo arrodillarse frente a un sacerdote y recitar una lista de pecados y basta. Pienso que antes se debe orar mucho, antes de confesarse, para pedir a Dios que me ayude a abrir mi corazón, que me ayude a confesarlo todo. También debo contarle al sacerdote mis problemas, hablar con Dios que está representado en ese sacerdote. Ese es el momento en que puedo abrir mi alma a Jesús porque ahí está Él. Y estoy segura que Él me escucha. Después de la confesión sientes que un enorme peso te ha sido quitado. La Virgen dice que la confesión es muy importante y pide que la hagamos al menos una vez al mes. Y también dijo que no existe ningún hombre sobre esta tierra, absolutamente ninguno, que no tenga necesidad de una confesión mensual.*

Hasta aquí parte de la entrevista. Tuve la impresión que, dándose cuenta dónde yo iba con la pregunta inducida por el Aviso de Garabandal, rehuyó hablar del tema y sólo lo hizo de la confesión. Esa impresión se corroboró cuando a continuación le pregunté acerca de la Santísima Virgen como la gran señal en el cielo que sufre los dolores del parto, en la gestación de estos nuevos hijos, y cuando aludí a la Jerusalén que desciende del cielo, siempre del Apocalipsis, y la tierra nueva y al cielo nuevo, se negó a responder.

Lo que sigue es parte de la **entrevista a Vicka:**

•El cielo, el purgatorio y el infierno

P.: Hablemos ahora de tu experiencia acerca del cielo, el purgatorio y el infierno.

Respuesta de Vicka: *Jakov y yo estuvimos físicamente en el cielo, el purgatorio y el infierno. En total 20 minutos {...}. Estábamos en casa de Jakov {...} en una habitación {...} y la Virgen, apareciendo de pronto, nos tomó a cada uno de una mano. Yo estaba a la derecha y Jakov a la izquierda {...} Jakov lloraba {...} era chico {...} —tenía once años {...} y estaba con miedo porque creía que la Gospa lo llevaba para siempre. Decía: "¡Vicka* tiene otros hermanos, pero mi *mama me tiene solo a mí!" {...}. Yo no sabía cuánto íbamos a estar fuera {...} Todo ocurrió de golpe {...}. Vimos de pronto que el techo de la casa desaparecía y que pasábamos por ahí. En un instante estábamos en el Paraíso {...} en un espacio muy grande {...} donde había una luz que aquí, en la tierra, no existe. Vimos que había personas, todas como de unos treinta* años *{...} y se las veía felices, hablaban entre sí o cantaban. Estaban con vestidos gris, rosa, amarillo. "Aquí vive así la gente. Estamos en el Paraíso —dijo la Gospa—, viven este estado de felicidad perpetua". Después nos llevó al Purgatorio, donde no se veía a las personas sino una niebla, y allí había sufrimiento. La Gospa dijo que esas almas necesitaban nuestra oración para pasar al cielo {...}. En el infierno había un gran fuego y las personas que entraban allí se transformaban en bestias, blasfemaban a Dios. Ella nos dijo: "Son ellos mismos quienes eligieron esa condena. Están aquí porque lo han querido". También la Virgen nos dijo que son muchas las personas que han iniciado el infierno aquí en la tierra y que allá lo continúan. Son los rebeldes a Dios, los que lo rechazan. Y agregó: "Muchos son los que creen que después de la muerte no hay nada. Ese es un gran error. En la tierra se está solo de paso". Esto es muy breve.*

•La Mujer vestida de sol

P.: Estamos en medio del tiempo de las profecías. Notamos que en Medjugorje la Santísima Virgen aparece como en la visión que Juan tuvo en el Apocalipsis, en el capítulo 12. Es la Mujer vestida de sol, con una corona de doce estrellas en su cabeza. La Mujer que lucha contra el Dragón, la Serpiente antigua, Satanás. También aquí aparece así y nos lo muestra a través de sus mensajes. ¿Qué nos decís? ¿Es así?

R.: *Estos tiempos son tiempos de grande gracia. Ella solamente dijo eso. Luego veremos. No debemos pensar demasiado acerca del futuro. Ella nos dice: pensad, obrad* día *a* día. Hoy es domingo, es necesario pensar en este hoy, *en este* día. Sin embargo, hay muchas personas que piensan con un año de anticipación, *y esta no es voluntad de Dios. Así pensamos y obramos los hombres. Nosotros, en cambio, debemos vivir lo que la Virgen quiere. Pongamos en práctica los mensajes y veremos que el porvenir cambia. No debemos pensar en otras cosas. Si yo me digo, y lo hago, "quiero cambiar, quiero hacer lo que Ella me pide", entonces cambio yo y el mundo cambia.*

Ciertamente que cada día debemos prepararnos para los tiempos que sean difíciles. Prepararnos con la oración, con lo que la Gospa nos pide en sus mensajes. **Este es tiempo de gracia, y los tiempos difíciles se preparan ahora.**

P.: Todo nos hace pensar que la Santísima Virgen está preparando al hombre nuevo para la tierra nueva y el cielo nuevo que vendrán.

R.: *¡Es cierto! ¡Verdad! Justamente por esto la Virgen viene, para cambiar nuestro corazón.* **Para darnos un corazón nuevo que nos haga personas nuevas.**

Civitavecchia

El mundo, Italia y Civitavecchia

Nos encontramos nuevamente en Italia, a mediados de la década de los noventa. Desde las apariciones de Tre Fontane ha pasado casi medio siglo. Esta ahora es época de grandes cambios en el mundo, y en el ambiente se respira un cierto optimismo y hasta euforia. Es el tiempo de la reunificación de Alemania, desaparece la URSS y la guerra fría llega a su fin. Las democracias liberales toman el lugar del comunismo y, sobre todo en los países europeos del este, se pasa de la dictadura a la democracia y de la economía planificada a la economía de mercado. Hay quienes, ante la hegemonía indiscutida de Estados Unidos, hablan del final de la historia. Mientras tanto, los antiguos partidos comunistas cambian de nombre y el rojo sangre de sus banderas y escudos se trastocan en inocentes tonos pastel, mientras sus dirigentes se reciclan. Con el Tratado de Maastricht se consolida la Unión Europea y se acelera la integración de sus países miembros, en tanto otros se incorporan. Se construye el Eurotúnel que une el Reino Unido con el continente, sale a la luz el Proyecto Genoma Humano, hay una explosión en la tecnología y en la difusión de la telefonía móvil, y nace internet.

Sin embargo, no todo es agua de rosas. La década había comenzado con la guerra del Golfo impulsada por los Bush y, como lo advirtió el santo papa Juan Pablo II, dejaría secuelas dolorosas. Se inicia además la era Clinton y esta también con sus nefastas consecuencias de orden moral, porque se promueve, institucionalizándola, la homosexualidad y la secuela llamada LGBT, además de la aprobación del tétrico homicidio llamado aborto de parto parcial. En Europa, el desmembramiento de Yugoslavia da origen a la guerra de Bosnia.

Cuando en Civitavecchia la Madre de Dios deja señales —mientras el terrible conflicto en la tierra de Herzegovina, donde Ella se aparece, llega a su fin— en el otro extremo, en África —donde también se había manifestado— se cumple su advertencia profética en los atroces genocidios de Ruanda.

Para Italia son momentos de grandes cambios y conflictos. A partir de 1992, al escándalo de "Tangentopoli"[91] siguió la llamada "Manipulite" que provocó la desaparición de partidos y cambios de gobierno. Entre los tantos asesinatos mafiosos, los de los jueces Falcone y Borsellino. La situación era de tal convulsión que el papa Juan Pablo II hizo que se promoviese "La Gran Oración por Italia", durante todo 1994, para concluir en diciembre en el santuario mariano de Loreto.

Si acercamos aún más la lente al sitio de los acontecimientos que se relatarán, veremos que Pantano (fracción de Civitavecchia) tuvo su pasado.

Según estudiosos, en una playa del entorno, señalada ahora como "Baños de San Agustín", en la bifurcación de la antigua via Aurelia,

---

91 Sobornos en el área gubernamental para obtener beneficios sobre todo en obras públicas.

San Agustín habría tenido un misterioso encuentro. Según un documento tardío, del siglo XIII, en el verano del año 387, Agustín se hospeda en la ermita de la Santísima Trinidad de Centumcellis para visitar las comunidades cristianas. La decisión de quedarse vino como consecuencia de las circunstancias. En efecto, el futuro obispo de Hipona, después de que San Ambrosio lo bautizara en Milán, había partido hacia el puerto de Ostia con su madre Mónica cuando, en la espera de embarcarse hacia África, su madre fallece. Decide entonces aprovechar el tiempo antes de partir a su tierra y recorrer aquellas comunidades de su nueva religión.

Mientras pasea por la orilla del mar medita sobre el misterio de la Santísima Trinidad —a la que le dedicará el libro De Trinitate— cuando ve un niño que juega en la playa. El niño, con el cuenco de la mano, toma el agua del mar y luego la derrama en un agujero excavado en la arena. Agustín lo observa, y le pregunta qué está haciendo. El pequeño le responde que quiere meter todo el mar en ese agujero. El santo le hace notar que eso es imposible. Entonces, replica el niño: "Es más fácil derramar en este pequeño pozo toda el agua del mar que introducir en tu mente el misterio de la Santísima Trinidad", y desaparece.

Parecería que también en Civitavecchia —como en Rue du Bac, Fátima, Garabandal y Akita— el ángel precede a la manifestación de la Virgen. Eso sí, aquí con dieciséis siglos de antelación.

Los hechos[92]

Es **2 de febrero de 1995**, jueves. La Iglesia celebra la Presentación del Señor, más conocida como Fiesta de la Candelaria. Pantano, el lugar de los acontecimientos, es una fracción de la ciudad de Civitavecchia, a una hora de Roma.

El matrimonio **Gregori** con sus dos hijos llegan a la iglesia parroquial de sant'Agostino creyendo que la misa está por comenzar, pero no. Son algo menos de las cuatro de la tarde y la celebración es ese día

---

92 El relato de los hechos, como otra información del capítulo, está extraído del libro de Saverio Gaeta "CIVITAVECCHIA. Le lacrime della statuetta di Maria", Ed. San Paolo, 2017.

postergada a las cuatro y media. Deciden entonces quedarse para el rezo del rosario antes de la misa.

La familia Gregori está compuesta por **Fabio** y **Anna Maria**, con sus dos hijos, **Jessica** de casi seis años, y **Davide** de tres. Como el más pequeño está fastidiando, el padre piensa llevar a los dos chicos a casa, muy cerca de la iglesia, para darles la merienda y luego volver para la Santa Misa.

Acerca de lo que a partir de entonces acontece, con una pequeña estatua de la Virgen puesta en el jardín de la casa, nos sirve el siguiente relato de la niña Jessica registrado por la Comisión Teológica Diocesana: "Habíamos salido de casa. Yo iba detrás de papá, pero mientras él ponía a Davide en el coche, me volví y vi que la Madonnina estaba llorando. Llamé a papá: *'¡Papá, papá, la Madonnina está llorando sangre!'*. Primero ha llorado esto (y se pone la mano sobre el ojo derecho para indicar de que ojo primero salió sangre) y luego, cuando papá vino, lloró esto (se lleva la mano sobre el ojo izquierdo para precisar de que ojo se trata)". A este punto es el padre quien da el testimonio: "Acercándome vi que la Madonnina tenía sobre el rostro un surco (de sangre, n.d.r.) detenido sobre el lado derecho. Sobre el izquierdo, a la altura del mentón, continuaba cayendo. Lo vi cuando estaba bajo el mentón. En un primer momento me preocupé por ver si Jessica se había lastimado, luego pensé en algo, alguna mancha dejada por las flores; luego toqué con el dedo y sentí un escalofrío y como una llamarada de fuego".

Fabio regresa al templo y le cuenta a su mujer, brevemente, lo que acaba de ocurrir, y una vez terminada la misa escapa a la sacristía para hablar con el padre Pablo Martín Sanguiao, que desde hace un año es párroco en Sant'Agostino.

El padre Pablo va de inmediato a casa de los Gregori y se acerca a la estatuilla de la Virgen, que está en una especie de pequeña gruta, en el jardín. Él la conocía muy bien porque la había traído de Medjugorje y regalado a los Gregori, entre otras cosas para que los Testigos de Jehová se abstuvieran de importunar llamando a la casa, porque la Virgencita era signo de que sus propietarios eran católicos.

La Madonnina es de unos cuarenta y cinco centímetros de alto, pesada, lo que indica que no es hueca. Representa, en pequeña escala, a la estatua de la Reina de la Paz, que se encuentra delante de la iglesia parroquial de Sv Jakov, Santiago, en **Medjugorje**.

Relatará el padre Pablo haber notado dos surcos de color rojo oscuro, ambos partiendo de los ojos. Mientras uno llega al borde del vestido, el otro va hasta la altura del corazón. Como si hubiera sido el correr de lágrimas de sangre y todo en proporción a la estatuilla.

Al día siguiente, a eso de las siete menos cuarto de la tarde, el mismo sacerdote presencia la segunda lacrimación, y lo hará saber a la Comisión Teológica Diocesana posteriormente formada por mandato del obispo. En su testimonio cuenta que, al llegar a la casa de los Gregori, antes de entrar se detiene a rezar un Avemaría delante de la Madonnina. A poquísimos minutos de estar el padre Pablo en la casa, entra Fabio llamándolo a él y a su mujer porque la Madonnina está llorando nuevamente. Notan todos que una mancha de sangre, parece un hematoma, se ha formado sobre una mejilla. La sangre de los surcos se ve más vívida.

Tres horas más tarde se verifica otra lacrimación, la tercera, y esta vez está Fabio con otras dos personas.

En los tres días siguientes siguen diez lacrimaciones, y todas a horas diferentes. Es decir que son catorce en total las veces que se ven lágrimas sobre el rostro de la Madonnina. A este punto se amplía el círculo de testigos. Entre ellos un parlamentario y periodistas, además de autoridades locales y de agentes de policía y un militar.

Mientras tanto, el obispo monseñor Girolamo Grillo descree y todo le parece una broma pesada de alguno, seguida por un conjunto de "credulones". Para colmo, piensa el prelado, de todas partes de Italia llegan noticias de lacrimaciones, como si fuera una psicosis[93] colectiva. El obispo decide incluso ordenar que destruyan la estatuilla.

En ese tiempo es cuando recibe una llamada telefónica del famoso exorcista **Gabriele Amorth**, quien le dice que no sea escéptico. Él no excluye que en otras partes de Italia pueda haber en algún caso un

---

93 En Cerdeña, en Assemini (Cagliari) desde mayo del 94; Subiaco, el sitio donde se encuentra el convento benedictino fundado por San Benito (provincia de Roma), el 24 de enero de ese mismo año, y otras imágenes que se sucederán en meses sucesivos en Castrovillari (provincia de Cosenza), Seriate (Bergamo), Lazise (sobre el lago de Garda, provincia de Verona) y otras varias más.

influjo diabólico, pero no ahí. Le dice además que tuvo la revelación de un alma, que él dirige espiritualmente, diciéndole que <u>una Madonnina lloraría en Civitavecchia</u> y que esa era una señal no de buen augurio para Italia. Así que a "<u>hacer penitencia y mucho rezar</u>", termina diciendo.

Las cosas se complican. Fabio, en la madrugada del 6 de febrero, ve una luz que ilumina el cuarto y escucha una voz masculina que le dice: *"Llévala a casa* (se refería a la Madonnina), *debe ir con su Hijo".* Temblando llama al párroco, lo despierta para llevar la estatuilla a la Iglesia. El padre Pablo le pone objeciones, le hace notar que recibirla significaría un reconocimiento de la Iglesia, y eso él no puede hacerlo. Negocia finalmente un acuerdo: Fabio se la dejará al párroco y él le buscará un lugar en su habitación, oculto de todos. Fabio la trae, el Padre la tiene consigo y durante la misma mañana, a una hora conveniente, el sacerdote le refiere el asunto a su obispo, quien ya está muy enojado, porque hay sacerdotes y religiosas que han hecho declaraciones imprudentes. Le ordena al párroco que restituya la imagen a la familia.

El destino final de la Madonnina es la casa de uno de los hermanos de Fabio, también vecino, en un lugar fuera de ojos indiscretos.

El obispo trata de comprender qué es lo que está pasando, y luego de informarse acerca de la familia Gregori por parte de la autoridad policial de la ciudad y del médico de la familia, decide finalmente verlos. Su impresión es que se trata de gente sencilla que dice la verdad. Sin embargo, piensa que pueden ser víctimas de algo que no alcanza a comprender qué.

El 10 de febrero, Fabio le deja la estatuilla al obispo, quien lleva a cabo un breve rito exorcista sobre el objeto para eliminar influjos demoníacos. La Madonnina no se queda con él porque ese mismo día monseñor Grillo la lleva a Roma para que la examinen dos médicos legistas de renombre.

Pese a que los profesionales verifican que no hay ningún dispositivo interno ni las manchas se deben a otras causas materiales, monseñor Grillo continúa siendo escéptico, pensando que todo ha sido provocado por un bromista, uno que se quiere burlar de la religión.

El Papa

Inesperadamente, esa misma noche el obispo recibe una llamada del cardenal Sodano,[94] quien le dice que no sea tan escéptico excluyendo de antemano una causa sobrenatural. Cuelgan y el obispo se queda pensativo.

El 23 de febrero nuevamente lo llama el cardenal, esta vez de parte del Papa, para agradecerle por lo que había dicho en una entrevista de un programa televisivo, ya que mostraba estar abierto a lo sobrenatural. ¿Qué había dicho? Que "con tantas Vírgenes llorando por Italia, algún caso algo serio podría haber".

Monseñor Grillo se pregunta por qué el Papa se ha metido en ese asunto, ¿sabe algún secreto? ¿o también el Papa perdió la cabeza?

Mientras tanto, los análisis confirman que se trata de sangre humana.

El obispo de Civitavecchia, siguiendo los debidos pasos que incumben al caso, es recibido por el cardenal Ratzinger, prefecto para la Congregación para la Doctrina de la Fe. Sucesivamente se encuentra con los cardenales Sodano y Deskur. Al cardenal Andrzej Maria Deskur, gran amigo del papa Wojtyla, ya lo habíamos visto en Tre Fontane, Roma, para el décimo aniversario del atentado a Juan Pablo II, en una misa de acción de gracias contemporánea a la de Fátima, donde participaba el Santo Padre.

El obispo

El 15 de marzo se produce algo que al obispo le cambia no solo la opinión sino la vida.

Monseñor Grillo acaba de celebrar la misa en la capilla privada de su residencia. Están presente su hermana y su cuñado. La hermana insiste en rezar ante la Madonnina, que para entonces había regresado a la casa del obispo. Él se niega, pero finalmente cede. La religiosa que sirve en la casa va en busca de la estatuilla, que está en una caja y sobre un armario. El obispo está sentado teniendo entre sus manos a la Madonnina, y todos los cuatro participan de la oración. Monseñor

94 En aquel momento, Secretario de Estado del Vaticano.

Grillo, como es su costumbre cuando reza, lo hace con los ojos entre-cerrados. Llegando al Salve Regina, en latín, cuando dicen *"illos tuos misericordes oculos ad nos converte"* (*vuelve a nosotros, esos tus ojos misericor-diosos*), el cuñado le golpea en el brazo y le pregunta si no ve lo que está sucediendo. Al abrir los ojos, el obispo ve que de la Madonnina emerge una lágrima del ojo derecho y que se desliza formando un delgadísimo hilo de sangre, como la que habían extraído para hacer los análisis en el Policlínico Gemelli de Roma.

Tal es la fuerte impresión del obispo, que deben llamar al cardiólo-go quien, de paso, verifica la presencia de sangre fresca en la estatui-lla. La sangre que mana se sobrepone a la de otras lacrimaciones ya coaguladas.

El episodio se divulga, el obispo confirma, también hace declaracio-nes el médico legista del Gemelli.

Por su parte, interviene de oficio la fiscalía de la república, pasando por encima de la corte de distrito, por posibles fraudes, suponiendo graves crímenes y asociación ilícita. Toda una movilización con medi-das cautelares, perquisiciones y teléfonos controlados. Se llega al secuestro de la estatuilla, y el 6 de abril de 1995 —a dos meses de los primeros acontecimientos— es sellada en un armario de la residencia episcopal y confiada a custodia judicial. Con motivo de todo esto, el 10 de abril se organiza una <u>vigilia de oración de reparación</u>, que la preside <u>el cardenal Deskur y quien, **en nombre del Papa, bendice y dona a los Gregori una Madonnina, réplica de la anterior,** hecha traer especialmente</u> de Medjugorje.

La primera Madonnina es finalmente liberada por vía judicial, y el 17 de junio es definitivamente colocada en un nicho en Sant'Agostino.

No obstante el positivo desenlace, procesos de investigación y otros de carácter legal contra la persona de Fabio continúan y se prolongan durante varios años.

El obispo con el Papa

El 9 de junio, <u>el obispo de Civitavecchia es invitado a cena por el Santo Padre</u>. Lleva consigo a la Madonnina que lloró. El Papa quiere conocer los acontecimientos directamente de boca del obispo. Anotó el obispo en su diario que Juan Pablo II parecía conocer todos los detalles, pero no muestra parcialidad en ningún momento. Se habló del significado del llanto y el Sumo Pontífice citó a <u>von Balthasar</u>, que sostenía que la Virgen sigue a sus hijos muy de cerca y conoce sus afanes, sus preocupaciones y que <u>su llanto es una llamada a la conversión</u>.

Al final de la cena ambos rezan el Avemaría, y el Santo Padre bendice la estatuilla, la corona de oro que habrá de lucir en la cabeza y el rosario que llevará en la mano.

Sin embargo, ese no es el único encuentro del Papa con la Madonnina, porque irá de incógnito a visitar y honrar a la Virgencita en la parroquia, al menos una vez y muy probablemente dos.

Comisiones eclesiásticas para investigar

Por sugerencia de la Congregación para la Doctrina de la Fe, el obispo nombra una <u>Comisión Teológica Diocesana</u> que funciona desde abril del 95 hasta noviembre del 96, la cual consulta a unos cincuenta testigos y expertos e investiga hechos y circunstancias, y emite un dictamen en el que la mayoría de los miembros se pronuncia por la *sobrenaturalidad del evento*.

A pesar del dictamen, el cardenal Ratzinger decide, y ello confirmado por el papa Wojtyla, <u>nombrar otra comisión</u> cuyos miembros han de ser elegidos por el cardenal Ruini.

Lo curioso es que la Comisión no se expide y, pasado el tiempo, ya en el año 2000, monseñor Grillo le escribe al Papa, extrañado por no tener noticias de la Comisión y al mismo tiempo perplejo por el hecho que ni él ni sus familiares han sido llamados a dar testimonio sobre la lacrimación ocurrida en su presencia y la que le es imposible negar. Además, le informa al Santo Padre que la Congregación le había pedido la estatuilla para colocarla en un lugar oculto y sustraerla así al culto. Solo la intervención del Papa —por la que el obispo le agradece— bloqueó esa medida. Y finaliza el escrito diciendo: "espero que no procedan con medidas coercitivas en perjuicio de los fieles, y que al menos reconozcan la libertad de culto a la Madonnina siguiendo la línea de lo que ocurrió con **Tre Fontane**" (carta del obispo de Civitavecchia al Papa, <u>2 de febrero de 2000</u>).

En días anteriores a la muerte del papa Juan Pablo II, el 2 de abril de 2005, hubo varias lacrimaciones de lágrimas normales. Jessica dice que las lacrimaciones no están vinculadas al fallecimiento del Papa sino por otros motivos. Dice: "La Virgen llora por cosas graves", y aventura una opinión: "llora quizás también por cómo la Jerarquía eclesiástica se está comportando frente a los hechos de Civitavecchia". Las lacrimaciones vuelven a ocurrir en el año 2006.

¿Qué pasó? Pregunta con respuesta abierta
Pasa un año y el tema, lejos de resolverse, continúa, porque llega a conocimiento de monseñor Grillo que la Congregación para la Doctrina de la Fe —a pesar de las evidencias y de su mismo testimonio— está por publicar una declaración diciendo que *"non constat de supernaturalitater"* (no consta la sobrenaturalidad de los hechos). De inmediato vuelve el prelado a escribirle al Papa una carta, fechada el 28 de febrero de 2001, denunciando el hecho y comentando cuáles serían las terribles consecuencias de un acto de ese tenor.

Al final no se publica la declaración. En un famoso programa televisivo italiano, "Porta a porta", del 17 de febrero de 2005, el **cardenal Bertone,**[95] arzobispo de Génova[96] —y en la época del incidente secretario de la Congregación— admite que la Congregación había expresado ese juicio, pero no se le había dado publicidad. Lo que hace más intrigante la cuestión es que, al cabo de poco, el cardenal de la Congregación que avalaba esa opinión dubitativa, es el mismo papa Benedicto que —al final de la asamblea episcopal general italiana, el 30 de mayo de 2005— saluda al obispo Grillo, y mirándolo a los ojos y con voz clara le dice: "La Virgen de Civitavecchia hará grandes cosas". Monseñor Grillo no pudo menos que asombrarse.

---

95 En ese programa, Bertone, hablando sobre Fátima, pone en tela de juicio a Medjugorje como auténtica aparición y sobre Fátima siempre sostiene que se trata de una profecía ya cumplida y que pertenece al pasado. Entrevistó a sor Lucía después de la revelación del tercer secreto en el año 2000 y no han quedado registros de las horas pasadas juntos más que las palabras del cardenal.
96 Futuro Secretario de Estado del papa Benedicto.

Por su parte, el obispo, en el mes anterior había declarado a la parroquia Sant'Agostino de Pantano **santuario mariano,** <u>permitiendo el culto público de la Madonnina.</u>

Mensajes de Civitavecchia

<u>Fabio y también su mujer dicen recibir locuciones</u> en 1995. A Anna Maria, en junio, la voz, que sería la de la Virgen, le dice: *"Orad, convertíos, porque yo vengo ahora por un año y <u>si no me escucháis luego no habrá más tiempo</u>".* Además, le dice que falta aún una lacrimación (hasta ahora son catorce) para completar la corona del rosario de los quince misterios. Sigue diciendo: *"Orad, convertíos, volved a mí, <u>estáis por entrar en una guerra nuclear</u>".*

Según relata el padre Flavio Ubodi —sacerdote nombrado por monseñor Grillo para seguir a la familia— en su libro *"La Madonna di Civitavecchia. Lacrime e messaggi",* <u>Fabio</u> recibe <u>apariciones desde julio 1995</u> y anteriormente <u>locuciones entre marzo y junio</u> del mismo año. <u>Jessica</u> también recibe <u>apariciones, y la Virgen le da un secreto</u> para hacérselo conocer al Santo Padre.

El 15 de junio de 1996, la niña de siete años se ve con la ya anciana sor Lucía, la vidente de Fátima, en Coímbra, y según Jessica cuenta: *"hemos hablado del tercer secreto y todo eso y nos pasamos el mensaje una a otra, lo que quería la Virgencita".*

Según el padre Ubodi, Jessica "precisa ser aún la única depositaria textual de un último mensaje al respecto del tercer secreto de Fátima que, 'por obediencia a la Virgen', deberá ella <u>revelar directamente y solo al Papa</u> "cuando sea el momento".

Según Fabio, la Virgen le habría dicho a Jessica *"elegí a Fátima para el comienzo del siglo veinte, y Civitavecchia para su final".*

Antes de que se diera a conocer[97] el tercer secreto de Fátima, Jessica le relata a monseñor Grillo —esto contado por el mismo obispo— acerca de una visión que le fuera revelada parecida a la de Fátima, hecha pública por la Iglesia en el año 2000. Le contó al obispo haber visto <u>"una calle delante de la cual estaba</u> el **Santo**

---

97 Al menos una parte, sino todo, como quienes han estudiado el tema opinan.

Padre con una **cruz en la mano**, y detrás de él **muchos obispos, sacerdotes, frailes, hombres y personas de toda edad**, y muchos ángeles <u>que se llevaban a muchos niños, mientras</u> la **Madre Celestial** <u>lloraba</u>, pidiendo orar mucho, pedir perdón a su Hijo <u>para obtener la salvación a causa de un inmenso fuego que se asomaba sobre ellos</u>. *Solo así* —habría dicho la Virgen— *se puede alcanzar la purificación* y *Ella* ***podría detener la mano de su Hijo"***. Por cierto, esta imagen se parece mucho a la revelada del tercer secreto de Fátima, con el ángel a punto de incendiar al mundo y la Virgen deteniendo el castigo con el esplendor que irradia su mano derecha y también con la del Papa que va con numerosos obispos, sacerdotes y religiosos avanzando entre las ruinas de la ciudad, y luego los ángeles que recogen la sangre de los mártires. La similitud es sorprendente.

Según el padre Ubodi, los mensajes recibidos por Fabio, entre los años 1995 y 1996, fueron noventa y tres, y él mismo ofrece garantía que "los eventos me fueron narrados y dados los mensajes por escrito de parte de Fabio Gregori a medida que ocurrían".

Si por una parte es innegable el vínculo entre <u>Medjugorje y Civitavecchia</u>, como lo fuera entre Ámsterdam y Akita, <u>por vía de la imagen</u>, por la otra <u>son manifestaciones diferentes e independientes</u> una de la otra. En tal sentido, Fabio insiste en que Civitavecchia tiene sus propios mensajes y no es un apéndice de Medjugorje.[98]

El **2 de julio**, durante la misa vespertina en la parroquia, Fabio tiene <u>la última aparición</u> de <u>la Virgen, a quien describe como una jovencita de alrededor de dieciséis años, con cabello castaño y ondulado, cubierto en parte por un velo celeste que cae sobre la blanca y larga túnica, los pies cubiertos por la nube sobre la que está apoyada y en la mano izquierda tiene la corona del rosario</u>. "Estaba sobre el padre Pablo, con los pies inmersos en una nube blanca, los brazos

---

98 En lo subjetivo, debo decir que para mí esto es un indicio de autenticidad, como en sentido contrario tiendo a desconfiar de aquellas otras manifestaciones que toman el nombre de otra, como es el caso con Reina de la Paz, donde han aparecido personas que dicen ser videntes y cuyos mensajes aparentemente en contenido se asemejan, incluso el modo de despedirse, pero si se los mira de cerca se ve que apuntan sobre todo al anuncio de calamidades.

abiertos dirigidos hacia la tierra[99] [...]. Era igual que la Virgen de Fátima [...]. <u>Terminada la Eucaristía desapareció</u>".

Como si fuera una manifestación en dos tiempos, en la que primero se muestra y luego habla, concluidas las apariciones visibles, el **16 de julio**, día de **Nuestra Señora del Carmen**, estando de vacaciones en el Abbruzzo, al pie de la montaña del Gran Sasso, recibe su primer mensaje: *"Hijo, soy yo, tu Madre del cielo, ¡no temas! Querido hijo mío, observa estas montañas, estos bosques, esta agua límpida y pura, signo de vida. Así es el Reino de Dios. Un Reino de paz, de amor y de divina pureza. <u>Una pureza que dentro de vosotros puede ser solo amor.</u> Soy vuestra Madre del cielo y educaré a vuestra familia porque nuestro Padre, <u>Dios, a través de vosotros, dulces hijos, refundará la nueva y verdadera familia de Dios</u>. Será de vosotros, queridos hijos, que <u>deberá partir un camino de evangelización de la Palabra de Dios</u>, nuestro Padre, <u>no solo en la oración sino también en la unión máxima de amor de la familia,</u> educándoos a vosotros mismos y a vuestros y nuestros hijos. El camino no será fácil porque <u>Satanás quiere destruir las familias,</u> pero tú tienes un arma divina que Dios te concedió. <u>Satanás se te presentó ante ti como se me presentó a mí, en forma de serpiente, y con la gracia divina que se te concedió, lo mataste,</u> como lo maté yo, teniéndolo sometido bajo tus pies. Por tanto, <u>no debes tener miedo,</u> porque todos nosotros te estamos cerca. ¿Cómo puedo yo, vuestra Madre del cielo, permitir que os haga mal? Pero vosotros <u>orad y continuad creciendo espiritualmente,</u> porque cuando mi fruto esté maduro, Dios nuestro Padre hará ver quién es vuestra familia. Os amamos, os tengo todos estrechados junto a mi Corazón Inmaculado, sed dulces, puros, simples, como un niño recién nacido. Continuad así porque así me hacéis feliz y sonreír de alegría"*.

Aquí cabe detenerse para explicar a qué se refiere la Virgen cuando le dice que Satanás se le presentó a Fabio en forma de serpiente.[100] En efecto, al comienzo de los hechos o poco antes, había ido Fabio con Jessica a la parroquia y, cuando estaba atravesando el jardín, frente a una estatua de la Virgen de todas las gracias, que es la misma de la Medalla Milagrosa, de improviso una serpiente saltó de detrás para

---

99 Como en las imágenes de la Medalla Milagrosa y de Nuestra Señora de Todos los Pueblos.

100 El episodio me fue referido por el padre Pablo Martín cuando lo conocí en Buenos Aires, al año de las primeras manifestaciones de Civitavecchia.

atacarlo. Instintivamente el padre se puso por delante de la pequeña para protegerla y la serpiente se le enrolló en la bota que llevaba. Con la otra pierna consiguió bajarla y retenerla. A gritos, Fabio pidió algo para abatirla y a la carrera le trajeron un bastón con el que pudo a golpes matar al reptil. Pues bien, el bastón era uno que había traído el párroco de su peregrinación a **Garabandal**. Para quien quiera ver más allá de lo episódico, lo acontecido muestra <u>la furia de Satanás contra la Mujer y el linaje de la Mujer</u>, representado en este caso por Fabio y su hija, y <u>la protección de la Madre</u> que viene a advertirnos, acompañarnos, protegernos, <u>darnos las armas para defendernos</u>. Lo ocurrido, por estar en el terreno de la parroquia de Sant'Agostino, es posible asimilarlo como <u>figura al ámbito de la Iglesia, donde el Maligno está al acecho y ataca desde donde uno no esperaría encontrarlo</u>. La estatua de la Medalla Milagrosa muestra que <u>pese a estar aplastado por la Santísima Virgen, sigue insidiando el calcañar</u>, es decir actuando contra los fieles hijos de la Virgen. En la lucha <u>es vencido por quien empuña el arma que</u> —viniendo de Garabandal— interpretamos, <u>la Virgen le da y que no es un bastón sino el rosario</u>. Lo que refuerza el significado del inesperado <u>ataque en el interior de la Iglesia</u> es la conexión con Garabandal, porque la Madre de Dios en su segundo mensaje advierte acerca de los *muchos cardenales, obispos y sacerdotes que van por el camino de la perdición arrastrando con ellos muchas más almas*. Para mayores datos, el mensaje lo recibe el día de la misma advocación con la que se apareció en Garabandal, <u>Nuestra Señora del Carmen,</u> y cuyo escudo protector es el escapulario. Por tanto, el episodio es muy ilustrativo en cuanto a dónde ahora está el campo de batalla, en la constante lucha contra el Maligno, especialmente en estos que son los tiempos últimos: en la Iglesia, tanto jerárquica como doméstica, la familia.

El **30 de julio** Fabio recibe este fuerte mensaje: *"Querido hijo, os doy una dolorosa noticia:* <u>*Satanás se está adueñando de toda la humanidad y ahora está buscando destruir la Iglesia de Dios a través de muchos sacerdotes.*</u> *¡No se lo permitáis! ¡Ayudad al Santo Padre (Juan Pablo II, n.d.a.)!* <u>*Satanás sabe que su tiempo está por terminar, porque mi Hijo Jesús está por intervenir.*</u> *Os lo ruego, ayudadme, no hagáis intervenir a mi Hijo Jesús, por-*

que yo, vuestra Madre, quiero salvar muchísimas almas y llevarlas a mi Hijo y no dejárselas a Satanás. <u>Orad para que Dios nuestro Padre me dé aún tiempo</u>, porque <u>este es el último periodo que Dios me concede</u>. Mi manto ahora está abierto a todos vosotros, todo <u>lleno de gracias</u>, para poneros a todos cerca de mi Corazón Inmaculado. Se está por cerrar, <u>luego mi Hijo descargará su justicia divina</u>, se cierne sobre el Santo Padre (Juan Pablo II, n.d.a.), mi hijo, un peligro, un ataque feroz de Satanás, ya que él, verdadero y santo hijo mío, está abriendo las puertas de los corazones de la verdadera Iglesia de Dios y Satanás no lo quiere. <u>Ora junto al Santo Padre el 7 de octubre</u> (aquel sábado por la tarde Juan Pablo II recitó el rosario en la catedral de Nueva York junto con familias de las cuatrocientos parroquias de la diócesis, n.d.t.). No temas que se rían de ti, sino recuerda que, a los ojos de Dios, nuestro Padre, eres un hijo predilecto, lleno de amor y de gracia a ti concedida. Recuerda que eres santificado, habiendo aceptado con verdadero amor la voluntad divina, eres una rosa perfumada llena de pétalos de gracias perfumadas. Te amo, amo a todos, porque <u>cada acto de amor es un alma que estás salvando de Satanás y la llevas a Dios, tú y nuestro Padre. ¡Te amo!</u>".

La Santísima Virgen da un importante <u>consejo espiritual</u> a sus hijos que trabajan para el Reino, pero que estando aquí y allí, en estos y aquellos grupos, siguiendo distintas devociones, hacen mucha actividad y lo único que logran es fatigarse, y al final no tienen fuerzas para hacer nada más. Ella enseña cómo ayudarla cuando dice: *"Dulces hijos míos predilectos, <u>estoy muy preocupada. Os hemos elegido</u> para un camino de evangelización, <u>para ayudarme a traer a mis hijos perdidos a Jesús</u>, y haceros crecer unidos en el amor y en la familia. <u>Os estáis cansando excesivamente. Dios no quiere</u> esto. Dios <u>quiere serenidad y felicidad. Cansándoos excesivamente perdéis las fuerzas para la oración y así Satanás puede atacaros</u>. No os preocupéis si mis hijos no creen vuestras palabras, vosotros orad porque solo orando podéis ayudarles a amar a Jesús. <u>Os enseño a orar</u>, dulces hijos míos. <u>Buscadme en todo momento durante la jornada</u>, trabajando, ocupándoos de los niños, agradeciendo a Jesús, porque estas son oraciones de amor. <u>Todo lo que se hace con el amor de Dios y buscando su voluntad, se vuelve oración viva.</u> **Recitad el Santo Rosario, arma divina para derrotar a Satanás;** <u>**confesaos al menos una vez a la semana, tomad parte si es posible de la Eucaristía**</u>"* (mensaje dado a Fabio el 16 de agosto de 1995).

También la Santísima Virgen se lamenta de la curiosidad malsana de sus hijos, que van detrás del fenómeno, pero no detrás del Espíritu, y no hacen lo que Ella pide. En un mensaje del 26 de agosto, dice: *"Hijos míos, lloro porque <u>os estoy hablando en todas partes del mundo dandoos a vosotros</u> **signos extraordinarios**, pero vosotros <u>no me escucháis</u>. Estoy presentándome a vosotros de todas formas, pero <u>no me aceptáis con verdadero amor en vuestros corazones</u>. **Mis lágrimas las veis como signo de curiosidad**, pero vuestro corazón permanece duro y no permitís que entre la luz del Señor"*.

Después del justo reproche reitera la llamada, también en Civitavecchia, a **la consagración a su Corazón Inmaculado** para protección y como camino de santidad: *"Dulces hijos míos, hijos predilectos, <u>consagraos a mi Corazón Inmaculado</u>, lleno de amor divino. <u>Jesús os protege celosamente</u> en su plan divino lleno de amor. <u>Continuad siendo sencillos</u>, <u>llenos de amor por todos"</u>*. Como en Medjugorje, sigue diciendo: *"<u>Orad, orad, orad</u>. Os ruego, acoged esta invitación sincera que aún os estoy dando desde este lugar santo que Dios ha consagrado, dedicado a todas las naciones del mundo. <u>Abrid el corazón y los brazos con el mismo amor y modo con que se abraza al hijo propio</u>, para estar <u>listos a abrazar a Cristo en el esplendor de su gloria</u>, porque **su gran venida está por llegar. Orad y no os canséis jamás de orar.** Dulces hijos míos, **amaos,** porque **el amor en Cristo, mi Hijo, es vuestra llave para entrar en aquella puerta estrecha que conduce al Reino de Dios"**.*

Y un día antes daba a conocer la advocación asociada a estas manifestaciones. Había sido en una <u>aparición conjunta a Jessica y su padre Fabio</u>. *"Queridos hijos, os amo, mi amor es amor divino, pleno de la luz del Señor. <u>El Señor me ha revestido de su luz y el Espíritu Santo de su potencia</u>. Mi misión es la de arrancarle mis hijos a Satanás y llevarlos a la perfecta glorificación de la Santísima Trinidad. Mi voluntad es que todos os consagréis a mi Inmaculado Corazón para a todos poderos conducir a Jesús, cultivándoos en mi jardín celestial. Me presento a vosotros como <u>la Virgen de las Rosas del Corazón Inmaculado, Reina del cielo, Madre de las familias, Portadora de paz</u> a vuestros corazones.* **Convertíos, dulces hijos míos, porque el tiempo está por terminar.** *<u>Ayudadme, sed humildes de corazón, caritativos</u>, volved a ser el pueblo de Dios con un único corazón, que pulsa los rayos de luz del Señor para difundirlos en todo el mundo, para <u>ayudarme a destruir las tinieblas</u>. Orad con amor"*.

Hace una <u>seria advertencia a la Iglesia</u> y a lo que está aconteciendo y por acontecer en Roma: *"Hijos míos, **las tinieblas de Satanás ya están oscureciendo todo el mundo** y están oscureciendo **a la Iglesia de Dios. Preparaos para vivir lo que yo revelé a mis pequeñas hijas de Fátima.** Hijos queridos, <u>después de los dolorosos años de las tinieblas de Satanás, son inminentes los años del triunfo de mi Corazón Inmaculado.</u> Vuestra nación <u>(Italia)</u> está <u>en grave peligro</u>. **En Roma las tinieblas están descendiendo cada vez más sobre la Roca** que mi Hijo Jesús os dejó para edificar, educar y hacer crecer espiritualmente a sus hijos. **Obispos, vuestra tarea es la de continuar el crecimiento de la Iglesia de Dios**, siendo vosotros los herederos de Dios. <u>Volved</u> **a ser un solo corazón pleno de fe verdadera y de humildad** <u>con mi hijo Juan Pablo II, el don mayor que mi Inmaculado Corazón haya obtenido del Corazón de Jesús.</u> **Consagraos todos a mi Inmaculado Corazón** <u>y yo protegeré a vuestra nación bajo mi manto,</u> ahora lleno de gracias. ¡Escuchadme, os lo ruego, os suplico! Soy vuestra Madre del cielo, **os lo ruego, no hagáis que llore aún al ver a tantos de mis hijos morir por vuestras culpas, no aceptándome y permitiendo a Satanás que actúe.** Os amo, ayudadme, tenemos necesidad de todos vosotros, dulces hijos"* (19 de setiembre 1995).

Fabio ofrece sus síntesis de los mensajes cuando dice: "La Virgen <u>se ha dirigido</u> desde aquí <u>a toda la humanidad, a la Iglesia y a aquella porción de Iglesia que es la familia</u>, siguiendo la huella de **Fátima**. Nos puso <u>en guardia contra **Satanás**</u> que es poderoso y **quiere desencadenar** el odio, por tanto <u>**la guerra**</u> para destruir a la humanidad. Y para lograrlo **quiere abatir a la Iglesia de Dios**, comenzando por la pequeña Iglesia doméstica que es la familia, cuna de la sociedad [...]. Existe la **amenaza de un conflicto nuclear entre Occidente y Oriente**: la <u>Tercera Guerra Mundial.</u> Y la Virgen ha agregado que **el demonio haría de todo** para minar la unidad de la familia cristiana fundada sobre el matrimonio y que, sin una nueva conversión, <u>**muchos pastores traicionarían su vocación, además con gran escándalo**</u>, y que la **Iglesia** conocería <u>**una nueva gran apostasía**</u>, es decir <u>renegar de las verdades cristianas fundamentales reafirmadas en los siglos en la tradición y en la doctrina.</u>"

"Hijos míos predilectos, os amo y <u>sufro al veros sufrir</u>. Mi Corazón Inmaculado <u>transformará en inmensas alegrías los sufrimientos vuestros que aceptáis</u> con verdadero amor, porque estas son pruebas que el Señor Jesús permite. Vuestro crecimiento espiritual es la luz del Señor. <u>Yo os sigo personalmente guiándoos de la mano, como a niños, porque así sois y así debéis permanecer.</u> **Por medio vuestro puedo difundir la luz de la fe en estos días de gran apostasía.** *Sois la luz del Señor, porque sois niños a mí totalmente consagrados. Dejaos guiar por mí con tanto amor, un **amor verdadero que vosotros tenéis por Jesús Eucaristía.** Gozo de felicidad porque sois <u>sencillos y humildes</u> y os dejáis llevar como una brizna de hierba que lleva el viento. Yo —vuestra <u>Madre del cielo, Virgen de las Rosas, Reina del cielo, Madre de las familias, Portadora de la paz</u> en vuestros corazones— si me escucháis con amor verdadero y satisfacéis mis pedidos <u>caminando por el camino que os trazo en la mente y en el corazón</u>, por medio de vosotros puedo realizar el gran designio divino del gran triunfo de mi Corazón Inmaculado. **Os amo a todos. Amaos todos. Perdonad siempre a todos**, como hizo Jesús aún cuando lo crucificaron"* (8 de setiembre).

Y a fin de año le dijo: *"Queridos hijos míos, os amo a todos, sois dulcísimos, <u>si solo lograseis comprender en vuestro corazón cuán grande es el amor que nosotros tenemos por vosotros, no resistiréis a la felicidad.</u> Soy vuestra Madre del cielo y me he presentado a vosotros, en esta dulce ciudad, como <u>Virgen de las Rosas del Corazón Inmaculado</u>. Dios nuestro Padre me puso con su gloria y con su divino amor como Reina llena de gracias para todos vosotros. Justamente por su amor infinito creó cada cosa, y cuando vio que sus propios hijos habían caído en pecado, Él mismo se hizo por obra del Espíritu Santo creatura mía (sic) por su Divina misericordia, y yo di a luz a Jesús, mi único Hijo, generado en la carne por obra de Dios, de la cual todas las cosas fueron salvadas por su misma muerte en la cruz, una muerte de infinito amor y misericordia que tiene por todos sus fieles. Dulces hijos míos, estoy contenta de ver crecer en esta ciudad pequeños grupos de oración y tantas conversiones, pero necesito de mucha oración por los hijos oscurecidos por las tinieblas, para que tantas almas vuelvan a Jesús, para vencer el mal y que hagáis triunfar a mi Corazón Inmaculado. Esta es mi misión, que me concedió Dios nuestro Padre: salvar a todos y llevarlos a Jesús. Os ruego, escuchadme. Ve al obispo y dile: '**Reúne a tus sacerdotes y píde-***

les consagrar, por amor de Dios, sus parroquias y las familias a mi Corazón Inmaculado; y tú, como apóstol de Dios, eleva todas las consagraciones en una única consagración de toda la ciudad a mi Corazón Inmaculado, para que así podamos caminar juntos habiendo completado la consagración que ya habéis recibido en Jesús por el bautismo. Así esta ciudad pueda volverse un valle de gracias para todo el mundo, para derrotar a Satanás'" (7 de diciembre de 1995).

Aún cuando los mensajes sean auténticos, dados por el cielo, cabe siempre una aclaración, aplicable a todos los casos de todas las revelaciones llamadas privadas o extrabíblicas, y es que la persona puede transmitirlo erróneamente o que ponga algo de lo suyo, o también que la frase resulte equívoca. En este caso dice que Dios se hizo creatura, y lo que debe interpretarse es que Dios asume la humanidad en María pero sigue siendo siempre el Dios increado. *Es el Hijo, engendrado del Padre, <u>no creado</u>, que desciende del cielo y por obra del Espíritu Santo se encarna en el seno de la Virgen María y así se hace hombre* (credo niceno-constantinopolitano).

La Virgen se despide

La última aparición con mensaje público fue la del 17 de mayo de 1996, en la que dijo: *"Mi tarea ha terminado, adorad a Dios y agradecedle por esta gracia que os ha dado, a vosotros y a toda la humanidad, y por el inmenso amor que tiene por todos sus hijos y por su Iglesia. <u>Ha sido en unión al Hijo y al Espíritu Santo,</u>[101] que <u>me ha enviado,</u> a mí vuestra Madre, Virgen de las Rosas, <u>para llamaros con amor y haceros regresar a su camino.</u> Amaos y sed portadores de paz, creced en la fe. Yo parto, pero Jesús, mi Hijo y hermano vuestro, permanecerá siempre con vosotros en todos los sagrarios de la Iglesia <u>y vivirá siempre dentro de vosotros, si queréis, nutriéndoos y guiándoos con su palabra y por medio del Espíritu Santo,</u> llevando toda su Iglesia a la santificación hasta llegar a su Reino y vuestro Reino".*

---

101 La que vive en el seno de la Santísima Trinidad, como dice en Tre Fontane, es enviada por la misma Trinidad Divina.

Mensajes relevantes según los Gregori. Comentarios

Por expreso pedido del obispo, la familia puso por escrito lo que sus miembros interpretaron en conciencia acerca del contenido de los mensajes, y como solicitó monseñor Grillo, lo hicieron después de haberlos leído y releído.

En síntesis, para la familia la Santísima Virgen resalta que *"Jesús es el único hijo concebido en su carne"*. Respecto a la Eucaristía, recuerda que *"los hombres no tienen la fuerza de nutrirse de la comunión eucarística y sin embargo tienen necesidad de ella porque es el único Pan de la Vida eterna"*, y al mismo tiempo recomienda recibir todos los días a Jesús Eucaristía y, si ello no es posible, entonces recibirlo espiritualmente. Pide además que se exponga en todas las iglesias a Jesús eucarístico. Es de notar que, al llamar Jesús eucarístico o Jesús Eucaristía y no solo Eucaristía, de ese modo resalta la verdad de fe que la Eucaristía no es un objeto sino la Persona del Señor. Dicen que Ella nos exhorta a detenernos a adorar para extraer del manantial de la vida todas las gracias, y para que así pueda Él vivir en medio de los hermanos.

Varios mensajes se refieren a la familia y a la sociedad, los Gregori destacan el llamamiento de la Santísima Virgen a la unidad y defensa de la familia, porque Satanás quiere destruirla, ya que —en virtud del sacramento— en la familia está la iglesia doméstica. La Madre de Dios advierte que el Enemigo siembra cizaña, creando una sociedad cada vez más inmoral, oscura, fría, provocando —sobre todo en los jóvenes— desequilibrio en el crecimiento humano y espiritual.

Según la familia Gregori, la Santísima Virgen reclama la defensa de la vida porque la vida es un don de Dios. A este respecto se recuerda que el 6 de febrero de 1995, que coincidió con la jornada de la vida, la Madonnina lloró siete veces.

Siempre según la familia Gregori, sobre lo que ellos perciben como lo más destacado de los mensajes, está el hecho de que la Virgen nos recuerde la existencia de los ángeles y de su misión, y que haga también un parangón entre los ángeles y los sacerdotes y también fieles laicos llamándolos *"servidores celestiales" y "ángeles terrenales"*.[102] También recordarnos que la verdad está en la Iglesia, que Jesús fundó sobre Pedro y con ello el ministerio petrino de los papas, verdad compartida y sostenida por los obispos en unión al papa. Es decir, en el auténtico Magisterio.

Como en todas partes, también en Civitavecchia nos dice que el arma para derrotar a Satanás es el rosario, y también instrumento para preservarnos del pecado.

Entre los varios mensajes sobre la oración resaltan que *"lo que se hace durante el día, hecho con el amor de Dios, iluminado por su voluntad, se vuelven oraciones vivas"*. Ciertamente, ello no excluye ni puede servir de excusa para dejar de lado el Santo Rosario.

Nos llama a ser como niños y a amar a los niños como lo hacía el Señor, ellos son dones a nosotros confiados.

Muy importante, sobre todo para estos tiempos de gran confusión, es su exhortación a leer la Sagrada Escritura caminando solo sobre el camino seguro de la enseñanza del Magisterio de la Iglesia, custodio y transmisor del depósito de la fe. La consecuencia es, por tanto, rechazar cualquier enseñanza, pretendidamente magisterial, si contradice otra enseñanza anterior del Magisterio.

La Santísima Virgen pide tener una vida sacramental, con especial énfasis en la confesión, y recomienda como importante la dirección espiritual para un seguro crecimiento espiritual y para profundizar el camino de santidad. Muy importante: dice que la aceptación de la voluntad divina no implica el abandono de la voluntad humana sino su transformación e iluminación por la acción del Espíritu Santo, respondiendo líberamente y con responsabilidad.

Siempre en obediencia al obispo y después de una concienzuda lectura, los Gregori dicen que en los mensajes es de destacar la llamada al amor y a dar testimonio de amor en la propia vida, así como de perdón, sencillez y humildad. Debemos —nos pide— ser portadores de paz. Importante es cuidar de los enfermos, porque "en cada enfer-

---

102 En Medjugorje, a los niños al comienzo los llamaba "ángeles míos". Ángel significa mensajero, el término indica una misión del espíritu celestial.

mo está particularmente presente Jesús". En el escrito hay una explicación que da la Virgen sobre el significado del sufrimiento: "si es aceptado y unido al sufrimiento de Jesús, servirá para otorgar infinitas gracias espirituales, personales y para toda la Iglesia y el Reino de Dios". Nos recuerda cuál es el fin del hombre: la vida eterna con Dios, la salvación del alma para la eternidad.

Exámenes de sangre y exudaciones

Desde temprano, ya en los primeros dos meses, se realizan investigaciones sobre lo que —fuera del ámbito propio sobrenatural— se entiende como fenómeno.

Con respecto a la sangre aparecida en la estatuilla se hicieron diferentes tipos de exámenes resultando que es sangre y, por las características cromosomáticas, de origen humano. En los exámenes intervinieron en primera instancia el médico consultor del Tribunal de Civitavecchia y el analista de un centro de diagnóstico; luego, los Institutos de Medicina Legal del Policlínico Gemelli y de la Universidad de La Sapienza y el Laboratorio de la Policía Científica, todos estos de Roma. A su vez, la estatuilla fue expuesta a otros exámenes de parte del Gemelli y de la Policía sin encontrar ningún artilugio interno, resultando que la estatua es sólida, sin cavidades interiores, con algunas burbujas típicas de la modalidad de factura.

Como la segunda estatuilla, regalo a los Gregori del Santo Padre y traída por el cardenal Deskur el 7 de septiembre de 1995, comienza a exudar una substancia oleosa,[103] se resuelve someter la exudación a análisis, constatando que *"se trata de un líquido que contiene substancias aromáticas como terpenos y sesquiterpenos de probable origen vegetal"*.[104]

La sangre del llanto

Muchos, y entre ellos teólogos, se preguntan sobre el significado de por qué, según los análisis, la sangre es de origen masculino.

---

103 Este fenómeno se verifica en las principales fiestas y solemnidades marianas, y luego siempre con mayor frecuencia, especialmente cuando se reúnen a rezar.
104 Informe del profesor Angelo Fiori.

Comenta **Saverio Gaeta** en su libro *"Civitavecchia. Le lacrime di sangue della statuetta di Maria"*, que el **padre Livio Fanzaga**, director de Radio María de Italia, dijo: "jamás se deben menospreciar los signos del cielo, y a este respecto lo primero en poner en evidencia es que <u>la sangre que cuenta en la historia de la redención no es la de la Virgen sino la de Cristo</u>. Además, yendo más allá, no debemos dejar de lado que la sangre de la Virgen y la sangre de Jesús son la misma sangre, puesto que Jesús no tuvo un padre humano. Todo lo que Jesús tomó, en cuanto a su humanidad, lo recibió de María y, por tanto, en aquella masculinidad de la sangre derramada por la estatuilla, veo el significado muy profundo que la humanidad de Cristo proviene toda de la Virgen".[105] Según el padre Livio "se puede proponer una interpretación bíblica muy precisa, con respecto a lo que ocurre en el Getsemaní: *"Y sumido en su agonía, insistía más en su oración. Su sudor se hizo como gotas espesas de sangre que caían en tierra"* (Lc 22, 44). Los místicos son concordes al decir que lo que Jesús padeció durante su pasión, aún mayor que el sufrimiento físico, fue el sufrimiento moral, es decir saber que si muchos hombres serían salvados gracias a su pasión muchos otros habrían rechazado su gesto. Jesús, en definitiva, estaba oprimido por el pecado de los hombres, por el rechazo a la redención. Esta mismísima presión psicológica expresan las lágrimas de sangre de la Virgen. Contemplando la redención rechazada, viendo aquellos que *"no irán a beber la sangre de Cristo"*, para decirlo como Santa Catalina de Siena, María siente pesar sobre su corazón una opresión que fluye en este terrible llanto".

El reputado mariólogo **Stefano De Fiores**, que fue profesor de la Gregoriana de Roma, en consonancia con la opinión del padre Livio, interpreta que: "el signo de la lacrimación de sangre masculina nos recuerda la pasión de Cristo, el abismo de dolor físico, moral y espiritual que padeció y ofreció al Padre para la salvación de los hombres. En el llanto de María se advierten los gemidos inenarrables del Espíritu, que conforman una unidad con los gemidos de la creación hasta

---

105 A este punto se me ocurre objetar que en ese caso la sangre de Jesús debería contener los cromosomas femeninos, y no al revés.

que la filiación divina no se manifiesta en ella". De todos modos, subraya el padre De Fiores, "se debe descartar la idea que se trate de lágrimas metafóricas, es decir de un puro símbolo exterior sin ninguna referencia a la situación de la persona a quien las lágrimas le son atribuidas. Se trataría entonces de un caso de evidente engaño o de exterioridad. Ni tampoco se pueden atribuir a María lágrimas de sufrimiento como las que derramó durante su vida terrenal, serían incompatibles con la condición propia de felicidad de la vida eterna. Generalmente se opina como plausible la explicación que habla de lágrimas místicas, como repercusión actual de los sufrimientos de la Iglesia, Madre de los fieles".

Años más tarde, el padre Stefano De Fiores avanza sobre el tema e identifica los siguientes puntos teológicos significativos:

—"María llora por los pecados y males del mundo y especialmente por el derramamiento de sangre inocente, e invita a la conversión. Civitavecchia está en continuación con manifestaciones marianas anteriores en las que revela una gran preocupación por cómo está yendo el mundo. En 1846 la Virgen aparece en La Salette llorando y revela su mensaje sin dejar de llorar. En Lourdes, en 1858, la Inmaculada muestra su rostro triste cuando le pide a Bernadette besar la tierra en penitencia por los pecadores. También en Fátima, en 1917, asume un aspecto triste, sobre todo en la última aparición. En Siracusa, en 1953, solo llora lágrimas humanas. En Civitavecchia la Madonnina derrama esta vez lágrimas de sangre. Es el resumen silencioso, triste, mudo de los mensajes ya dados por la Madre del Señor a los humildes videntes que había elegido. Después de las palabras de admonición, el llanto de lágrimas normales llega ahora la lacrimación de sangre. ¿Qué más puede agregar María, la Madre del Señor, para sacudir las conciencias adormecidas?".

—"El segundo significado es el cristológico: María llora por el mismo motivo que llevó a Cristo a llorar y a sudar sangre. Jesús soltó un llanto no solo ante la tumba del amigo Lázaro y durante su pasión, sino también ante la vista de Jerusalén pensando en su destrucción. Se trata de un doble pecado de omisión: la ciudad no comprendió el camino de la paz, es decir la salvación plena y total, y no reconoció el tiempo de su visita, en cuanto no aprovechó el momento decisivo de la salvación ofrecida por Jesús. Ante esta clausura de corazón, Jesús reacciona con un llanto de impotencia y con el anuncio de la suerte tremenda de Jerusalén. María llora, como hizo Jesús, para lanzar a la sociedad una última advertencia de no rechazar el Reino de Dios y a no resistir obstinadamente el mensaje evangélico. El suyo es un llanto extremadamente serio, lleno de tristes presagios, una llamada a no rechazar las invitaciones divinas para no incurrir en la ruina".

–"Luego está la interpretación trinitaria: María llora para manifestar su misterioso sufrimiento y el inefable de Dios Padre, Hijo y Espíritu Santo. Porque María interviene en la historia humana por mandato de Dios, las manifestaciones forman parte del plan divino de salvación y en última instancia reflejan la voluntad y el rostro de la Trinidad. Las lágrimas de María llevan a Dios mismo y al problema de su impasibilidad. Hoy la teología rehúye de una imagen apática de Dios, que hace de Él un ser impasible ante los acontecimientos del mundo. En tal sentido, el sufrimiento de María y sus lágrimas revelan el *pathos* del Padre, en cuyo corazón compasivo gime misteriosamente el sufrimiento de Cristo y de la Iglesia.

–Finalmente, "en la reflexión sobre el llanto de Jesús y de María no hay que olvidar el aspecto antropológico, esto es el significado de las lágrimas como expresión humana de dimensiones universales. El llanto es un símbolo de denso significado y de la lágrima se puede dar esta sugestiva definición: 'gota que se extingue evaporando, después de haber dado testimonio, símbolo del dolor y de la intercesión'. Es una forma expresiva fisiológica provocada por una fuerte emoción ante un mundo de valores irremediablemente amenazados. A la luz de la revelación bíblica, los valores cristianos fundamentales son la comunión con Dios Trinidad, el sentido de la Iglesia, la fraternidad, la libertad, la familia, la vida... Estos valores son hoy asediados o en jaque, tanto que ponen en peligro el futuro del mundo. No es de maravillarse si las lágrimas de María representan la denuncia de una situación insoportable para el corazón de una Madre, un grito de alarma que interpela el asumir de las propias responsabilidades para derrotar un destino del otro modo ruinoso e inexorable. Son una profecía tendiente a cambiar el mundo y a dar vuelta a las injustas situaciones de opresión e incoherencia contrastantes con el plan programado para los hombres de Dios de comunión y de fraternidad. Ellas expresan también la esperanza que la triste situación densa de negatividad evolucione en la línea que responde a las expectativas de su Corazón maternal y a los deseos de Cristo, su Hijo".

No se debe soslayar la fecha en la que ocurre la primera lacrimación: el día de la Candelaria, o sea de la Presentación del Señor en el templo de Jerusalén. Ahí recibe María, como lo define Juan Pablo II, su segundo anuncio. Al primero, del Ángel de la maternidad virginal, sigue este otro profetizado por el anciano Simeón acerca del Niño, su misión y el sufrimiento que comportará para ella. Es el anuncio, dice el Papa en *Redemptoris Mater*, de "vivir su obediencia de fe junto al Salvador sufriente". Anteriormente, Pablo VI reclamaba en *Marialis-Cultus* ampliar la comprensión de la fiesta como memoria conjunta del Hijo y de la Madre. Se trata de la Virgen asociada al misterio de salvación obrado por el Hijo. La presentación del Niño es la figura de la oblación de ese Niño junto a la de su Madre.

La lacrimación de sangre de Civitavecchia es un mensaje silencioso, pero igualmente elocuente, de la misión de acompañamiento y ofrecimiento de la Santísima Virgen en la obra salvífica del Señor. Ese mensaje había sido, cincuenta años antes, el motivo de sus manifestaciones en Ámsterdam: el pedido del dogma de María Corredentora. Sus lágrimas son lágrimas de corredención.

Como dirá monseñor Grillo, en la homilía de la misa de entronización de la Madonnina en la iglesia parroquial de Sant'Agostino, "en el momento de la cruz concluye la misión de la Virgen como Madre de Jesús en la tierra, para comenzar su maternidad universal por la llamada del Hijo que le confía todos los hombres y la hace Madre nuestra".[106] Es el momento, no inicial pero sí culminante, de la corredención de la Virgen. Ella experimenta en lo más íntimo del ser el sufrimiento de la redención. Nosotros, como se lo decimos al Hijo,

---

106 Por eso, porque su misión es seguir la obra de la redención junto al Hijo, se explica el motivo por el cual en Garabandal quería que se dijera "Madre de Dios y Madre nuestra".

ahora deberíamos exclamar con total agradecimiento a la Virgen: ¡Qué caro te hemos costado, Madre! El momento de la cruz es el de la espada que le atraviesa el alma, que le provoca la muerte mística. Es en la cruz que debemos encontrar por qué llora sangre. Es la sangre suya, que es la del Hijo, pago de nuestro rescate de la muerte eterna, de la esclavitud de Satanás.

En la obra redentora del Hijo, a la que todos estamos llamados a aceptar y cooperar, María ocupa el lugar más alto y el más eminente. ¿Cómo se le puede negar a la Virgen Santa ese lugar sublime de Corredentora que la Santísima Trinidad le concedió? ¿Cómo se lo puede disminuir y denigrar conjeturando que la Virgen tuvo un momento de rebelión en la cruz?

Decía monseñor Grillo: "enjuguemos las lágrimas de la Virgen, las que derrama por el misterio de iniquidad".

El cardenal Deskur, amigo del Santo Padre Juan Pablo II, opina que la Madonnina ha llorado sangre "para manifestar cuán profundamente su dolor ha golpeado su Corazón, herido por la espada, como previsto por el profeta Simeón, en el momento del ofrecimiento de Jesús en el templo. Y la tangibilidad de este signo quiere hacernos percibir cuán profundamente daña al Corazón de la Virgen nuestra conducta poco cristiana, nuestra infidelidad y nuestras repetidas ofensas a Cristo. Tomemos seriamente este acontecimiento, esta sangre de la Virgen; esforcémonos para comprender a su Corazón maternal y consolarlo cuanto podamos, con nuestra vida de reparación, de fidelidad, de amor filial. Además, la Virgen llora porque su Hijo ha derramado sangre; y Ella participa de su Pasión. La Virgen participa del dolor del Padre por haber sacrificado su único Hijo, pero al mismo tiempo, Ella misma, como Madre, sufre por el mismo dolor de haber sacrificado su único Hijo. Y, en este misterio de comunión, captamos y comprendemos que la sangre de Jesús corresponde a la sangre de María". Este es el texto aparecido en el libro de Riccardo Caniato "La Madonna si fa la strada", citado en el original italiano por Saverio Gaeta.

Oración

Monseñor Girolamo Grillo otorgó el *imprimatur* a la siguiente oración:

"Virgen santa, impulsada por tu amor maternal, te has presentado derramando lágrimas de sangre para recordarnos la sangre que Jesús derramó en la cruz por nosotros, pecadores, e invitarnos a la conversión. En agradecimiento y respuesta a tu maternal asistencia y protección nos consagramos a tu Inmaculado Corazón y nos proponemos vivir la consagración bautismal, estar siempre unidos a la jerarquía eclesiástica, nutrirnos de Jesús Eucaristía, acercarnos frecuentemente a la confesión, adorar a Jesús eucarístico presente en el sagrario, recitar el Santo Rosario privadamente o en familia y ofrecer cada acción del día.

Virgen santa, tú te has manifestado como *Señora de las rosas, Reina de las familias, Reina de la paz, Madre de la Iglesia, Reina del cielo*. Es con estos títulos que a ti nos dirigimos, confiados de ser escuchados. *Señora de las rosas*, obtiene para nosotros las gracias que necesitamos y asístenos en la hora de la prueba.

Reina de las familias, bendice nuestra familia y haz que cada familia viva en la paz, en el amor, en la unión, en el respeto del sacramento del matrimonio y en una educación cristiana de los hijos.

Reina de la paz, dale al mundo la paz: cese toda guerra y reine entre los hombres la hermandad y el amor.

Madre de la Iglesia, defiende la Iglesia de tu Hijo de los ataques del maligno y de toda forma de división, y que cada cristiano viva los compromisos del bautismo. Protege al Santo Padre y a todos los obispos. Guía a los sacerdotes y a las almas consagradas para que se mantengan fieles a su misión y consagración sacerdotal y religiosa. *Reina del cielo*, concédenos amarte siempre como nuestra Madre y Madre de Jesús y, después de esta peregrinación en la tierra, recíbenos junto a ti en la gloria del Paraíso para contemplar el rostro de Dios y cantar eternamente su misericordia.

V
A MODO DE CONCLUSIÓN

Aunque la Santísima Virgen sea una y siempre la misma y sea perenne su llamada a la conversión a Dios y se aparezca en ciertos momentos de la historia para reavivar la esperanza y la fe en sus hijos cuando estas decaen, existe en muchas de sus manifestaciones un propósito particular. Así, por ejemplo, en <u>Rue du Bac</u>, preparó, por medio de la medalla, los dos futuros dogmas: el de la <u>Concepción Inmaculada</u> —promulgado veinticuatro años después— y el de <u>Corredentora</u>, aún pendiente de reconocimiento magisterial. También en la visión que sor Lucía tiene en <u>Tuy</u>, en 1929, la alusión a la <u>corredención</u> por parte de la Santísima Virgen es muy clara, y fundamento de la devoción al Inmaculado Corazón. <u>Ámsterdam</u> se caracterizó, sobre todo, por el pedido de ese dogma mariano cuya fórmula completa es <u>María Corredentora, Medianera de gracias y Abogada</u>. En <u>Fátima</u>, la Virgen pidió el <u>rezo diario del rosario y penitencias</u> para finalizar la guerra y advirtió que, de no mediar conversión, un gran peligro vendría sobre el mundo, anunciando la venida del comunismo y de otros males, entre ellos la Segunda Guerra Mundial. En Ámsterdam deja una oración en la que se pide al Señor un nuevo Pentecostés porque dice: "<u>manda ahora tu Espíritu sobre la tierra</u>. Haz que el Espíritu Santo habite en el corazón de todos los pueblos, para <u>que sean preservados de la corrupción, de las calamidades y de la guerra</u>". <u>Kibeho</u> se caracteriza por la expiación por los pecados y el rezo de la corona de los Dolores, además de recordar nuevamente que el mundo está yendo a la perdición. Para evitar todas esas calamidades, en Fátima solicitó la <u>consagración de Rusia y la devoción a su Inmaculado Corazón</u>. En <u>Civita-</u>

vecchia también urge a la consagración a su Inmaculado Corazón porque —advierte— <u>Satanás está llevando a cabo su plan para destruir a las familias</u> y <u>a la Iglesia</u> desde dentro, y busca desencadenar <u>una guerra para aniquilar a la humanidad</u>. Como siempre, <u>el rosario es el arma</u> para derrotar al Enemigo. También Insiste, en <u>Medjugorje</u>, en la diaria <u>oración</u> (sobre todo del Santo Rosario y si es posible completo) y el <u>ayuno</u>, para evitar las guerras y detener las ya iniciadas. Además, propósito de la Virgen es <u>hacer de Medjugorje modelo de parroquia</u> para el mundo.

En las manifestaciones hay similitudes y también grandes diferencias. La mayor similitud es cómo se presenta la Madre de Dios: la Madre que cuida de sus hijos y preocupada por el rumbo que dan a sus vidas, y por el mundo, viendo los peligros viene a advertirles y a recordarles cuál es el camino al Señor.

Si de una parte están las prolongadas manifestaciones de <u>Laus</u> y de <u>Medjugorje</u>, esta última con el propósito de ir educando y acompañando a los fieles en su camino de conversión, por el otro se nos presenta el contraste de las breves y hasta brevísimas apariciones de <u>Knock</u> y <u>La Salette</u>, sin mensaje explícito en la primera y con un solo preciso mensaje en la segunda. Por otra parte, podemos asociar las breves apariciones de <u>El Pilar</u> y <u>Guadalupe</u> con la intervención divina, en la persona de la Madre del Señor, para evangelizar pueblos paganos.

En Caesaraugusta (la actual Zaragoza),[107] México, Kibeho y en otras apariciones, como la de **San Nicolás, en Argentina**, no tratada, pero igualmente digna de crédito, la Santísima Virgen pide que se le construya un templo. Precisamente, es en San Nicolás donde Nuestra Señora del Rosario en su mensaje del 22 de abril de 1988, a **Gladys Motta, la vidente**, explica el porqué: *"¡Mi querida hija, el Santuario, la Casa de la Madre para los hijos! El Santuario, lugar de culto, <u>donde la Madre habita para las almas que van a adorar al Hijo; lugar donde la Madre congrega a los hijos, para el encuentro con el Hijo, y lugar donde el Hijo se ofrece en la Santa Comunión,</u> por la Misericordia del Padre. Jesús*

---

107 Según la antigua tradición, en la aparición al Apóstol Santiago el Mayor, en el año 40, la Virgen que aún vivía en la tierra le pide que allí se construya un templo, donde queda como testimonio el pilar sobre el que se había posado.

Eucaristía; profundísima comunicación entre Dios y el hombre; Poderosísimo Amor de Dios hacia el hombre y por el hombre. Es en el Santuario donde María, Madre de Cristo, espera a los hijos, herederos desde la cruz; es en el Santuario donde María está presente para ellos, y es en el Santuario donde María obra en las almas, para bien de las almas. Aleluya".

Secretos los hay en Medjugorje, Garabandal, Fátima, La Salette, Civitavecchia.

En Rue de Bac anticipa dos dogmas: la Inmaculada Concepción de María y la de Corredentora, Medianera y Abogada o Intercesora. En Lourdes confirma el de la Inmaculada Concepción. En Ámsterdam anticipa el dogma de Corredentora, Medianera y Abogada, y en Tre Fontane también se adelanta al dogma de la Asunción de la Virgen al cielo.

En Akita, las manifestaciones son sobre todo locuciones y la estatua llora, como también la de Civitavecchia; en el primer caso lágrimas normales, y en el otro de sangre. Tanto en una como en la otra, las estatuas son representaciones que corresponden a otras manifestaciones, las que en su momento no están aprobadas: Nuestra Señora de todos los Pueblos y Medjugorje, respectivamente.

Por otra parte, una peculiaridad la constituye el hecho de que el vidente de Tre Fontane además recibe mensajes proféticos en sueños.

La Virgen llora en La Salette y en Kibeho. En Akita, Tre Fontane, Garabandal, Civitavecchia alerta seriamente sobre la situación interna de la Iglesia. Todas estas manifestaciones son potentes llamadas a la urgente conversión.

Sin embargo, no todo se agota en la llamada a la conversión ni en los motivos específicos de las manifestaciones, puesto que hay dos aspectos fundamentales tratados ya en las páginas precedentes, y estos son la centralidad de la Eucaristía y la proyección de las apariciones hacia el fin de los tiempos, es decir el aspecto esjatológico.

Resumiendo, encontramos lo siguiente:

En lo eucarístico

Definitivamente, si el mensaje de Garabandal es sobre todo eucarístico, no lo son menos, explícitos o no, los de las otras apariciones comentadas. En tal sentido, el mensaje que la Santísima Virgen da en Garabandal no solo es ejemplar por lo dicho en los años 1961 y 1965, sino también por los gestos de adoración y reverencia que les hacía hacer a las niñas, por las comuniones místicas —siempre de rodillas y en la boca— que recibían del ángel y por el milagro del 18 de julio de 1962 en el que la Sagrada Forma, dada por el Arcángel San Miguel a Conchita, se hizo visible en su boca.

Eucarística es Garabandal por la reverencia dada al sacerdote, mayor que al mismo ángel, ya que el sacerdote recibe de Dios el poder de consagrar y hacerlo presente en el Santísimo Sacramento. Eucarística lo es porque el milagro profetizado para el futuro, luego del Aviso, se verificará en el día de un santo mártir de la Eucaristía. Eucarística hasta en lo anecdótico. Es el caso de la polvera que apareció entre los objetos numerosos que la gente llevaba para que la Virgen los besara durante la aparición. Cuando las niñas lo vieron se negaron a dárselo a la Santísima Virgen porque sabían que Ella solo besaba objetos religiosos y alianzas matrimoniales y nada más. Sin embargo, el dueño de la polvera insistió que quedara entre los otros objetos. Apareció la Santísima Virgen y asombrosamente lo primero que pidió para besar fue la polvera. El asombro para algunos se volvió duda acerca de la veracidad de las manifestaciones. ¿Cómo podía la Madre de Dios besar algo profano y hasta mundano? Al finalizar el éxtasis, los presentes le pidieron a Conchita explicaciones. La niña contó que la Virgen lo primero que hizo fue pedir la polvera para besarla, diciendo que era "algo de su Hijo", pero Conchita no sabía qué quería decir con ello. Quien había puesto la polvera lo reveló: *"Durante la Guerra Civil española (1936-1939), en una zona donde los sacerdotes que no se habían ocultado fueron exterminados, esta polvera sirvió para llevar la Eucaristía a escondidas a personas encarceladas que iban a ser ejecutadas"*. Quien descubrió el secreto y trajo el objeto era Ramón Pifarré Segarra, farmacéutico de Sants (Barcelona). Vale la pena reflexionar sobre esta enseñanza que nos dejó la Madre de Dios: ¡la importancia de un objeto en contacto con el Cuerpo Eucarístico del Señor! Bastó que se lo utilizara como teca para llevar la comunión que hizo de él ya no más un objeto profano sino consagrado. Todo objeto separado para el culto litúrgico hace de él algo sagrado que ya no puede ser usado para otro fin.

Luego está la parte más difícil del mensaje, en el sentido que Conchita no se atrevía a transmitirlo tal cual había sido dicho, cuando dice: "muchos sacerdotes, obispos y cardenales van por el camino de la perdición, llevando con ellos a muchas más almas". Sin embargo, siendo testigos ahora de lo que tristemente viene ocurriendo en el seno de la Iglesia, es justamente esa parte del mensaje la que le confiere mayor autenticidad. Y no solo por los escándalos sobre todo sexuales y también de dinero que han salido a la luz y que eran totalmente desconocidos para la feligresía y también para la mayoría del clero, sino por otra razón —que aunque no lo parezca— es más grave: la apostasía de la fe; la falsificación de la verdad; la devaluación sacramental donde se atenta por la vía "pastoral" contra la indisolubilidad del matrimonio, la banalización de la confesión a través de ritos penitenciales con prohibidas absoluciones comunitarias; negación del bautismo como única vía para volvernos hijos de Dios y, por encima de todo, la Eucaristía —como lo dice en el mensaje—; todo lo que lleva a la perdición de muchas más almas. Una vez más, como antes en Fátima o en Ámsterdam, la Santísima Virgen había anticipado lo que ya se estaba gestando.

"Cada vez se da menos importancia a la Eucaristía", dice la Virgen en Garabandal y esto —además de todo lo que lleva a los pastores a la perdición— provoca la justa ira de Dios que "debemos evitar".

La ira de Dios viene no solo por los escándalos morales —que ciertamente son motivo serio y sobre todo cuando tales escándalos atañen a víctimas inocentes y se cometen aberraciones contra pequeñas e indefensas criaturas, con el tremendo agravante que quienes lo hacen son miembros de la Iglesia— sino antes por la raíz de todos esos y otros muchos males: el desprecio al mismo Dios, y concretamente en la Eucaristía, de parte de quienes tienen que ser sus servidores y devotísimos de su culto, y por las consecuencias que eso acarrea para todo el mundo.

Cuando se pierde el santo temor de Dios, el pecado no tiene contención posible. No es suficiente odiar al mal, necesario es amar al bien, y solo se ama el bien si se ama a Dios. El santo temor de Dios no es tanto tener miedo de Dios por el castigo que espera a quien lo ofende, sino el amor a Dios de quien teme ofenderlo. En el orden del bien y del amor, Dios está siempre primero. Cuando se celebra y se participa sin respeto de la Eucaristía, cuando se la profana, es porque no existe santo temor de Dios. Y entonces se destruye la fe y la misma razón de ser de la Iglesia, que vive y se nutre de la Eucaristía y cuya vida espiritual reconoce en la Eucaristía su fuente y su culmen. Cuando Dios no está en el primer lugar tampoco hay sitio para el amor al otro y todo se desmorona; entonces —como ocurre ahora— toda una sociedad puede consentir, aprobar e incitar a que se mate a los más inocentes e indefensos.

Si en Ámsterdam la Virgen le decía a Ida, cuando le pedía signos para mostrar la autenticidad de sus visiones, que en sus mensajes estaba la autenticidad, igualmente, si no más, se puede decir de la autenticidad de Garabandal. Quien ha visto y ve la degradación de la Eucaristía por parte de muchos sacerdotes y fieles no puede dudar que esos mensajes fueron dados por el mismo cielo.

Si en Guadalupe la Santísima Virgen pone la atención sobre Ella es para llevar maternalmente a los pueblos indígenas hacia Dios, y por eso el pedido, el único pedido que hace, es que construyan el templo. La gran evangelización de México, el atraer a millones para que se bauticen y así se vuelvan hijos de Dios, en Jesucristo y puedan participar de la comunión con el Cuerpo y la Sangre del Señor es por obra de la "Madre del Dios por quien se vive", que se apareció en el Tepeyac.

Permítaseme insertar un testimonio personal: la gracia de Dios me llevó a promover y establecer la adoración perpetua en México y pude ver cómo los mexicanos reverencian al Santísimo, cómo cuando se retiran de la iglesia donde está expuesto no le dan la espalda. ¿Cómo no asociar tanta reverencia y respeto por la Eucaristía con la extraordinaria manifestación de la Santísima Virgen en este país?

La Salette es el lamento ante el desprecio a la celebración de la Eucaristía, por no respetar el día del Señor y por las blasfemias. Es, además, la advertencia de los males físicos que derivarán de los graves males espirituales cuando no hay conversión a Dios. Si se convierten, les dice la Bella Señora, "Dios hará que saquen patatas de las piedras". <u>Conversión es siempre ir hacia la Eucaristía, acogerla, celebrarla, adorarla.</u>

<u>Laus</u> llama especialmente al arrepentimiento y a la confesión de los pecados, al mismo tiempo que revela la importancia de <u>un sacramental</u> —el aceite de la lámpara que arde <u>ante el sagrario</u>— que se vuelve tal por estar dedicado al uso sacro y vinculado directamente al sacramento de la Eucaristía. La aparición en los Altos Alpes de Francia enlaza los sacramentos de la penitencia con la Eucaristía, y si pone énfasis en la reconciliación con Dios es para llevar al encuentro pleno en el sacramento de la Eucaristía. El caso análogo, de la unción del aceite de las lámparas que arden en el templo en la Basílica del Pilar, ofrece el testimonio totalmente inaudito en los anales de la historia: el milagro de Calanda.

<u>Knock</u> es eucarística y esjatológica por su <u>clara alusión al sacrificio de la Santa Misa</u> —más que oportuno en tiempos en que se le niega a la Eucaristía su condición sacrificial— en el contexto apocalíptico por la figura del Cordero Inmolado y la luminosidad de todas las otras imágenes entre las que se encuentra el mismo autor del Apocalipsis, San Juan el Evangelista.

Y, ¿qué decir de <u>Fátima</u>, tan actual? Porque, como dijo el Santo Padre Benedicto XVI en su viaje al santuario en 2010, Fátima está abierta al futuro. Fátima, como se ha visto, es una manifestación profundamente eucarística donde <u>el ángel</u> viene a preparar a los niños para lo que un año después iría a acontecer. Y que es eucarística se ve ya en <u>la primera aparición de la Santísima Virgen</u>, en la que los niños, sintiendo la presencia de Dios, hacen un acto de fe y de amor a la Eucaristía. Además, la Santísima Virgen apareció el día de <u>Nuestra Señora del Santísimo Sacramento</u>. Por ese motivo, también en Fátima fue necesario detenerse y dedicarle mayor extensión.

<u>Akita</u> se relaciona íntimamente con Fátima y también con Ámsterdam y Garabandal y todo comienza frente al sagrario de donde emana una luz sobrenatural y ángeles adoran al Santísimo.

En todos los casos encontramos a Jesús Eucaristía, diríamos esperándonos, porque hasta Él conduce su Madre, la Enviada suya para estos tiempos finales. Enviada, como se verá a continuación, que busca otros enviados, o sea apóstoles, para estos tiempos.

En <u>Civitavecchia</u> recomienda recibir todos los días a Jesús Eucaristía, y si ello no fuera posible, entonces recibirlo espiritualmente. Pide además que se exponga en todas las iglesias a Jesús eucarístico.

En <u>Tre Fontane</u> advierte muy seriamente: "La Eucaristía un día será profanada y no será más creída la Presencia real de mi Hijo. ¡Falsas ideologías y teologías!". Mensaje este eucarístico y al mismo tiempo signo del final de los tiempos. Además, en Tre Fontane, como en Fátima y en Kibeho, miles de Personas presenciaron el milagro del sol, símbolo de la Eucaristía, puesto que el poderoso sol que no daña a la vista es la figura de la presencia de Dios Todopoderoso tras el velo del pan eucarístico.

En lo esjatológico:

Hemos visto que la imagen dejada en la tilma de San Juan Diego, en <u>México</u>, cuando llegaba la Iglesia al nuevo continente, es históricamente la primera que representa a la <u>descripción de la Mujer del capítulo 12 del Apocalipsis</u>. Por tanto, es plausible interpretar que con el descubrimiento y la inmediata evangelización de América comienza la última etapa hacia el anuncio de la Buena Nueva a los confines de la tierra. *"Id al mundo y proclamad el Evangelio a toda la creación. El que crea y sea bautizado, se salvará; el que no crea, se condenará"* (Mc 16, 15-16). *"Id pues, y haced discípulos a todas las gentes bautizándolas en el nombre del Padre y del Hijo y del Espíritu Santo, y enseñándoles a guardar todo lo que yo os he mandado"* (Mt 28, 19-20). *"Se proclamará esta Buena Nueva del Reino en el mundo entero, para dar testimonio a todas las naciones. Y entonces vendrá el fin"* (Mt 24, 14).

En la medalla que la Virgen manda acuñar, a Santa Catalina Labouré en la <u>Rue du Bac</u>, no solo anticipa con ella dos dogmas marianos (la Inmaculada Concepción y el último dogma que explícitamente pide en <u>Ámsterdam</u> de María Corredentora, Medianera y Abogada) sino que también —con el agregado de <u>las doce estrellas en el reverso</u>— alude claramente a la Mujer del Apocalipsis. A través de Ida, Nuestra Señora de todos los Pueblos, dice que el dogma ha de ser proclamado y, cuando lo sea, en <u>momentos de gran tribulación</u>, traerá la paz sobre la tierra (mensaje del 31 de mayo de 1954). También está dicho que el Aviso anunciado en Garabandal vendrá en <u>momentos de gran persecución a la Iglesia</u>.

Por otra parte, ha sido opinión unánime de mariólogos que con las apariciones de Rue du Bac se iniciaba el tiempo mariano de apariciones que ha visto desde entonces un notable crescendo. Todo esto indicaría que estamos ante <u>el tiempo final de la Mujer del libro de la Revelación</u>. Refuerza esta impresión el hecho que en <u>Tre Fontane</u>, la Virgen se da a conocer como Virgen de la Revelación.

A menos de cincuenta años de la Medalla Milagrosa se sitúa temporalmente la aparición tan peculiar de <u>Knock</u>, en Irlanda, que alude a los últimos tiempos. La aparición es de figuras luminosas, y una de ellas es la del autor del Apocalipsis, San Juan el Evangelista. Para descubrir Knock hay que abrir el libro del Apocalipsis, que San Juan tiene en su mano. En él está el misterio de la redención, en el Cordero Inmolado del capítulo 13 y la Mujer del capítulo 12, toda luminosa, vestida de sol, que sufrirá el dolor del parto de los hijos que recibe al pie de la cruz. De esa cruz plantada en el altar. San Juan, con la mano alzada, está advirtiendo que comienzan los últimos tiempos. Todo es luz porque en el tiempo triunfal no habrá sombras ni tinieblas, no habrá tampoco sol ni lámparas, porque será el Cordero quien los alumbrará (Cf Ap 21, 23). La aparición es silenciosa como silencioso es San José, que allí está a la derecha de la Virgen, haciendo notar su presencia en estos tiempos en los que se estaría revelando su potentísima intercesión y protección. También discretamente está presente en <u>Rue du Bac</u> y en <u>Fátima</u> cuando el milagro del sol.

Knock es también la llamada a la Santa Misa como Banquete sacro y esjatológico de las Bodas del Cordero (Cf Ap 19, 7-10).

Hay quienes vinculan la visión que tuvo el **papa León XIII** acerca de los cien años concedidos a Satanás para la destrucción de la Iglesia con las apariciones de <u>Fátima,</u> y que incluso hacen coincidir el comienzo de ese centenario con el año 1917. La visión del Santo Padre, que ocurrió en 1884, la tuvo —sugestivamente— un 13 de octubre, día en que la Virgen aparecería, por última vez, treinta y tres años más tarde en Fátima. Tan aterrorizadora fue la visión, que el Papa se puso de inmediato a redactar una oración a San Miguel, defensor y protector de la Iglesia Universal, para que fuera rezada al final de la misa en todas las iglesias del mundo.[108] Cierto también que Fátima es, por otros motivos, afirmación y revelación esjatológica. Afirmación porque fue en tiempos en que el modernismo penetraba en la Iglesia y se empezaba poco a poco y cada vez con mayor fuerza, a poner en duda la existencia de los novísimos. Seguramente por ello, la Virgen —en lo que se dio en llamar el primer secreto de Fátima— les muestra a los niños la terrible realidad del infierno. Revelación porque —en el pedido de la devoción a su Corazón Inmaculado, para salvar a las almas del infierno, y de la consagración de Rusia (segundo secreto) a su Inmaculado Corazón por parte del Santo Padre— está mostrando que, a través de su persona, Dios da batalla a Satanás. Como profetizaba San Luis María G. de Monfort, en la etapa de la lucha final por la salvación de las almas todo es puesto en manos de la Santísima Virgen.

Para captar la certeza que el Corazón Inmaculado, que representa a la misma Santísima Virgen con el amor inconmensurable de Madre que lucha por sus hijos, está en el centro de la guerra entre el Dragón y la Mujer, resulta muy útil volver a leer a sor Lucía en su relato del segundo secreto. Dice así:

"Enseguida levantamos los ojos hacia nuestra Señora, que nos dijo con bondad y tristeza: *'Visteis el infierno* (primer secreto cuando les muestra el infierno), *para donde van las almas de los pobres pecadores. Para salvarlas, Dios quiere establecer en el mundo la devoción al Inmaculado Corazón. Si hicieran lo que digo, se salvarán muchas almas y tendrán paz. La guerra va a acabar* (estaban en la Primera Guerra Mundial), *pero si no dejan de ofender a Dios, en el reinado de Pío XI comenzará otra peor. Cuando vean una noche alumbrada por una luz desconocida, sepan que es la gran señal que les da Dios de que Él va a castigar al mundo por sus crímenes, por medio de la guerra, el hambre y las persecuciones a la Iglesia y al Santo*

---

108 Desde aquel entonces y hasta el último Concilio se recitó la oración al menos en su versión más abreviada en todas las iglesias.

Padre. Para impedirla, <u>vendré a pedir la consagración de Rusia a mi Inmaculado Corazón</u> (está anticipando el pedido que hará años más tarde), *y a la comunión reparadora en los primeros sábados. Si atendieran a mis pedidos, Rusia se convertirá y tendrán paz. Si no, esparcirá sus errores por el mundo, promoviendo guerras y persecuciones a la Iglesia, los buenos serán martirizados, el Santo Padre tendrá mucho que sufrir, varias naciones serán aniquiladas, <u>por fin mi Corazón Inmaculado triunfará</u>. El Santo Padre me consagrará Rusia, que se convertirá, y será concedido al mundo algún tiempo de paz"'*.

Refiriéndose al tercer secreto, y contrariamente a lo que se había dicho en el año 2000, diez años más tarde el papa Benedicto XVI, en visita a Fátima, dice que <u>está abierto al futuro,</u> o sea que <u>todavía debe cumplirse</u>. El tercer secreto, tal como fue dado a publicidad, es la visión de un gran castigo. Un ángel blandiendo una espada de fuego amenaza <u>incendiar al mundo, la Virgen se interpone.</u> El ángel clama, por tres veces, <u>penitencia.</u> Luego, como en un espejo y sugestivamente, ven los niños a un <u>obispo vestido de blanco;</u> y a obispos, religiosos, sacerdotes que suben a una <u>escabrosa montaña rematada por una rústica gran cruz.</u> El Papa se encamina hacia allí, pero pasando por una gran ciudad en ruinas llena de cadáveres. Asciende la montaña y allí es <u>muerto por soldados, lo mismo ocurre con todos los obispos, sacerdotes, religiosos y algunos seglares.</u> Ve también <u>ángeles que recogen la sangre de los mártires y con ella irrigan a las almas</u> que se aproximan a Dios.

En este punto es inevitable comentar que el llamado **tercer secreto** ha sido desde el comienzo controvertido. Primero, porque cuando en el año 2000 se dio a conocer, se dijo que ya se había cumplido con el atentado al papa Juan Pablo II del 13 de mayo de 1981. Y efectivamente, los críticos estaban en lo cierto, tal interpretación fue desmentida por el papa Benedicto en el año 2010. Luego, porque otros vieron que anteriores declaraciones de personas que supuestamente conocían el secreto no concordaban con lo revelado en el año 2000 y hacía esto sospechar que había una parte aún no dicha. Entre los indicios que no todo fue revelado figura la <u>respuesta del entonces cardenal Ratzinger,</u> en el libro entrevista "Informe sobre la fe", cuando Vittorio Messori, el entrevistador, le pregunta sobre el secreto y el Prefecto contesta que <u>sobre todo tiene que ver con la fe</u>. Textualmente, dice que el tercer secreto atañe a "los peligros que amenazan la fe y la vida del cristiano y, por lo tanto, del mundo". Algo parecido decía en 1984 el obispo de Fátima, Cosme do Amaral: <u>"la pérdida de la fe de un continente</u> (evidentemente alude a Europa) <u>es peor que la aniquilación de una nación</u>". Por la otra parte, nunca fueron desmentidas las palabras atribuidas al santo Papa Juan Pablo II en su visita a Fulda, Alemania, en 1981 (poco antes del atentado), cuando dijo: *"Nosotros debemos prepararnos para sufrir grandes pruebas dentro de poco, tales que demandarán de nosotros una disposición a perder la vida, y una total dedicación a Cristo y por Cristo {...}. Con vuestras oraciones y las mías <u>es posible mitigar esa tribulación, pero ya no es posible apartarla</u>,*[109] *porque solo así la Iglesia puede ser efectivamente renovada. ¿Cuánto tiempo llevará la renovación de la Iglesia surgida de la sangre? Ese tiempo, demasiado, no será de otra manera. Nosotros debemos <u>ser fuertes y estar preparados, y confiar en Cristo y en su Madre, y ser muy, muy asiduos en el rezo del rosario</u>".* Esas palabras se complementan a continuación con estas otras: *"Por otra parte, debería ser suficiente para todos los católicos saber esto: si hay un mensaje en el cual está escrito <u>que los océanos inundarán todas las áreas de la Tierra, y que en un momento millones de personas perecerán</u>, verdaderamente la publicación de tal mensaje ya no es algo tan de desear". "<u>Muchos quieren saber simplemente por curiosidad y por el gusto de lo sensacional, pero ellos olvidan que el conocimiento también implica responsabilidad</u>. Ellos procuran solo la satisfacción de su curiosidad, y es peligroso si, al mismo tiempo, no están dispuestos a hacer algo, y si ellos están convencidos que es imposible hacer nada contra el mal".* Y <u>empuña el Papa el rosario</u> mostrando que en él está la respuesta.

El cardenal Mario Ciappi, que sirvió como teólogo tanto a Pablo VI como a Juan Pablo II, escribió: "En el tercer secreto se predice, entre otras cosas, que la gran apostasía en la Iglesia empezará en lo alto". Tal aseveración concuerda con las palabras que dijo la Virgen, que según sor Lucía refiere en una de sus memorias, antes de revelarles el

---

109 Concuerda con lo dicho por la Virgen en Medjugorje, donde los últimos de los diez secretos son castigos sobre la humanidad. Ella dijo que gracias a las oraciones y los sacrificios, el séptimo fue mitigado, pero no es posible cancelar esos castigos dado el estado del mundo.

tercer secreto: "En Portugal <u>se conservará siempre el dogma de la fe</u>",[110] y viene un etc. porque es la parte en ese momento no develada. *A contrario sensu*, quiere decir que en otras partes se perderá el dogma de la fe. Nada de esto parece desencaminado cuando vemos la actual situación de las naciones otrora católicas y de la Iglesia.

Un dato ulterior viene de <u>Akita</u>. Sabemos que las apariciones y mensajes de Akita fueron aprobados como dignos de ser creídos en 1988, tanto por el obispo del lugar, monseñor Ito, como por la Congregación para la Doctrina de la Fe. Ahora bien, según relató el obispo japonés, el cardenal Ratzinger le confirmó que <u>los mensajes de Akita y de Fátima son esencialmente lo mismo</u>.[111] El mensaje de Akita habla de catástrofes materiales y espirituales: *"Caerá fuego del cielo y borrará una gran parte de la humanidad {...}. La obra del demonio se infiltrará incluso dentro de la Iglesia, de tal manera que <u>se verá cardenales contra cardenales, obispos contra obispos {...}, las iglesias y altares serán saqueados; la Iglesia estará llena de aquellos que aceptan compromisos {...}</u>. Las únicas armas que quedarán serán el rosario y el Signo dejado por mi Hijo {...}"*. Por otra parte y como ya se ha visto, este mensaje, dado el 13 de octubre de 1973 (a resaltar la fecha: 13 de octubre) está íntimamente <u>vinculado con el segundo de Garabandal</u>. Si los mensajes de Fátima y Akita son esencialmente lo mismo, <u>es de toda lógica deducir que la parte de las catástrofes, espiritual dentro de la misma iglesia y cósmica, no</u>

---

110 Sin embargo, a esa afirmación cabría añadir, según el libro publicado por las carmelitas de Coimbra en 2013, donde relatan dichos y situaciones inéditas de su hermana sor Lucía, que viendo la situación de Portugal antes de su muerte, ella habría aclarado diciendo: ***"Si Portugal no aprueba el aborto, entonces estará a salvo, pero si lo aprueba tendrá mucho que sufrir.*** *Por el pecado de la persona, la persona es responsable y paga por él, pero **por el pecado de la nación toda la gente paga por ello,** porque los gobernantes que promulgan las leyes injustas lo hacen en nombre de las personas que los eligieron. Hoy Portugal está bajo el peso de **tres pecados sociales** que requieren la reparación y conversión: el **divorcio, el aborto y el matrimonio civil entre personas del mismo sexo. Es una gran crisis moral que explica todas las otras crisis.** Un cuerpo enfermo con gangrena mejora con los tratamientos, pero mientras que la enfermedad puede mejorar, si el tratamiento no erradica la fuente del mal, la muerte será el fin"*, (*Um caminho sub o olhar de Maria*).

111 *Catholic World News* informó, el 11 de octubre de 2001, que Howard Dee, antiguo embajador filipino ante el Vaticano, dijo en una entrevista a la revista *Inside the Vatican* en 1998 que: *"Monseñor Ito, {obispo local de Akita, hoy fallecido} estaba seguro que Akita fue una extensión de Fátima, y **el cardenal Ratzinger me confirmó personalmente que esos dos mensajes, el de Fátima y el de Akita, son esencialmente lo mismo"*. La misma historia de *Catholic World News* citó más adelante que *"tanto el obispo Ito como el cardenal Ratzinger declararon los mensajes y eventos de Akita como de origen sobrenatural y los calificaron como 'dignos de creencia'"*.

fueron desveladas en Fátima. Las razones de por qué no lo fueron, aunque lo podemos imaginar, no son de nuestra incumbencia y por tanto no nos corresponde juzgarlas.

En los mensajesde Garabandal está presente tanto la apostasía como el gran castigo y, este último también, en la secuencia de los acontecimientos futuros: Aviso - Gran Milagro - Castigo. El Aviso fue dicho por las niñas y confirmado en varias ocasiones, será una advertencia del cielo en momentos de gran persecución para la Iglesia, tanta que habrá que ocultarse para celebrar la Eucaristía y se correrá peligro de muerte. Las niñas lo asociaban a la toma del poder en el mundo por parte de los comunistas. Esta persecución anunciada nos retrotrae a Tre Fontane, cuando la Virgen le dice a Bruno: *"**Antes de que Rusia se convierta** y abandone el camino del ateísmo, **se desatará una tremenda y grave persecución.** Y luego agrega: "Reza, se puede detenerla".*

El Aviso, de alcance mundial, tendrá como dos partes consecutivas; primero será un fenómeno cósmico aterrador que todos verán y no hará daño en modo directo, e inmediatamente después, cada uno —en una suerte de juicio particular— verá sus pecados, incluso los de omisión, y la cadena de nefastas consecuencias. Cada persona se verá en total soledad ante el juicio de Dios. El Aviso o Advertencia será tan fuerte como el mundo, que ha perdido toda noción de pecado, lo necesite. ¡Y vaya si lo necesita! Se ha dicho también —e idéntico comentario fue dado en Medjugorje— que si no se supiera que es un aviso se lo tomaría como castigo. Sin embargo, no debe escapársenos que la contundencia del Aviso es misericordia divina, para que las almas no se pierdan. El Aviso será para preparar al gran Milagro que acontecerá en Garabandal y aledaños. Dice Conchita que será el mayor milagro que el Señor haya hecho sobre la tierra, y dejará una señal en los pinos de Garabandal, intangible pero visible, que perdurará hasta el fin del mundo. Esa señal será evidente que viene de Dios. Por último, de no mediar conversión vendría un gran Castigo, como no lo conoció antes la humanidad (por tanto peor que el Diluvio). El Aviso y el gran Milagro acontecerán dentro del mismo año, no así el gran Castigo, que sería más adelante.

Otro indicio esjatológico es la presencia del Arcángel San Miguel a lo largo de las manifestaciones, desde la primera aparición hasta la última, y en las comuniones a las niñas. En la Sagrada Escritura, San Miguel aparece[112] en el libro de Daniel (Cf. Dan 10, 13-21) como el defensor y protector del pueblo de Dios (de ahí por qué es protector de la Iglesia), y Dan 12,1, refiriéndose precisamente a los últimos tiempos, dice: "En aquel tiempo surgirá Miguel, <u>el gran Príncipe que defiende a los hijos de tu pueblo</u>. Será aquel un tiempo de angustia como no habrá habido hasta entonces otro desde que existen las naciones. En aquel tiempo <u>se salvará tu pueblo: todos los que se encuentren inscritos en el Libro</u>". <u>Ese tiempo</u> al que alude Daniel es el del Apocalipsis cuando "entonces se entabló <u>una batalla en el cielo: Miguel y sus ángeles combatieron con el Dragón. También el Dragón y sus ángeles combatieron</u>, pero no prevalecieron y no hubo ya en el cielo lugar para ellos. <u>Y fue arrojado el gran Dragón</u>, la Serpiente antigua, el llamado Diablo y Satanás, el seductor del mundo entero; <u>fue arrojado a la tierra y sus ángeles fueron arrojados con él</u>" (Ap 12, 7-9). Es el tiempo este en que todos los demonios están sueltos por el mundo. Pero Miguel viene en auxilio de los hijos de la Mujer, cuando el Dragón "despechado contra la Mujer, se fue a hacer la guerra al resto de sus hijos, los que guardan los mandamientos de Dios y mantienen el testimonio de Jesús" (Ap 12, 17). La promesa es que <u>se salvarán los que estén inscritos en el Libro, los que guarden los mandamientos de Dios y sean testigos fieles de Jesucristo.</u>

Resumiendo, y a tenor de las revelaciones comentadas, es indiscutible que <u>habrá una gran persecución y también grandes calamidades</u> —lo que daría lugar a pensar en la gran tribulación de la que nos habla el Señor antes de su venida—, y que <u>la pérdida de la fe y la apostasía desde lo alto es la causa de tales calamidades y de la pérdida de tantas almas.</u> Pérdida de fe, protestantización de la Iglesia, fueron para Pablo VI, signos de la posible proximidad de la venida del Señor. En tanto, ante los embates de las herejías, ante la apostasía dentro de la Iglesia, ante los

---

112 También aparece en la carta de Judas (Jds 1, 9) en una mención que proviene del Tárgum. El Tárgum es la versión en arameo de la Torá, la Biblia hebrea, que además incluye interpretaciones de la Escritura Sacra y alegorías.

ataques del mundo, se yergue en estos últimos tiempos, la figura de la Guardiana de la Fe,[113] Madre de Dios y Madre nuestra.

Es el tiempo profetizado por San Luis María Grignion de Monfort,[114] cuando —hablando de la Santísima Virgen— dice que es la aurora que precede y anuncia el Sol de Justicia, Jesucristo, Ella es el camino por donde vino Jesucristo por primera vez y lo será también cuando venga en la segunda, pero de un modo diferente, porque antes lo hizo en el ocultamiento y al final lo hará en la exaltación.

Evidentemente el acercamiento al final de los tiempos reclamaba la mayor presencia de la Santísima Virgen, puesto que la guerra final es entre la Mujer revestida de sol, coronada de doce estrellas, y el Dragón infernal, cuya acción se ha ido parejamente agudizando hasta el extremo de nuestros días. Por eso mismo, es ahora donde se manifiesta con toda dramaticidad el atributo de María Santísima como Corredentora.

Todo ello no excluye que entre estas verdaderas manifestaciones haya muchas falsas y que pululen falsos videntes, falsos maestros y falsos profetas. Pues, esto también es signo de los tiempos. La Reina de la Paz había advertido, en los primeros años de sus apariciones en Medjugorje, que Satanás estaba apropiándose de parte de su plan y, opinamos, que a esto se refería.

---

113 Es con ese título, Guardiana de la Fe, que se da a conocer en las apariciones de **Cuenca, Ecuador,** a **Patricia Talbot** a fines de la década de los ochenta. Se le aparecerá en El Cajas, una alta montaña andina, pero antes lo hace en el Tepeyac, en una visita de Patricia a México. Allí, en la Basílica, cae en éxtasis y la Virgen se le aparece bellísima, con una corona de doce estrellas, sobre una nube (como en Medjugorje), sus manos extendidas hacia abajo, un rosario en sus manos, una cruz cerca de la mano izquierda. La Virgen le agradece el haber regresado allí (había estado el día anterior) y le dice que el Rosario es "el escudo contra el mal". Tres días después se le aparece en el mismo lugar, le da un secreto y le dice que su misión es llamar a la conversión. Si hay conversión no habrá castigo o será disminuido, si no no podrá ya detener el brazo de la justicia de su Hijo y el mundo tendrá que pasar por una gran prueba. También en esta aparición es evidente el carácter esjatológico.

114 María, según San Luis María Grignion de Monfort, es el camino más seguro, breve, inmaculado, perfecto y directo para llegar al Señor. Millones y millones de hijos se han refugiado, escuchado, venerado y seguido a la Santísima Virgen en todas las partes del mundo, del norte al sur de Europa, y de esta a América, Asia, África y la recóndita Oceanía. Y lo hicieron en todos los tiempos, porque Dios le dio esa maternidad universal y la dotó de gracias que estos pobres hijos han sabido reconocer. A Ella han acudido y seguimos haciéndolo en las dificultades porque es nuestra intercesora, porque por Ella vienen las gracias que necesitamos y pedimos, y Ella —como se ha mostrado en las apariciones tratadas— no deja de llamarnos y de conducirnos por el camino de salvación que lleva a su Hijo. ¡Cuántos han sido y son aquellos que no han escuchado la voz del Hijo, pero se han rendido ante la Madre y así han llegado a Jesucristo, el Salvador! *Ad Jesum per Mariam.*

El nombre con el que se da a conocer la Virgen en Tre Fontane ya contiene un fuerte indicio esjatológico: Virgen de la Revelación, o sea Virgen del Apocalipsis.

La apostasía en la Iglesia es signo del final de los tiempos y, a su vez, signo evidente de apostasía es el indiferentismo religioso, o sea que todas las religiones son caminos de salvación. Tal es el falso ecumenismo denunciado por la Santísima Virgen en su mensaje a Bruno: *"Hijos míos, **la salvación no está en reunir todas las religiones para hacer un amasijo de herejías y de errores"**.* Y con respecto al <u>compromiso con el mundo</u>, como denunciará más tarde en Akita, le dijo: *"Los hombres deben vivir según la Iglesia y <u>no la Iglesia vivir según ellos. Los hombres deben persuadirse de la verdad</u>".* Advierte también en Tre Fontane sobre las falsas teologías y que *"**la doctrina de la Iglesia es de Cristo** {...}. **No cambiéis la doctrina**, sino vuestros corazones para vivir según esa doctrina, para la salvación vuestra y la del prójimo".*

En los mensajes habla de <u>conmoción del universo</u>, el oscurecimiento del sol (además de hecho cósmico interpretado como <u>pérdida de fe en la Eucaristía</u>). Advierte sobre el <u>enfriamiento de la caridad; oscuridad de las conciencias</u>; el <u>mal en aumento "signo que llegó la catástrofe final"</u>; y una <u>nueva devastadora guerra mundial</u>. Anuncia el <u>castigo como la ira de Dios</u> sobre la tierra y la <u>persecución de la Iglesia</u>. Habla de <u>un mundo que morirá y del Reino que vendrá sobre la tierra</u>. Tre Fontane es una reafirmación de la misión protagónica de la Virgen, Aquella que está en el seno de la Trinidad, al final de la historia de la salvación. También dice que las almas víctimas, si no detienen, al menos postergan el momento de la ira de Dios, porque absorben el mal desatado y el gran caos vomitado por Satanás.

Nuestra Señora, desde Akita, llama a <u>todo el mundo y urgentemente a la conversión</u>. En continuación con Garabandal, la Santísima Virgen nos dice que estamos ya <u>en los últimos avisos</u>. *"Si los pecados continúan cometiéndose y desbordando la medida actual, incluso el perdón de los pecados acabará por desaparecer"*, dice. ¡Palabras temibles! Y también, como ya lo había hecho notar en <u>La Salette</u>, nos dice que está Ella impidiendo el castigo. Agrega en Akita: *"<u>Con mi Hijo he intervenido en muchas ocasiones, para aplacar la ira del Padre</u>, para que no inflija el gran* *castigo sobre la humanidad. He prevenido calamidades ofreciéndole los sufri-mientos del Hijo en la cruz, su preciosísima Sangre, e hijos amados que con-forman un <u>séquito de almas víctimas</u>. <u>Oración, penitencia, sacrificios</u> pueden aplacar la ira del Padre"*.

Otro tremendo signo de los últimos tiempos es el anunciado en el último mensaje del 13 de octubre de 1973, al decir que: *"<u>La obra del demonio se infiltrará hasta dentro de la Iglesia</u>, de tal modo que se verá a cardenales contra cardenales, obispos contra obispos. {...} Iglesias y alta-res serán saqueados. La Iglesia estará llena de aquellos que acepten com-promisos"*. Todo esto, sacrilegios en las iglesias, choques entre obis-pos y entre cardenales, hombres de la jerarquía de la Iglesia pactando con el mundo hostil a Cristo, lo estamos presenciando en nuestros días.

Llora en Kibeho por todo el mundo, por el rechazo a su llamada a la conversión para evitar la destrucción del mundo. Se lamenta dicien-do que cuando la escuchen será demasiado tarde. Dice la Virgen que, por causa del pecado, *"el mundo corre hacia su ruina"*, y que Ella vino *"<u>para anunciar y preparar la venida de su Hijo</u>"*. En Civitavecchia exhor-ta a abrir los corazones *"para estar listos a abrazar a Cristo en el esplendor de su gloria, porque <u>su gran venida está por llegar</u>"*.

Lo que comenzó en Fátima parecería que tuvo continuación en Garabandal y finalizaría en Medjugorje o en Civitavecchia. Al menos así lo afirman en estos lugares. En la aldea croata de Herzegovina apa-rece la Virgen coronada de doce estrellas. <u>Se ha dicho que serán las últimas apariciones de María Santísima sobre la tierra</u>. Una forma atenuada de esa afirmación es que no se volverá a aparecer como lo hace ahora. Cierto es que ha habido un aumento en intensidad de apariciones, en su duración y mensajes, y que <u>Medjugorje se coloca en la cúspide por la extensión en el tiempo y por la cantidad de mensajes dados</u>. Así, además, se lo anticipaba la Virgen a Don Stefano Gobbi el 14 de noviembre de 1984, apenas comenzadas las apariciones, en una locución cuando estaba en Zagreb, haciendo clara referencia a Medju-gorje —sin nombrarlo— diciendo: **"soy la Reina de la Paz** {...}. Es para dar un signo seguro de mi presencia maternal y para daros la ale-gría y reconfortaros en medio de tantos dolores vuestros, que <u>yo misma</u>

elegí esta tierra para aparecer de una manera nueva, más prolongada y más extraordinaria...".

Civitavecchia se nos presenta vinculada a Medjugorje, por la manifestación en una imagen proveniente de allí y por representar la advocación de la Reina de la Paz. Allí, a las puertas de Roma pide también urgente conversión *"porque el tiempo está por terminar"* y clama nuestra ayuda para *"deshacer las tinieblas"*. Advierte seriamente a la Iglesia: *"Hijos míos, las tinieblas de Satanás ya están oscureciendo todo el mundo y están oscureciendo a la Iglesia de Dios. Preparaos para vivir lo que yo revelé a mis pequeñas hijas de Fátima. {...} En Roma las tinieblas están descendiendo cada vez más sobre la Roca que mi Hijo Jesús os dejó para edificar, educar y hacer crecer espiritualmente a sus hijos"*.

Una de las razones para explicar su larga permanencia y sus diarias apariciones en Medjugorje, es el acompañamiento que viene a hacernos a medida que nos acercamos a los momentos más críticos. Es la Madre que no deja solos a sus hijos, que insiste una y otra vez llamándolos a la conversión y a perfeccionar el camino que han emprendido, a no decaer en el cometido, a dejar de pensar en las cosas pasajeras de este mundo para poner la mirada en las del cielo. Es la Madre que los va preparando para tremendos acontecimientos, de los que ya en el pasado había tanto advertido, pero que estando ya encima, pudiéndose solo mitigar, pero no ya cancelar, por la gravedad de lo que vive el mundo, no quiere asustarlos sino fortalecerlos en la fe y en la esperanza, exhortando siempre al amor. Así se comprende cómo Ella primero advirtió sobre la necesidad de la reconciliación para alcanzar la paz (su primer mensaje) y luego sobre la urgencia de la oración del corazón y del ayuno también del corazón para ahuyentar las guerras o detenerlas. Una vez estallada la guerra en la ex Yugoslavia, permaneció sin mencionarla, solo para insistir en la oración y el ayuno para que el conflicto finalizara. Es la Madre, en fin, que apela a los hijos que la siguen, "los que guardan los Mandamientos de Dios y son testigos fieles de Jesucristo", para que se vuelvan sus apóstoles para ayudarla a salvar a los otros hijos que "no conocen el amor de Dios".

En Medjugorje, con las apariciones personales, individualmente a cada vidente y donde este se encuentre, estaría también mostrando cuán grande es <u>su cercanía a cada uno de nosotros</u> y cómo le importa la vida de cada uno en particular.

A lo largo del tiempo, a los videntes les ha confiado secretos, diez en total. Al recibir el décimo, el vidente deja de tener las apariciones diarias. Por ello, actualmente, como de los seis videntes tres conocen los diez secretos, son los otros tres quienes la ven diariamente. Eso también <u>constituye un signo que, poco a poco, se va acercando el tiempo de los grandes acontecimientos encerrados en los secretos.</u>

La Santísima Virgen permitió que se dejara saber que <u>los tres primeros secretos de Medjugorje son advertencias</u>. El primero estaría dirigido a la parroquia. Por tanto, <u>uno de estos coincidirá con el Aviso de alcance mundial</u> —anunciado veinte años antes en <u>Garabandal</u>— y que será <u>para despertar la conciencia del mundo al pecado</u>. Está asimismo dicho que <u>cuando se empiecen a verificar los secretos, Satanás perderá el poder que le fue concedido</u> y, por eso, <u>a medida que nos aproximamos a ese momento, está más agresivo</u>. Por otra parte, significativo también es que en Medjugorje, desde 1993, primero por medio de Marija —en sus apariciones de los días 25— la Santísima Madre invitara a sus hijos a convertirse en sus apóstoles (<u>del amor y de la bondad</u>, en marzo de 1993; <u>de la fe</u>, en marzo de 1997; <u>de la paz,</u> en noviembre de 1999), y luego a través de Mirjana, desde el 18 de marzo del año 2000 y particularmente en mensajes de los días 2. Este hecho no puede menos que asociarse a "los apóstoles de los últimos tiempos", profetizados por San Luis María Grignion de Monfort en su "Tratado de la verdadera devoción a María". El gran santo mariano dice que Dios no puso solamente enemistad entre la Mujer y la Serpiente, sino *enemistades* entre la descendencia de la Virgen y la del demonio. Dios puso enemistades, antipatías y odios secretos entre los verdaderos hijos y servidores de la Santísima Virgen y los hijos y esclavos del diablo. Es imposible que se amen y se entiendan. Los esclavos de Satanás han perseguido y perseguirán más que nunca a quienes pertenezcan a la Virgen. *"Entonces, despechado (Satanás) contra la Mujer (la Santísima Virgen), se fue a hacer la guerra al resto de sus hijos, los que guardan los mandamientos de Dios y mantienen el testimonio de Jesús"* (Ap 12, 17). Pero la Virgen humilde triunfará sobre el soberbio y le aplastará la cabeza, y lo hará con los suyos, porque los suyos, por ser de Ella, son totalmente de Cristo y *"{...} harán guerra al Cordero, pero el Cordero, como es Señor de Señores y Rey de Reyes, los vencerá en unión con los suyos, los llamados y elegidos y fieles"* (Ap 17, 14).

El poder de María sobre los demonios es sobre todo en este tiempo cuando más se pone de manifiesto. En un mensaje consolador y lleno de esperanza le dice a su vidente sor Inés en Akita: *"Solamente yo puedo aún salvarles de las calamidades que se acercan. Aquellos que ponen su confianza en mí serán salvados"*.

Y Ella ha de triunfar con sus apóstoles, sus consagrados. San Luis María los presenta como sacerdotes consagrados a la Santísima Virgen con consagración plena. Dice que serán ministros del Señor, hijos de Leví (es decir, sacerdotes), bien purificados por el fuego de grandes tribulaciones y muy unidos a Dios. En el corazón llevarán el fuego del amor, el incienso de la oración en el espíritu, y en el cuerpo la mirra de la mortificación. Serán el *buen olor de Jesucristo* (Cf. 2 Cor 2, 15-16) para los pobres y sencillos, pero para los mundanos orgullosos serán olor de muerte. Tronarán contra el pecado, a nada estarán apegados, descargarán golpes contra el demonio y sus secuaces. A estos apóstoles de los últimos tiempos el Señor dará la palabra y la fuerza necesaria para obrar prodigios. Dormirán sin oro ni plata y sin preocupaciones en medio de los demás sacerdotes, eclesiásticos y clérigos. Irán donde los llame el Espíritu Santo. Serán verdaderos discípulos de Jesucristo. A esta descripción sin duda corresponde el otro gran santo mariano, San Maximiliano Kolbe, y solo la Santísima Virgen y Dios saben a cuántos otros santos ignorados por el mundo.

Para finalizar sobre este tema de los últimos tiempos, retomo la respuesta de Vicka, la vidente de Medjugorje, a mi pregunta sobre a qué viene la Virgen, ¿acaso a prepararnos para los cielos nuevos y la tierra nueva? Su respuesta fue contundente. Justamente a eso viene, a darnos un nuevo corazón y hacer de nosotros hombres nuevos.

¡Ven, Señor Jesús! ¡Ven pronto!
Maranathá.

VI
POST SCRIPTUM

El tiempo que vivimos, tenebroso sí, no debe sumirnos en el desánimo sino, por lo contrario, impulsarnos a llevar a todo el mundo —que será el ámbito donde Dios nos envíe— el testimonio del amor de Dios y de su salvación. Tras estas oscuridades viene la luz, y María, como decía San Luis María Grignion de Monfort, es la aurora que anticipa la luminosidad plena del sol, que es Cristo.

A su vez, este es tiempo de gracia, reconocible sobre todo porque la Santísima Trinidad ha enviado a la Virgen Santísima a la tierra a hablarnos con lenguaje de Madre. Este es el tiempo de la Mujer, la gran señal en el cielo, que apareciéndose luminosa despunta la luz del Señor.

La Madre de Dios nos llama a no dejar pasar este tiempo, abriéndonos a las ingentes gracias que nos trae y —siguiéndola— poder ser reflejo de la luz y del amor de Cristo. Así y solo así podremos ayudarla —como nos pide— a rescatar a quienes están sumidos en sombras de muerte. Este es el motivo de su larga permanencia y de sus apariciones por todo el mundo: la llamada a compartir su misión de corredención y la formación de aquellos que responden a su llamada como apóstoles suyos. Han de ser las filas de la Virgen, los enviados al mundo para que los alejados de Dios, "los que aún no conocen su amor", también se salven.

Consagrémonos y renovemos la consagración a su Corazón Inmaculado, que —como le decía el Señor a la **beata Alexandrina da Costa**[115]— es el refugio seguro de las almas para alcanzar la salvación. La

---

115 Vivió trece años y siete meses alimentándose únicamente con la Eucaristía, sin beber nada. Compartió la Pasión del Señor 182 viernes. Como le fuera predicho por el Señor, el Santo Padre Pío XII acabaría por consagrar el mundo al Corazón Inmaculado de María, el 31 de

consagración —que también nos ofrece la Santísima Virgen en su advocación del Monte Carmelo con el signo de la imposición de su escapulario— exige seguirla con fidelidad en la oración y en el amor. **El consagrado a María vive sencillamente, es fiel al rezo diario del Santo Rosario y ama a la Eucaristía, de la que se nutre y a la que adora.**

Mirjana, la vidente de Medjugorje, repite una y otra vez que entre este tiempo y el nuevo —que es el del triunfo del Corazón Inmaculado— hay un puente que todos deberán atravesar, y este puente son los sacerdotes. Sacerdotes, se entiende, fieles a Cristo. No es temerario agregar, como profetizaba el Monfort, que serán los apóstoles de los últimos tiempos, consagrados a la Virgen, los levitas que llevan sobre sí el Arca de la Nueva Alianza —la Santísima Madre del Señor— y avanzando por delante del pueblo fiel de Dios, atravesarán el Jordán que divide el mundo actual de la tierra nueva prometida (Cf. Jos 3, 15-17).

Si en la apostasía, si en el mal imperante bajo todas sus formas, reconocemos los signos de los tiempos profetizados desde antiguo, estos no deben ser absolutizados y, por ello, el miedo paralizarnos. Dios no nos ha abandonado a nuestra suerte ni deja que nos perdamos, nos asiste con su sobreabundante gracia: el envío de la Virgen Santísima, nuestra Madre, para asistirnos, protegernos, conducirnos a la salvación.

Ya fuimos advertidos. Después de anunciar los cataclismos del final de los tiempos, dijo el Señor: *"cuando empiecen a suceder estas cosas, cobrad ánimo y levantad la cabeza porque se acerca vuestra liberación"* (Lc 21, 28).

Si las nubes son muy negras, también *"la higuera y los otros árboles están ya echando brotes, el verano está cerca"*. Sí, la victoria está cerca, se vislumbra el triunfo del amor de María Santísima y el Reino eucarístico a las puertas. Por tanto, llamados estamos a la vigilancia, a no permitir que nos alcance la pesadumbre o el desaliento ni nos distraigan las preocupaciones de la vida, y vayamos a alimentar la esperanza

---

octubre de 1942. Falleció —sugestivamente— el 13 de octubre de 1955.

en adoración a Dios frente al Santísimo Sacramento. En tanto, seguros estamos bajo la guía de la Madre de Dios, bajo su protección, que nos libra de todo peligro, sobre todo del tremendo peligro de apostatar.

¡Santa Madre de Dios,
ruega por nosotros y protégenos!
¡San José, protégenos como protegiste
al Niño y a su Madre!
¡Sagrado Corazón eucarístico de Jesús,
en Vos confío!

BIBLIOGRAFÍA

Autores citados

Cocard, Paul. "Non è pane, è Gesù", 2015, Fede & Cultura. Verona, Italia.

Gaeta, Saverio. "CIVITAVECCHIA. Le lacrime di sangue della statuetta di Maria", 2017, Ed. San Paolo. Cinisello Balsamo (Milano), Italia.

Gaeta, Saverio. "IL VEGGENTE. Il Segreto delle Tre Fontane", 2016, Adriano Salani Ed. Milano, Italia.

Galli, Mons. Antonio. "I segreti de La Salette", Sugarco Edizioni.

García de Pesquera, P. Eusebio OFM. *Se fue con prisas a la montaña - Los hechos de Garabandal.*

Hermana Lucía, *Memorias de la.* Secretariado dos Pastorinhos, 2006. Fátima, Portugal.

James, Fr OFM. Cap. "The story of Knock", Knock Shrine Annual, Cork Ireland, 1950.

Laise, Mons. Juan Rodolfo. *Comunión en la mano. Documentos e historia,* Vórtice, 2005. Buenos Aires, Argentina.

Lanús, Santiago. *Madre de Dios y Madre nuestra,* Ed. San Román, Madrid, 2013.

Laurentin, René; Billet Dom Bernard "Lourdes" en Laurentin, René; Sbalchiero Patrick, Fayard, París, 2017. *Diccionario Enciclopédico de Apariciones de la Virgen,* Laurentin, René. *El significado de Lourdes,*

Lethielleux, París, 1854. *Estudio metodológico sobre las apariciones de Lourdes y Lourdes, documentos auténticos I,* Lethielleux, 7 vol., París, 1957.

Lofeudo, Justo Antonio. *María nos está llamando,* Lumen Ed., Buenos Aires, Argentina, 1996.

Maindron, Gabriel. "Apparizioni a Kibeho. Annuncio di Maria nel cuore dell'Africa", Queriniana Ed, 1985.

Messori, Vittorio. "Ipotesi su Maria. Fatti, indizi, enigmi", Ares Ed., 2015, Italia.

O'Regan, Emmett. "Unveiling the Apocalypse. The final Passover of the Church", Author, 2016.

Schneider, Athanasius. "Dominus est. Riflessioni di un vescovo dell'Asia Centrale sulla sacra comunione", Librería Editrice Vaticana, 2008, Vaticano.

Sgreva, Gianni. "Le apparizioni della Madonna in Africa. Kibeho", Ed. Shalom, Jesi, 2002.

Valeriano, Antonio. "Nican Mopohua", Ed. Grupo Macehual Guadalupano, 2011, México.

Documentos magisteriales

Ecclesia de Eucharistia. Carta encíclica de SS Juan Pablo II sobre la Eucaristía y su relación con la Iglesia, 2003.

Marialis cultus. Exhortación Apostólica de SS Pablo VI, 1974.

Mysterium Fidei. Carta encíclica de SS Pablo VI sobra la doctrina y el culto de la Eucaristía, 1965.

Redemptoris Mater. Carta encíclica de SS Juan Pablo II sobre la Bienaventurada Virgen María en la vida de la Iglesia peregrina, 1987.

Páginas web sobre las apariciones

El Pilar. El milagro de Calanda www.basilicadelpilar.es/milagrode-calanda.htm

Fatima-Tre Fontane-Akita https://tempidimaria.com/2018/01/15/13_fatima-tre-fontane-akita-tre-formulazioni-di-uno-stesso-segreto-da-fatima-alle-tre-fontane-terza-parte/

La Salette http://www.unavox.it/013b.htm

N.S. de Lourdes: www.therealpresence.org

www.mariadenazareth.com

fr.lourdes.org/en/increase/Bernadette-soubirous/timetime-of-appearences.

Medalla Milagrosa http://www.chapellenotredamedelamedaillemiraculeuse.com/apparitions-et-medaille/

https://www.viergemiraculeuse.com/histoire-de-la-vierge-miraculeuse

https://www.mcdaille-miraculeuse.fr/la_medaille_miraculeuse/message

http://crc-resurrection.org/toute-notre-doctrine/contre-reforme-catholique/apparitions-mariales/immaculee-catherine-laboure/les-apparitions-de-la-vierge-marie-a-la-rue-du-bac/

Nuestra Señora de Todos los Pueblos. Sitio oficial www.de-vrouwe.info